Du même auteur :

« That tiny black spot : Warsaw, capital of the universe »
in *W[is for Warsaw]*, (ed. Krzistof Nawratek),
Warsaw, Bęc Zmiana Foundation, 2008

« La médiation culturelle : opium du peuple ou maïeutique ? »
in *Le sens de l'usine. Arts, publics, médiations.* (dir. Saskia Cousin, Emilie Dalage, François Debruyne et David Vandiedonck), Paris, éditions Créaphis, 2008

« ICT and Urban planning »
in *MediaCity*, (eds. Frank Eckardt & Martina Zschocke),
Weimar, Bauhaus-Universität Weimar, 2006

« Le temps de l'espace, un rythme de l'urbanité »
in *Les rythmes urbains*, (ed. Bernard Lamizet),
Lyon, Musée historique de la ville de Lyon, 2004

« Icons and myths of future city areas »
in *City Images and Urban Regeneration*, (eds. Frank Eckardt & Peter Kreisl),
Frankfurt/Main, Peter Lang Publisher, 2004

« Mise en scène et jeu d'acteurs dans une nouvelle dramaturgie de l'urbain, la Loi SRU »
in *Les recherches en information et communication et leurs perspectives*,
Paris, SFSIC, 2002

Ecrire dans la ville, prolégomènes à une pédagogie de l'architecture urbaine
Université Lyon 2, 2001, http://demeter.univ-lyon2.fr/sdx/theses/

Le rythme urbain, éléments pour intervenir sur la ville
Paris, l'Harmattan, 2000

« Espace public vs espace privé, le rythme de la ville »
in *Habiter la ville méditerranéenne*,
Montpellier, l'Espérou, 1999

Philippe FAYETON

DES TIC ET DES HOMMES

*Technologies de l'Information et de la Communication,
services publics, aménagement durable de la société*

Avec les contributions de
A. CIESLA, J. GARCIN, F. KOCH, A. NAPIORKOWSKI

Préface de Bernard LAMIZET
Préambule de Frank ECKARDT

L'Harmattan

© L'Harmattan, 2008
5-7, rue de l'Ecole polytechnique ; 75005 Paris

http://www.librairieharmattan.com
diffusion.harmattan@wanadoo.fr
harmattan1@wanadoo.fr

ISBN : 978-2-296-05969-6
EAN : 9782296059696

Préface

Par Bernard LAMIZET[1]

Philippe Fayeton nous propose ici de partir à la découverte d'un nouvel espace. La figure du quadrige est ancienne. Je l'ai découverte dans les récits de l'histoire grecque et de l'histoire latine. Je l'ai retrouvée, ensuite, sur la couverture des livres édités par les Presses Universitaires de France. Je la retrouve aujourd'hui, donc, au seuil d'une réflexion sur ce qui vient changer la communication et l'espace public.

En s'interrogeant sur la façon dont les technologies de l'information et de la communication redessinent notre espace et notre territoire, Philippe Fayeton vient poser, avec les mots d'aujourd'hui et les préoccupations de notre temps, le problème qui est celui de tous les espaces sociaux depuis toujours : comment le raccourcir, comment en faire diminuer la surface, comme abréger la longueur des routes qui le parcourent ?

C'est qu'au fond, dès le commencement de ce livre, nous sommes plongés devant une différence entre trois espaces de rencontre dans lesquels nous vivons. Disons, ici, quelques mots de ces trois espaces. Du premier, il sera peu question dans ce livre. C'est l'espace privé, l'espace de notre expérience singulière, de notre vie propre. C'est l'espace que nous savons structuré par les « côtés » que nous nous rappelons et que nous vivons pleinement, le côté de Guermantes et celui de Méséglise. Le second espace que nous parcourons

---

[1] Professeur à l'Institut d'Etudes Politiques de Lyon

et que nous habitons est l'espace que nous cherchons à ouvrir, que nous cherchons à découvrir, que nous cherchons à explorer : cet espace est l'espace dans lequel nous rencontrons ceux avec qui nous allons parler, échanger, débattre. C'est l'espace que les technologies de l'information et de la communication facilitent les parcours et dans lequel elles permettent une meilleure circulation. Le troisième espace que nous connaissons est celui que nous cherchons, au contraire, moins à découvrir qu'à maîtriser, moins à ouvrir qu'à fermer. C'est l'espace dans lequel nous cherchons moins à débattre qu'à imposer notre présence et notre identité. C'est l'espace que les technologies de l'information et de la communication viennent clore et sur lequel elles permettent l'exercice du pouvoir.

Les médias, les représentations de l'information et les pratiques de la communication viennent construire cette géographie symbolique et politique de l'espace dans lequel nous vivons.

Mais Philippe Fayeton, en nous aidant à découvrir ces espaces et à mieux comprendre les pratiques de communication qui s'y déroulent, vient, dans le même temps, d'en découvrir un autre : l'espace de la globalisation. Tandis que les technologies de la communication nous avaient fait passer, dans l'histoire, de notre lieu au monde, tandis que les pratiques et les formes de l'information avaient mondialisé l'espace dans lequel nous vivons, en nous faisant mieux connaître les lieux que nous ne pouvions qu'imaginer, voici que, depuis quelque temps, une autre histoire vient s'imposer au monde : non seulement l'espace dans lequel nous vivons se mondialise, mais il se globalise.

C'est l'histoire et le sens de cette globalisation que Philippe Fayeton vient nous dire dans ce livre. En inventant le néologisme « glocal », nous avons découvert une nouvelle approche du monde, une nouvelle façon de le concevoir, une nouvelle façon de le lire, aussi. Il s'agit, désormais, de penser globalement le local – ou de penser localement le global. En d'autres termes, ce que nous avons, désormais, à apprendre, c'est une nouvelle approche du monde. Il nous faut transcender l'opposition traditionnelle entre le global et le morcelé, ainsi que l'autre opposition, traditionnelle, entre le local et le lointain. Il nous faut apprendre que, désormais, la globalisation fait du monde un seul lieu. Tandis que « local » désignait ce qui relevait du lieu dans lequel on se trouvait, par opposition à tous les autres, et, aussi, par opposition au monde, « glocal » désigne, aujourd'hui, dans cette nouvelle langue que nous commençons à apprendre, le monde entier en ce que les technologies de l'information et de la communication ont fait de lui un lieu unique.

Philippe Fayeton attire, en particulier, notre attention sur quatre mots nouveaux, que nous devons apprendre pour mieux comprendre l'espace de la communication « »glocalisée ».

Le premier est, bien sûr, « réseau ». Le réseau est cette ancienne figure où l'espace est représenté comme une toile, tissu ou toile d'araignée, comme on voudra, dans lequel les hommes sont pris, dans lequel il leur est assigné un rôle, une fonction, un devoir, et qu'on leur donne les moyens de parcourir afin de mieux leur en imposer l'obligation. Le réseau est aussi l'ensemble des « rêts » dans lesquels nous sommes pris, comme le disait La Fontaine, dans lesquels nous aliénons notre liberté pour découvrir les nouveaux horizons de la communication et de la signification.

Le second mot que nous devons redécouvrir est « urbanité ». Ce mot-là, Philippe Fayeton le connaît bien parce qu'il désigne ce qui aura été son métier et sa passion. L'urbanité, ne nous y trompons pas, ne désigne pas le seul fait d'habiter en ville, de disposer de la culture urbaine ou d'exercer le droit de vote. L'urbanité, si l'on voulait risquer une expression nouvelle, c'est le fait de « parler ville », le fait de disposer des codes et des langages qui permettent de se faire reconnaître des autres comme un habitant et comme un citoyen. L'urbanité est, finalement, ce qui fait passer l'espace urbain de la géographie à la politique et à la culture.

Philippe Fayeton nous fait retrouver un troisième mot : « mobilité ». La mobilité est, finalement, ce qui nous fait nous approprier l'espace. La mobilité ne consiste pas tant à se déplacer, à bouger, qu'à, de la sorte, nous rendre maître de l'espace que nous parcourons. Sans doute une des inégalités sociales majeures est-elle devenue, aujourd'hui, l'inégalité devant le parcours et les déplacements. Mais la mobilité, vient nous rappeler Philippe Fayeton, ne consiste pas seulement à déplacer notre corps, à changer de lieu d'habitation ou de lieu d'activité. La mobilité moderne est la mobilité de l'information et de la communication, celle qui consiste à déplacer notre esprit, notre culture et notre activité intellectuelle, sans avoir besoin de déplacer notre corps. Les technologies ont toujours été là pour aider notre mobilité. Disons qu'aujourd'hui comme hier, elles sont là pour faciliter nos déplacements et nos parcours, mais il s'agit des parcours de la connaissance et de la sociabilité, des chemins de l'information et de la communication.

Le dernier mot, peut-être, que nous devons apprendre de nouveau, ici, est, peut-être, le mot « futur ». Chacun sait – mais sans doute n'est-il pas inutile de le rappeler – que, dans nos langues, les langues indo-européennes, le futur n'est pas un temps, mais un mode. Le futur a toujours été pensé comme extérieur, comme étranger à la temporalité : il est, en fait, le mode – la façon – de rêver, de projeter, de prévoir. Le futur dont il est question, ici, dans le livre de Philippe Fayeton, c'est le futur du monde de l'information et de la communication. La « politique du quadrige » consiste à inventer un nouveau futur, dans lequel les hommes et les femmes retrouveront une mobilité qui ne les oppresse pas, qui ne les aliène pas, mais qui, au contraire, soit de nature à leur faire découvrir le monde, à le leur faire parler et raconter, à le leur faire aimer.

Philippe Fayeton, dans son livre, ainsi que les collaborateurs qu'il a réunis pour nous parler de ce monde et de la « glocalisation » de demain, viennent nous faire découvrir une nouvelle rationalité de la ville, des échanges et des flux de communication et d'information. Ils viennent nous faire découvrir cet espace nouveau, que nous n'avons encore jamais rencontré que dans nos rêves, cet espace qui n'est pas un lieu : l'utopie.

Bon voyage, dans le quadrige du futur, dans ce monde sans contraintes de temporalité et d'espace.

Préambule

Par Frank ECKARDT[2]

L'intérêt pour les technologies de la communication et d'information connaît ses propres conjonctures. Après une phase d'attente surchauffée, où le vocabulaire de description téléologique des « nouveaux médias » et de « l'ère numérique » a dominé le discours, l'attention a faibli alors que des modifications tout à fait considérables s'exprimaient dans la société et la technique ainsi que dans leur interaction.

Ainsi, la déception à propos de la notion trop chatoyante de « technopole » en tant que nouvelle figure urbaine a-t-elle été suivie de la démission de ceux qui ne se sont pas engagés à fond dans des travaux empiriques d'observation sur place, c'est-à-dire dans les villes.

---

[2] Frank Eckardt, né en 1967, docteur en sciences économiques et sociales, a étudié l'histoire moderne et médiévale, la philologie allemande et les sciences politiques.
Professeur de sociologie depuis 2002 à l'Institut des études urbaines européennes de la Bauhaus-Universität de Weimar (RFA). Il est coordinateur du projet de recherche sur la relation entre les TIC et le développement urbain (MEDIACITY) supporté par la Commission Européenne (6ème PCRD). Il a publié de nombreux livres et articles sur différents aspects des études urbaines.

La sociologie comme discipline principale de l'analyse de société est confrontée dans ce cas précis à des problèmes majeurs de conception parce qu'avec l'appareil méthodologique d'une science moderne se fait jour un problème de temporalité : le changement technologique est plus rapide, et sa vitesse de mise en oeuvre a également considérablement augmenté. L'intellectuel, selon le sociologue Heinz Bude, ne peut plus assumer avec la distance nécessaire son rôle d'observateur académique des événements, il devient aujourd'hui, au lieu de cela, un « entrepreneur du savoir ».

La maîtrise de l'organisation du travail transdisciplinaire fait partie du profil de « l'intellectuel entreprenant » qui doit s'aventurer parmi une grande quantité d'hypothèses non-fondées et consentir à des études risquées des probabilités. Il n'est plus cet « observateur de l'observateur », ainsi que Niklas Luhmann comprenait le producteur de discours scientifique, celui qui pouvait avancer de pair avec la société. « L'intellectuel entreprenant » est en voyage permanent, il est l'observateur de choses non-vues, non-articulées, invisibles.

La question des relations entre les dimensions anthropologiques des innovations du champ des TIC restera encore non dite et largement ouverte aussi longtemps que l'on ne voudra pas partir des constantes humaines de comportement, de pensée et de ressenti qui ont pu être mises au jour par-delà tous les temps et indépendamment de l'histoire humaine. L'expérience urbaine représente déjà un fait qui suggère et, dans le même temps, remet en question le changement anthropologique.

Ainsi, quelles descriptions pourraient distinguer « l'urbain » dans l'histoire de l'Europe ? De Brest à Brest, car c'est la perspective proposée ici, l'histoire européenne est perceptible au-delà de certaines continuités, au-delà de ses formes historiques urbaines, dans son évolution au travers des nouvelles technologies de la communication et de l'information.

Avec la désillusion du rêve multicolore des « Cybercity », la question sur l'organisation sociale et politique des relations entre TIC et société - c'est-à-dire la ville, selon la tradition européenne - n'est pas devenu obsolète.

Bien au contraire, l'examen de cette question s'avère nécessaire et urgent comme le montre dans cet ouvrage l'exemple de la Pologne. L'absence d'argumentation et d'analyse, par exemple à propos de l'approche américaine de la « Regime Theory », peut certes être satisfaisante quant à la position de l'observation, mais elle ne peut l'être dans le sens d'une « entreprise intellectuelle » assujettie à des concepts, aussi risqués soient-ils. La re-lecture des travaux d'Erwin Anton GUTKIND peut constituer pour cela un point de départ afin d'améliorer le rapprochement entre la pratique « de terrain » et une réflexion distancée. L'intérêt de l'intellectuel est pris ici au sens littéral du latin *inter esse* (être entre) : il est sans conjonctures mais actuel ; il n'est pas « engagé » au premier plan ou naïvement distancé, mais il comprend l'importance d'une exploration courageuse d'un territoire du savoir en pleine accélération, dont cet ouvrage donne les premiers enseignements.

Remerciements

Le présent essai vient conclure ma participation à la première phase du projet de recherche MediaCity mené depuis 2005 à la Bauhaus-Universität de Weimar (RFA) et soutenu par la Commission européenne dans le cadre du 6ème PCRD (Programme Cadre de Recherche et Développement).

Je tiens à remercier l'équipe d'enseignants-chercheurs de l'université, et tout spécialement son coordinateur Frank Eckardt, mais aussi les premiers étudiants du Master MediaArchitektur avec qui les échanges ont été particulièrement enrichissants.

Mes remerciements vont également à Agnieszka Ciesla, Joël Garcin, Florian Koch, et Anna Napiorkowski qui ont bien voulu m'apporter leur contribution amicale sur des thèmes dont ils sont des spécialistes, ainsi qu'à Bianca Fayeton-Mühlberger pour ses efforts patients et son esprit critique.

Introduction

Etablissements humains et moyens de communication sont indissociables : le plus important vestige de l'empire romain est certainement le réseau de routes, de ponts et d'aqueducs[3] qui sillonnaient une grande partie de l'Europe occidentale et des rives de la Méditerranée, et à partir duquel notre réseau viaire s'est constitué.

Ce constat est au fondement du projet de recherche *MediaCity* mené depuis 2005 à l'université de Weimar (RFA) et soutenu par la Commission européenne dans le cadre du 6ème PCRD (Programme Cadre de Recherche et Développement). L'objectif de *MediaCity* est d'intensifier les recherches à la *Bauhaus-Universität* dans le champ interdisciplinaire des médias, de l'architecture et de l'urbanisme, afin de développer des solutions de développement urbain dans une société de la connaissance.

A la fin du XIXe siècle, le projet *MediaCity* de la *Bauhaus-Universität* de Weimar aurait peut-être été dénommé *RailwayCity*, et son corollaire eut été un projet *RailwayTelegraphCity* tant leur construction, leur développement et leur pérennité étaient liés, à la fois par le Génie Civil et par la nature du service qu'ils offraient : la communication des biens, des personnes, des informations et des idées. Au milieu du XXe siècle, un projet *CarCity* aurait certainement examiné non seulement nos villes mais aussi notre environnement et notre qualité de vie.

---

[3] De l'ordre de 200 000 à 300 000 kilomètres selon les auteurs.

INTRODUCTION

Le projet *MediaCity* s'inscrit parfaitement dans notre début de XXIe siècle qui appelle la prise en compte d'une triple transformation :

- l'intégration de l'Europe médiane[4] post-socialiste (ce que nous appelions autrefois l'Europe centrale soviétique) dans un vaste ensemble en gestation qui n'a pas encore trouvé son identité, ses structures, ni ses limites.

La structuration nouvelle de l'Europe faisait en 1989 une avancée soudaine à partir de la faillite historique du système socialiste soviétique. Commençant en Allemagne avec la décision d'absorber la RDA, l'Europe de l'Ouest s'est soudain étendue vers l'Est sous une double ambition politique et économique. Le secteur économique (les entreprises privées et publiques) y a découvert un nouvel espace de consommation potentielle et a choisi de s'y engouffrer, négligeant - mais ce n'est pas le rôle des entreprises - la dimension sociale et culturelle d'une Europe à construire.

- les mutations de ce que nous appelions autrefois « villes », dont certaines deviennent des métropoles – et, pour certaines, des « villes globales » - pendant que d'autres dépérissent et se vident d'habitants et d'activités.

Tant qu'elle a offert un aspect cohérent d'objet fini, cernable, souvent circonscrit de remparts, la ville a pu être confondue avec l'urbain sans que cette confusion ne pose la moindre difficulté. Le développement de la ville au-delà de sa forme pré-industrielle a fait apparaître une intéressante schizophrénie : une grande partie de la ville (les banlieues, les « cités » et les « quartiers ») n'avait plus rien de la ville, ni par la forme ni par le mode de vie citadine. On a alors parlé de mitage et de zones périurbaines ; puis, en désespoir de cause, on a inventé l'aire urbaine pour inclure une population qui, malgré un habitat de type rural, dépend directement de la ville. On observe également en contrepoint des villes qui perdent leur substance ; « faire la ville » consiste alors à gérer le rétrécissement et le vide. Certaines encore se libèrent de leur attache régionale ou nationale pour intégrer, à l'échelle planétaire, le petit groupe élitiste des « villes globalisées ».

- l'irruption des technologies d'information et de communication (que nous appelions « nouvelles » à la fin du XXe siècle) dans un grand mouvement civilisationnel qui nous fait passer du mondialisé au globalisé.

---

[4] Lituanie, Pologne, République tchèque, Slovaquie, Hongrie, Slovénie, Croatie, Roumanie, Moldavie, Bulgarie, Serbie.

INTRODUCTION

La phase actuelle de structuration de l'Europe est concomitante avec l'avènement des TIC (technologies de l'information et de la communication). Ces technologies font désormais partie intégrante de notre pratique quotidienne même si nous ne les utilisons pas directement. En d'autres termes, les populations et les territoires qui n'en bénéficient pas sont soudain défavorisés et relégués hors du temps, c'est-à-dire hors du développement économique, social, culturel, et les TIC s'inscrivent alors en négatif.

◊

De très nombreux ouvrages s'intéressent aux technologies numériques dans leur possible incidence sur l'aménagement des villes et des territoires. C'est ainsi que le Ministère des Transports, de l'Équipement, du Tourisme et de la Mer, acteur essentiel de l'aménagement du territoire, a présenté en 2005 une vision officielle de notre futur sous la forme d'un imposant rapport de 355 pages intitulé :

> « DES TIC ET DES TERRITOIRES
> Quelles conséquences des nouvelles technologies de l'information et de la communication sur la vie urbaine et la mobilité ? »

André-Yves PORTNOFF[5] a été chargé de rédiger une sorte de conclusion à ce rapport en imaginant quels impacts pourront (pourraient) bien avoir les techniques numériques dans le champ du ministère de l'équipement des transports et du logement. Campé dans son rôle de prospectiviste ou de « cybergourou »[6], il prévoit plusieurs scénarios interdépendants[7] :

- *Le scénario de continuité,* (c'est-à-dire que l'on ne change rien), constate la faible possibilité d'anticipation des pouvoirs publics. Ce scénario « instable » ne peut perdurer au-delà de quelques années et débouche sur
- *Le scénario du marché roi* dont le krach est inévitable en raison du désinvestissement sur le long terme dans les secteurs de l'éducation, de

---

[5] André-Yves PORTNOFF, docteur en sciences physiques, essayiste, est directeur de *l'Observatoire de la révolution de l'intelligence Futuribles.*
[6] Selon le mot de MORISET (2005)
[7] PORTNOFF (2005), « Le territoire et le numérique - quels impacts des techniques numériques dans le champ du ministère du logement, des transports et du logement » in MTETM 2005.

INTRODUCTION

la recherche, de la santé, et des infrastructures non-marchandes. Cette dramatique et instable situation donne lieu à deux possibles dérives éventuellement concomitantes :
- *Le scénario de la dérive mafieuse*
- *Le scénario de la dérive autoritaire*

PORTNOFF nous offre pourtant un possible salut, celui du
- Scénario *de l'expansion innovatrice* selon lequel de véritables « lendemains qui chantent » sont offerts par le miracle des TIC : des entreprises à l'écoute de la société, l'innovation sociale,

> « la baisse des frottements internes de la machine économique en raison de la chute des coûts de transaction et des délais »,

une administration qui allège toutes ses procédures en misant sur la confiance plus que sur le contrôle, un réel décloisonnement des administrations suivant une logique de l'utilisateur et non plus de frontières administratives, sans oublier que le gain de temps et de ressources (déplacements, essence, pollution, encombrements...) permet de financer des activités contribuant directement au développement et au bien-être de la société. Ce nouveau bonheur s'appuie sur le renouvellement de la vie associative et de quartier. L'habitat se développe alors d'une façon plus harmonieuse, avec une revitalisation des centres des petites agglomérations grâce au télétravail. C'est l'avènement d'un monde merveilleux

> « de la croissance, de l'emploi, de la cohésion sociale, de la sociabilité avec multi-appartenances et d'une éthique tolérante respectueuse de l'État de droit et des droits d'autrui ».

PORTNOFF semble projeter un futur comme il l'aurait fait au XIXe siècle alors qu'un avenir radieux paraissait l'aboutissement logique du développement scientifique et industriel. Mais le prospectiviste du XXIe siècle n'omet pas de rappeler la responsabilité de l'administration et des politiques dans ce développement car, finalement, il lui faut admettre que :

> « ... si la technologie n'est pas neutre, elle permet des exploitations très différentes selon les choix des acteurs et de la société. »

Les lignes téléphoniques et les chemins de fer, certes ancrés dans le sol des territoires, relient moins des territoires que des humains et des groupes humains. Leur développement dépend moins de la morphologie des territoires qu'ils traversent que des volontés politiques qui s'y exercent.

Il en va de même pour les TIC qui constituent une machine nouvelle et puissante à laquelle j'associerai l'image du Quadrige.

INTRODUCTION

Le Quadrige numérique

Au Grand Palais à Paris, sur la porte de Brandebourg à Berlin ou sur la frise du Parthénon, le quadrige, récemment passé à la postérité du 7e art par les talents onze fois oscarisés de William WYLER et de Charlton HESTON/BENHUR, est un char attelé de quatre chevaux de front. Le quadrige, qui exprime depuis longtemps vitesse, puissance et habileté, suppose à la fois une technologie, une construction et une maintenance, un conducteur, un coût, un objectif et un enjeu.

Le monde des TIC que l'on dit *virtuel* est un nouveau et indissociable quadrige bien *réel* dont les quatre chevaux seraient :

- les utilisateurs,
- l'infrastructure, avec les réseaux de câbles, les relais hertziens et les points d'échanges, les ordinateurs des utilisateurs,
- les services d'accès au réseau et les logiciels,
- le business.

Dans le quadrige, les deux chevaux du centre (les timoniers) sont choisis pour leur calme, leur robustesse, et leur obéissance, pendant que les galériens, à l'extérieur, sont plus légers et plus flatteurs. Qu'un seul de ces chevaux défaille, et le quadrige n'avance plus. L'attelage en quadrige, qui associe des caractères différents, implique un dressage patient, long de plusieurs mois. Il suppose également un conducteur habile, courageux et chevronné, ainsi qu'un objectif à atteindre. Le cirque dans lequel évolue le quadrige n'étant finalement que l'une des composantes mineures de la course.

Le quadrige numérique est attelé de quatre chevaux interdépendants mais de natures, d'ambitions, et de caractères différents, dont les enjeux peuvent diverger ou même s'opposer. Pour autant, ils sont voués à avancer ensemble.

Les utilisateurs

Le nombre des utilisateurs augmente considérablement chaque année : de 2000 à 2007, les « internautes » ont doublé en France et ils ont déjà sextuplé en Asie.

Institutions, collectivités territoriales, entreprises, communautés, partis politiques, associations, (presque) tous les groupements utilisent les TIC à usage interne et externe.

INTRODUCTION

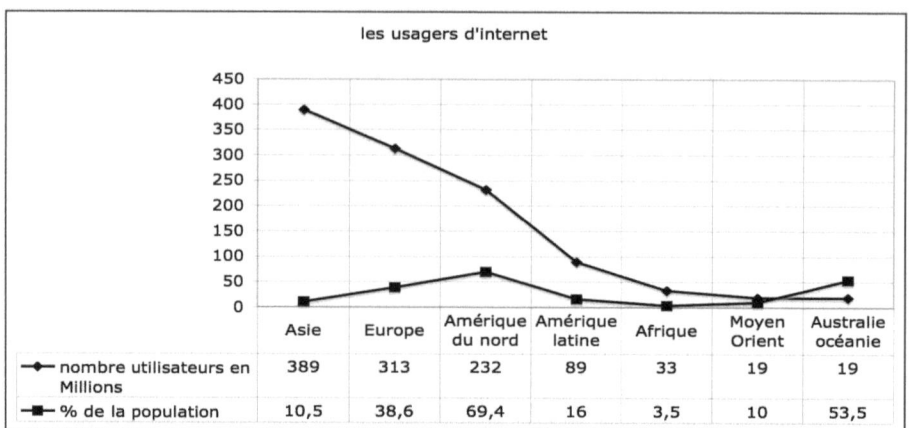

Etat au 11/01/2007 - source : http://www.Internetworldstats.com/stats.htm

Dans l'Europe (continent) 38,6 % de la population utilise Internet, soit sur le lieu de travail soit au domicile. Dans la seule Union européenne, 53 % de la population est internaute.

Les usages évoluent très rapidement et de nouvelles pratiques s'installent : en avril 2006[8], les internautes suivent 37,3 millions de blogs, et ce chiffre double tous les six mois, 75 000 nouveaux blogs seraient créés tous les jours, 3,9 millions de blogs sont mis à jour chaque semaine, et au total 1,2 million d'articles sont publiés chaque jour, soit 50 000 articles par heure.

D'après le dernier rapport du Centre d'information chinois sur l'Internet (CNNIC selon son acronyme en anglais), la Chine comptait, fin 2006, 137 millions d'internautes, soit une progression de 23,4 % par rapport à fin 2005, dont 104 millions utilisaient un réseau à large bande. Après avoir dépassé 10 % de taux de pénétration, l'Internet chinois connaîtra logiquement une période de croissance encore plus rapide. Le profil type de l'internaute chinois défini par l'étude est un homme, célibataire, âgé de moins de 35 ans, de formation universitaire avec un revenu mensuel inférieur à 2 000 yuans (258 dollars). Il passe en moyenne près de 17 heures par semaine en ligne, contre près de 16 heures en 2005 et 8 heures et demie en 2001.

---

[8] Selon David SIFRY Fondateur et Directeur général de Technorati.

INTRODUCTION

Finalement, l'utilisateur est comme une nouvelle sorte d'individu, relié au monde entier par le texte, le son et l'image, un individu tellement nouveau que le magazine Time[9] en a fait son *personnage de l'année* 2006.

Les infrastructures

Les réseaux de câbles, d'antennes et d'émetteurs et les bâtiments d'échanges ou de stockage de données - des infrastructures bien réelles - peuvent être mesurés (masse, dimensions, longueur, coût) même s'ils sont rarement visibles.

Les câbles de fibre optique diffèrent en raison des spécifications liées à leur localisation :
câbles ignifuges, sans halogène (utilisés dans le métro et le RER)
câbles sans métal résistant aux rongeurs, ou aux termites,
câbles pour l'industrie pétrochimique,
câbles pour environnement hostile (vapeur, humidité, hydrogène, hydrocarbure),
câbles sous-marins transocéaniques,
câbles pour les égouts,
câbles pour applications aériennes sur lignes haute tension.

La mise en service du câble sous-marin SAFE (South Africa Far-East) en juin 2002 en fibre optique a permis à l'Ile Maurice de se positionner sur l'offshore au niveau du secteur centres d'appels mais aussi sur toutes les technologies de l'information et de la communication. Long de 28 000 kilomètres, le câble part du Portugal et longe la côte ouest africaine. Il se prolonge vers la Malaisie, passant par l'Afrique du Sud, la Réunion, l'île Maurice et l'Inde.

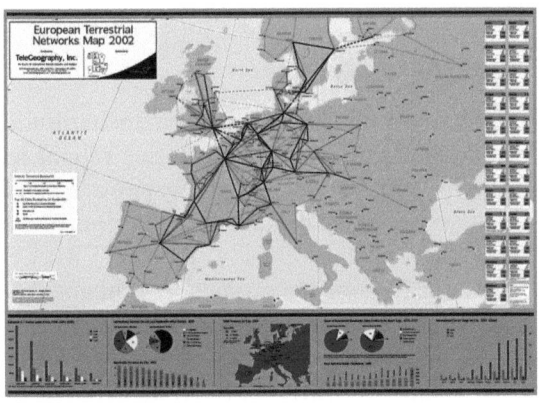

Le réseau terrestre européen en 2006
Document TeleGeography Research

Verizon Business[10] dessert 150 pays sur cinq continents avec plus de 717 000 Km de liaisons câblées. La société participe à plus de 65 réseaux câblés sous-marins, par lesquels transite le trafic stratégique de clients

---

[9] Lev GROSSMANN, « *TIME's Person of the Year for 2006 is you* » in Time magazin 13/12/2006.
[10] www.verizonbusiness.com.

INTRODUCTION

multinationaux du monde entier. Récemment, Verizon Business a déployé un réseau transatlantique « maillé » à la technologie innovante ; il interconnecte, ou maille, différents câbles existants, assurant ainsi des routages plus diversifiés et de multiples chemins de sauvegarde en quelques millisecondes. Verizon Business s'est joint à un consortium d'Asie-Pacifique pour installer le premier câble optique de nouvelle génération reliant directement la Chine et les Etats-Unis. Le « Trans-Pacific Express » s'étendra sur plus de 18 000 kilomètres pour entrer en fonction au troisième trimestre 2008.

Le Sea-Me-We 3 mis en service par France Telecom durant l'été 1999 est le câble sous-marin en fibre optique le plus long du monde. Mesurant près de 40 000 kilomètres, il relie 33 pays sur quatre continents et permet ainsi à près des trois-quarts de la population mondiale, soit environ quatre milliards de personnes, de communiquer. Ce système de câbles sous-marins utilise pour chacune des deux paires de fibre le multiplexage de huit longueurs d'onde d'un débit de 2,5 Gbit/s. Le Sea-Me-We 3 possède le débit le plus élevé actuellement en service : 40 Gbit/s.

A l'intérieur du continent européen, pour des raisons évidentes de facilité d'accès, les câbles suivent généralement les axes de circulation (routes, autoroutes, réseau ferré).

En Europe, le réseau Interoute[11] est le plus important réseau de télécommunications, reliant 70 villes dans 17 pays (soit 200 points d'accès), avec huit millions de kilomètres de fibre optique.

RENATER (réseau national de télécommunications pour la technologie, l'enseignement et la recherche) est le réseau informatique français reliant les différentes universités et les différents centres de recherche entre eux en France Métropolitaine et dans les départements d'outre mer. Aujourd'hui, même les collèges et les lycées sont souvent reliés à RENATER. Les organismes membres du GIP RENATER sont de grands organismes de recherche : CEA, CIRAD, CNES, CNRS, INRA, INRIA, INSERM, BRGM, CEMAGREF et IRD, ainsi que le Ministère de l'Éducation Nationale. RENATER gère aussi le point d'échange de trafic SFINX. Il s'agit d'un

---

[11] Interoute est une société privée, appartenant à un groupe d'investisseurs internationaux, le principal étant la Fondation de Famille Sandoz, l'une des fondations de famille privées les plus importantes au monde. Cette fondation possède également 8,13 % de Tiscali.

réseau liant plus de 600 sites via une liaison très haut débit (jusqu'à 10 Gbps, cœur de réseau à 80 Gbps en Île-de-France) et compatible IPv6.

RENATER est connecté au réseau paneuropéen GEANT2 (via une liaison à 10 Gbps). Il est également relié à Internet, en France via SFINX (à 3 Gbps), et dans le monde via Open Transit de France Telecom à 5 Gbps. GÉANT2 est un réseau à très haut débit dédié à la recherche et à l'éducation en Europe. Il est le successeur du réseau paneuropéen GÉANT qui en est aujourd'hui (octobre 2006) à sa septième génération.

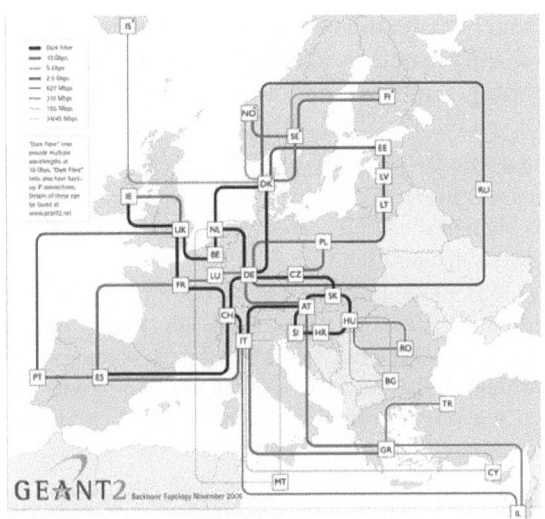

Le réseau Geant 2
Doc. www.onversity.net

Avec plus de 30 millions d'utilisateurs issus de 34 pays européens, GÉANT2 propose une couverture géographique inégalée, des services de bande passante haut débit, une technologie réseau hybride innovante et une gamme complète de services utilisateurs. Sa couverture étendue interconnecte plusieurs continents, permettant une collaboration mondiale dans le domaine de la recherche. Le programme complet de recherche et de développement de GÉANT2 permet à l'Europe de rester au premier plan de la recherche mondiale.

Le datacenter Redbus à Courbevoie (92)

Ces réseaux de câbles sont interconnectés dans de vastes bâtiments (Internet Exchange Point) hautement sécurisés, dotés de puissantes climatisations et de groupes électrogènes qui les mettent à l'abri de coupures d'électricité.

En Europe, toutes les capitales et toutes les villes

principales ont leurs noeuds d'échange. Paris dispose de plusieurs noeuds d'échange (FNIX Renater, PARIX, France Telecom, MAE Uunet/worldcom, Free IX, Pouix, PaNAP et MIXT, etc.) et les grandes villes sont également dotées (MAIX à Marseille, LYONIX à Lyon, GNI à Grenoble, etc.).

La question de la réalisation du réseau ne se pose plus aujourd'hui que sous l'angle de la rentabilité de l'investissement dans les territoires à faible densité économique (rareté d'usagers potentiels) et dans les zones urbaines vétustes et denses (coût de l'infrastructure câblée). Les technologies hertziennes (Wimax, par exemple) semblent devoir s'imposer dans ces zones :

> « Le réseau déployé dans le département pilote du Loiret permettra de couvrir, dans les prochains mois, dix sites choisis pour leur capacité à desservir les "zones blanches" ADSL. Des zones où vivent 6 000 foyers actuellement privés de haut-débit.
> A l'échelle nationale, le déploiement du Wimax devrait s'intensifier en 2007. Le Gouvernement souhaite désenclaver les foyers qui ne seront jamais éligibles à l'ADSL car situés à plus de cinq ou six kilomètres du répartiteur, "là où les opérateurs ne vont pas spontanément car il n'y a pas de rentabilité économique", a affirmé Christian Estrosi. »[12]

Peut-on contester à ce monde supposément virtuel une réalité bien concrète faite de fibres, de gaines, de béton, de machines, de terrains et de bâtiments peuplés d'employés ?

Les services

Les réseaux ne sont rien sans les services de communication qui les justifient. Les produits et services des sociétés qui maîtrisent ces réseaux incluent des services de bande passante, des réseaux privés virtuels (VPN), des accès Internet haut débit, ainsi que des services de transit IP, des solutions d'hébergement managé, des services de communication et de streaming média.

Bien connue du grand public, la voix sur IP (VoIP) offre la possibilité de combiner voix, données et vidéo sur le même réseau de transport, autorisant de nouvelles applications comme la vidéo conférence sur Internet ou encore la messagerie unifiée pour envoyer indifféremment des messages voix sur IP, électroniques ou télécopie via l'Internet.

---

[12] http://www.Internet.gouv.fr/information/information/actualites/un-reseau-wimax-dans-loiret-une-premiere-europe-375.html.

INTRODUCTION

Après le développement des « pages perso », les premiers « journaux personnels sur Internet » sont nés dans les années 90 mais le terme Weblog est, dit-on, apparu pour la première fois en 1997 sur le site de Jorn BARGER. La forme raccourcie « blog » s'installe en 1999. Les médias traditionnels commencent à traiter de ce fait social en 2001 : la Blogosphère est identifiée et s'étend à l'ensemble de la planète.

Le blog s'est très rapidement imposé auprès du public en général (près de six millions de blogs en France sur Skyblog en 2006) et des personnalités et groupes politiques en particulier. Ce développement a été rendu possible par la diffusion du service nécessaire à des utilisateurs sans connaissances techniques sous la forme de logiciels spécialisés pour disposer le texte et les illustrations, construire des archives automatiquement, et gérer les commentaires des internautes lecteurs.

Les Wikis sont des systèmes de gestion de contenus de sites Web dynamiques, dont tout visiteur peut en principe modifier les pages à volonté. Créé en 1995 par Ward CUNNINGHAM, le Wiki tire son nom du mot hawaïen « WikiWiki », qui signifie « vite ». Le plus connu est actuellement Wikipedia.

L'émergence, le développement, et parfois la disparition des services et logiciels dépend de nombreux facteurs (qualité, ergonomie, coût) mais c'est au bout du compte l'utilisateur qui fait la vie du service.

Le business

C'est aussi en termes d'investissements, de capitalisation boursière, d'emplois, de rentabilité, que l'on mesure l'importance des TIC.

Dans ce marché relativement neuf, les compagnies qui construisent et gèrent les équipements sont très nombreuses, très mouvantes, se revendent et se rachètent au gré des stratégies, des coups et des opportunités. Il ne s'agit évidemment pas ici de lister ces entreprises dont la nomenclature aura changé dans le délai d'impression du présent ouvrage ou même dans le temps de la lecture.

Néanmoins, on saisit l'ampleur des TIC en observant rapidement quelques compagnies.

La société Verizon Business[13], avec plus de 30 000 employés, 321 bureaux dans 75 pays sur six continents, et plus de 200 centres de données de pointe

---

[13] www.verizonbusiness.com.

INTRODUCTION

dans 22 pays, est « évidemment » globalisée. Parmi ses 130 000 relations clients, on compte 94 % des *Fortune 500* (palmarès des 500 entreprises américaines avec le plus gros chiffre d'affaires), principalement dans les services financiers, de vente au détail, de technologie de pointe, de soins de santé, de gouvernements fédéraux, des états, et dans l'éducation.

Le Groupe Iliad est un acteur prépondérant sur le marché français de l'accès à Internet et des télécommunications avec Free (1er opérateur ADSL alternatif), One.Tel et Iliad Télécom (opérateurs de téléphonie fixe) et Kertel (cartes prépayées). Créé en 1991, le Groupe Iliad emploie aujourd'hui plus de 1 500 personnes. Le Groupe Iliad est coté sur Eurolist d'Euronext Paris sous le symbole ILD. Son chiffre d'affaires a augmenté de 56 % entre 2006 et 2005.

Le Nasdaq, société de cotation électronique qui regroupe essentiellement des sociétés des TIC, représentait en mars 2006 une capitalisation boursière de 3 600 Milliards de dollars US.

En Chine, le cabinet IResearch prévoit une explosion du commerce électronique, de 5,6 milliards de yuans (721 millions de dollars) en 2005 à 46 milliards de yuans pour 2006 (5,9 milliards de dollars). Pour un responsable du CNNIC, Wang ENHAI, la Chine deviendra rapidement le plus grand marché mondial pour l'Internet devant les Etats-Unis, où il y a actuellement 210 millions d'internautes :

> « Nous pensons qu'il faudra deux ans tout au plus à la Chine pour détrôner les Etats-Unis »

En France, le chiffre d'affaires du commerce électronique a atteint 12 milliards d'euros en 2006, soit 40 % de mieux qu'en 2005.

Ce marché est nouveau : il n'a que 25 ans. S'il n'a pas encore trouvé son équilibre, c'est à la fois en raison de l'expansion de la clientèle, de la rapidité d'évolution des matériels et des technologies, et de la recherche de la fameuse « masse critique » :

> « Deutsche Telekom a mis en vente sa filiale française, Club Internet, l'un des derniers petits acteurs de l'Internet en France à disparaître en moins d'un an, après Tele2 France et AOL France. […] En août, Neuf Cegetel annonçait le rachat d'AOL France pour 288 millions d'euros. En octobre, l'opérateur suédois Tele2 vendait ses activités de téléphonie fixe et Internet haut débit en France à l'opérateur mobile SFR pour 350 millions. » […]

INTRODUCTION

> « En quelques mois, le secteur français de l'Internet a brutalement accéléré sa consolidation autour de trois grands acteurs: France Telecom (5,92 millions de clients), Free (2,27 millions) et Neuf Cegetel (2,17 millions). »[14]

Appliquant avec GREIMAS le schéma actantiel de PROPP au projet entrepreneurial, on met en évidence que la concurrence reste la principale ennemie de l'entreprise dans l'économie de marché (libre et non faussé). Il faut donc s'attendre à de profondes transformations du secteur des TIC par fusion, liquidation, acquisition, et de toutes manœuvres visant à la réduction de la concurrence.

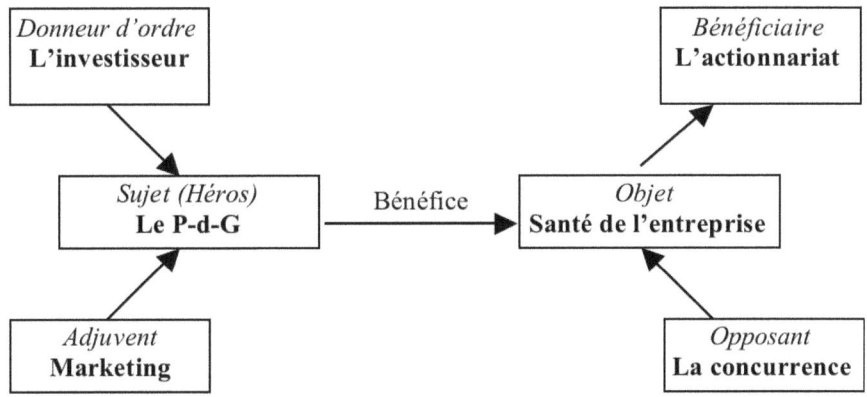

Schéma actantiel de l'entreprise
(d'après Greimas)

Ces quatre chevaux du quadrige numérique ont chacun leur caractère, leur ambition, leur limite, et leur position relative dans l'attelage. En l'absence de conducteur, ils pourraient bien se soumettre à l'autorité de celui des quatre qui, par la force ou la ruse, s'imposerait comme leader.

Nous pouvons aussi choisir d'en faire une machine puissante au service des sociétés humaines.

---

[14] Katell ABIVEN, 01/03/2007, Agence France Presse.

L'instrument du nouveau monde

Les transformations structurelles de notre monde globalisé, celui qui s'organise dans le temps et l'espace des TIC, sont poussées par les ambitions des entreprises planétaires, elles se font avec ou malgré les volontés politiques, et elles sont soutenues ou freinées par les attentes ou les craintes de la société civile[15].

Ces transformations ne sont pas le fait de l'arrivée providentielle de nouveaux outils. Inversement, ces nouveaux outils - déjà connus depuis un demi-siècle - répondent à la transformation de la société et de notre vision du monde. Quoiqu'en disait en 1896 l'américaine Susan B. ANTHONY[16], la bicyclette n'a pas libéré la femme (non plus que Moulinex), mais la femme a su utiliser le vélo comme instrument de son émancipation et en faire peut-être un symbole. De la même manière, les chemins de fer et les bicyclettes n'ont pas fait les premiers congés payés, mais une aspiration de la population à laquelle a su répondre le pouvoir politique par la Loi du 20 juin 1936.

Les TIC, instruments de l'information et de la communication, ne donnent que ce que nous leur demandons, et c'est pourquoi ils sont en permanente évolution : Web 1 (un monceau de pages web statiques) est mort, vive Web 2 (un concept de gestion de contenus dynamiques et d'interactivité) qui répond à la demande actuelle des *hucc*s[17] comme on le constate avec le succès des wikis, blogs ou autre Youtube qui sollicitent la participation des usagers.

---

[15] « L'émergence de la société civile comme acteur clé du développement est un des phénomènes les plus remarquables de l'histoire contemporaine du développement international. » http://web.worldbank.org.

[16] *« Let me tell you what I think of bicycling. I think it has done more to emancipate women than anything else in the world. It gives women a feeling of freedom and self-reliance. I stand and rejoice every time I see a woman ride by on a wheel...the picture of free, untrammeled womanhood. »* Susan B. Anthony in New York World, February 2, 1896.

[17] *hucc* = habitant-usager-citoyen-consommateur (une catégorie englobante dont le terme est régulièrement employé par Emmanuel EVENO, notamment in MTETM 2005). Nous utiliserons désormais cette dénomination : « Habitants, usagers, citoyens, consommateurs... sont des unités de catégories très classiques d'une population qui, lorsqu'elle se trouverait dans des contextes d'expérimentation en matière de communication électronique, serait amenée à évoluer vers des figures d'un nouveau genre ou d'un nouveau type, sans que l'on sache très bien s'il s'agit là d'archétypes, de stéréotypes, d'idéal-types voire de prototypes. »

INTRODUCTION

C'est que dans la ligne de la démocratisation de la vie publique, la participation et la concertation avec les populations sont désormais très tendance. Elle sont même devenues obligatoires pour les aménagements urbains : la Loi SRU[18], notamment, modifiait l'écriture du scénario urbain (FAYETON 2002) en précisant les modalités de consultation du public (ceux que les médias nomment « les vrais gens ») et en élargissant la qualité des participants.

Quel candidat aux élections présidentielles de 2007 se serait opposé officiellement à la participation et à la concertation ?

Dans la réalité, les municipalités ont depuis longtemps appris à s'arranger avec les procédures de consultation publique comme elles savaient le faire de quelques autres obligations[19].

On a vu maintes fois que l'annonce d'une consultation publique se résumait à quelques minuscules affichettes de format A5 sur les panneaux du hall de la mairie. Finalement, seuls quelques initiés parviennent à savoir où et quand se rendre pour prendre connaissance du dossier et éventuellement exprimer des remarques.

Je garde en particulier le souvenir de ces deux commissaire-enquêteurs attendant, désespérés, le public dans un petit bureau gris auquel on accédait après un parcours digne de rats de laboratoires dans des dédales d'escaliers et de couloirs au fond d'une mairie-annexe d'Avignon. Comme on l'a vu (en 2007) lors de l'élaboration d'une Charte de l'Environnement pour Avignon, ce ne sont pas les TIC qui changent les façons de procéder. Mais la chose n'est pas une spécialité régionale exclusive.

Quelques chercheurs ont pris conscience de cette réalité pragmatique et nous alertent :

> « À notre avis, lorsque ces blocages auront sauté, il sera plus facile d'organiser de véritables concertations et de tenir compte des avis des

---

[18] Loi SRU (loi Gayssot) n° 2000-1208 du 13 décembre 2000 sur la Solidarité et le Renouvellement Urbains.
[19] Il n'est pas inutile de rappeler que dès le lendemain du vote de la loi SRU, Jean-Louis BORLOO, alors maire de Valenciennes, annonçait qu'il préférait payer l'amende plutôt que de construire des logements sociaux. Nommé ministre de la ville, sans remettre en cause la loi SRU, il semblait toujours estimer que la solidarité a des limites en déclarant le 24 juin 2002 (cf. Les Echos) qu'il envisageait de moduler, d'assouplir les contraintes et les pénalités. Le maire de Saint-Maur (Val-de-Marne) a provisionné une somme de 1,5 million d'euros au budget municipal 2007 pour payer l'amende attendue au motif de non-réalisation de logements sociaux. Cette attitude n'est pas isolée.

citoyens dans l'aménagement du territoire. Les outils informatiques existent, certains ont fait leurs preuves dans d'autres pays, il ne manque donc que la volonté politique des élus pour lancer des expérimentations. »[20]

Il ne manquerait donc plus que la volonté politique. C'est bien pourquoi Internet, Google, Yahoo, pour ne citer qu'eux, ne libèreront la parole des chinois (et des Européens aussi, bien sûr) que sous deux conditions : dans la mesure de la démocratisation du pays dont seule la pression populaire pourrait être l'embrayeur, et dans la mesure où la maturité des *huccs* et leur compétence rendra aux logiciels libres (pas nécessairement gratuits, mais libres) la place qu'ils méritent pour ce qui concerne la communication.

La question - multiple, mais essentielle car elle fonde la raison d'être du quadrige numérique - reste alors de savoir quel est le conducteur, ce qu'il veut en faire, pour qui, et comment. La réponse à cette question détermine la politique du quadrige numérique que les pouvoirs publics ne peuvent écarter. Sauf à laisser faire les marchés et la concurrence, ce qui est, en soi, une politique.

---

[20] Robert LAURINI, 2005, « Sysèmes d'information pour la participation des citoyens aux décisions relatives à l'aménagement du territoire » in MTETM (2005).

INTRODUCTION

Synopsis

Dans la **première partie : Le Réel des TIC**, nous examinerons d'abord les contenus de ces couples d'**oxymores du temps présent** qui font désormais partie de notre vocabulaire quotidien : virtuel/réel, développement/durable, local/global et qui sont associés dans les transformations du monde au début de notre siècle. Quelle est, dans leur rapport à la ville, la réalité concrète et fonctionnelle de ces termes que l'on agite, soit comme des épouvantails, soit comme des grigris supposés venir à bout de toutes nos difficultés urbaines. Nous tenterons ensuite de clarifier une vision d'ensemble des multiples **ébullitions numériques**, quelles expérimentations ont été entreprises aux différentes échelles d'intervention (nations, régions, agglomérations, communes, et quartiers), sous quelles impulsions, avec quels efforts, et avec quels résultats. Cette synthèse sera nécessairement provisoire et incomplète eu égard à la rapidité d'apparition de ces tentatives.

La **Deuxième Partie : les TIC dans le réel**, approchera le paradigme de « la ville européenne » qui semble bien vouloir flotter entre vœu pieux et argument du marketing politique sur toutes **les villes d'Europe de Brest (France) à Brest (Belarus)**. En effet, alors que la ville romaine antique affirmait son identité par sa forme, sa raison d'être, sa structure et son mode de vie, nous ne pouvons distinguer - à ce jour, du moins - un modèle de ville européenne qui serait valablement applicable aux villes d'Europe dans leur état actuel (des métropoles aux villes en déclin), ni imposable à leur devenir. Nous observerons comment **la Pologne dans l'Europe libérale**[21] fait connaissance dans le même temps avec le téléphone portable et les SDF, Internet et la spéculation immobilière, la « concurrence libre et non faussée » et le chômage. Le développement chaotique de la Pologne depuis 1989 dessine en accéléré une caricature des transformations structurelles de la vieille Europe dans l'ère de la globalisation : mise en concurrence des régions au détriment de l'aménagement solidaire à l'échelle nationale, privatisation des structures d'équipement (transports, énergies, communications).

---

[21] Le terme « libéral » est employé tout au long de l'ouvrage, dans son sens français, bien différent de l'anglo-saxon.

INTRODUCTION

Pour introduire la **troisième partie : Réinventer l'urbanité avec les TIC,** nous appellerons **Back to the future** une fiction consistant à imaginer une conception de l'aménagement des territoires de l'ensemble Europe sur la base de l'urbanité et du lien social. Un peu comme si la Pologne avait pris le temps - ou eu la volonté politique - de réfléchir sur la direction à prendre pour sortir du joug socialiste soviétique sans se lancer à corps perdu dans le libéralisme. Nous verrons que densité et densification sont de fausses bonnes questions qui ne traitent pas de ce qui fonde l'urbain : l'urbanité. Nous mesurerons l'actualité du projet alors utopique d'Erwin GUTKIND (1962) pour proposer de faire passer nos territoires **du cheval à la lumière** ; c'est-à-dire de l'échelle des départements du XVIIIe siècle à celle des réseaux numériques dans laquelle l'urbain n'est pas organisé en archipels mais selon une répartition fractale équitable d'aménités urbaines. Cette transformation supposerait de considérer les TIC comme service public, équipement structurant d'une urbanité nouvelle partagée, c'est-à-dire comme instrument de la politique, et pas seulement comme un bien de consommation capable de favoriser plus ou moins le développement économique. Ce qui reviendrait alors à projeter et mettre en œuvre une politique du quadrige numérique afin d'utiliser **les TIC pour « faire société ».**

1 • Le réel des TIC

> « Le courage ? je ne sais rien du courage. Il est à peine nécessaire à mon action. La consolation ? Je n'en ai pas encore eu besoin. L'espoir ? Je ne peux vous répondre qu'une chose : par principe, connais pas. Mon principe est : s'il existe la moindre chance, aussi infime soit-elle, de pouvoir contribuer à quelque chose en intervenant dans cette situation épouvantable, dans laquelle nous nous sommes mis, alors il faut le faire. »[22]

Monde virtuel et réduction des distances, fibre optique et abolition de la géographie, backbones et bulle Internet, désagrégation urbaine et exterritorialité, sont autant de notions larges et incertaines qui débordent l'univers des technologies de l'information et de la communication pour s'ancrer dans le quotidien. A chaque époque ses mythes, ses espoirs et ses craintes.

---

[22] Günther ANDERS (2001), *Et si je suis désespéré que voulez-vous que j'y fasse ?* Paris, éditions Allia.

1 • LE REEL DES TIC

1.1 Oxymores du temps présent

Un tissu complexe de trois réalités et de trois mythes entremêlés est au fondement des transformations actuelles de la planète : réel/virtuel, développement/durable, local/global. Ce tissu est d'autant plus complexe qu'il associe des champs qui apparaissent antagonistes. Ces trois duos ont émergé dans les années 1960 et affirmé leur prégnance depuis les années 1990 ; ils sont désormais indissociables car ils se retrouvent au cœur de tous les discours - sinon de toutes les problématiques. C'est donc ensemble qu'il convient de les aborder.

Bien conscient de la force des mots, Richelieu espérait mettre la main en 1635 sur la littérature et les idées avec la création de l'Académie Française. Aujourd'hui, assez loin de l'Académie, ce sont bien plus les médias et les publicitaires qui fabriquent ou déforment les mots et les expressions, utilisant les modes de l'euphémisme ou du glissement du sens.

Nés le 9 juillet 1847 pour contourner la loi de 1835 interdisant les réunions publiques, les « Banquets Républicains » sont initiateurs de la révolution de 1848. Alors qu'ils sont aujourd'hui pratiqués par toutes les formations politiques (à l'exception naturellement de quelques monarchistes) pour réunir leurs amis, qui se souvient que ces « Banquets Républicains » étaient de véritables manifestations de revendication ?

De la même façon, les discours politiques et les médias préfèrent dire modeste plutôt que pauvre, confondant pauvreté et modestie.

D'introduction récente, l'adjectivation de « citoyen » reste controversée[23]. Qui sont les citoyens français ? Ceux qui ont la nationalité française et jouissent de leurs droits civils et politiques (Etienne TASSIN, 1994), et l'on voit mal comme un acte pourrait être citoyen. Un sens nouveau est donné à l'adjectif, en inscrivant des dimensions éthiques, sociales et civiques.

Ces nouveaux mots ou usages de mots trempent souvent dans cette « langue de bois » (encore une expression récente), aussi régulièrement vilipendée qu'elle est pratiquée. Pour certains, l'origine de ce terme de «langue de bois » serait à chercher en Pologne :

> « Selon l'étude de Carmen Pineira et Maurice Tournier (1989), il semble que l'expression soit apparue massivement dans la presse

---

[23] Alain REY fixe à 1995, l'usage du terme « citoyen » comme adjectif en remplacement de l'adjectif consacré qui est « civique ».

> française au début des années 1980, et qu'elle soit arrivée en France, au cours des années 1970, par la Pologne, [...]. L'hypothèse qui la fait venir du polonais (traduction de l'expression Dretwa mowa, elle-même assimilée souvent au Nowospeak du 1984 d'Orwell et à son calque de Nowomowa) la rattache aux discussions des séminaires ou colloques inspirés par Solidarnosc en 1978 et 1981 dans les universités de Varsovie et de Cracovie. » [24]

De leur côté, Alain BESANÇON et Françoise THOM ont souligné que la métaphore russe « langue de chêne », d'avant la révolution, servait à se moquer du style pesant de la bureaucratie tsarine. Avec le courant bolchevique, elle serait devenue « langue de bois ».

L'origine polonaise ou russe de cette expression est pourtant contestée par Patrick SERIOT (1985) de l'Institut d'Etudes Slaves à Paris dans son

> « Analyse du discours politique soviétique[25] :
> Le problème, cependant, est que, d'après nos informations, il n'existe rien, en polonais, qui ait un quelconque rapport avec «langue de bois». On parle en Pologne, pour désigner le «style» des discours officiels, de *nowomowa*, syntagme formé par agglutination, traduction directe du « *newspeak* » de G. Orwell, on trouve *mowa-trawa* (langue-herbe) dans les disques des chanteurs contestataires, et enfin *dretwa mowa* (langue engourdie, figée). Or *dretwy* n'a pas le moindre rapport avec *drzewo* (le bois), mais dérive de *dretwiec* (se figer, se pétrifier). C'est pourtant dans cette direction qu'il faut chercher, puisque le Dictionnaire de l'Académie (*Slownik jezyka polskiego, Polska Akademia Nauk*, 1960) donne à l'article *Dretwy : Dretwa mowa* (phraséologie politique) = Moyen d'expression reposant sur l'utilisation de slogans tout prêts, rabâchés. »

Le « Code universel du discours » (*Uniwersalny kod przemowien*), bizarrement, a été publié par *Zycie Warszawy*, la Gazette de Varsovie, le grand quotidien gouvernemental de la capitale polonaise. Un gag étudiant, qui démontait les mécanismes de la langue de bois officielle[26].

Cette langue de bois est notre langue quotidienne lorsque nous remplaçons vieux, sourd, pauvre, par senior, malentendant, modeste, lorsque nous disons d'un acte qu'il est « citoyen » ou du pique-nique d'un groupe politique qu'il est « républicain ». La langue de bois n'est pas qu'euphémisme, distorsion

---

[24] AMOSSY Ruth (1997). *Stéréotypes et clichés*. Paris, Nathan.
[25] http://www2.unil.ch/slav/ling/recherche/biblio/85TH3/Chap1.html.
[26] Un gag qui sert parfois de base pédagogique.

ou décalage : elle est aussi dans le floutage du sens de ces termes aujourd'hui rabâchés (Eric GUICHARD, 2003) :

> « La notion de « fracture numérique » est autant partagée qu'elle est mal définie. »

La langue de bois est aussi dans l'oxymore qui permet de faire passer un nuage de confusion sur des concepts manipulés.

Virtuel/réel

Le chemin de fer, l'électricité, le télégraphe, la voiture automobile, l'aviation, ont, chacun à leur tour, soulevé autant de craintes horrifiées que suscité des espoirs, des discours enflammés, et motivé des luttes acharnées. Ces nouvelles technologies d'alors ont participé à la transformation des sociétés, des villes et des paysages.

C'est maintenant à ces TIC de monter en première ligne. Quelle ville n'a pas son site Web[27], quel village n'est pas répertorié dans un site touristique ou hôtelier ? Quelques-uns ont fait figure de précurseurs, telle la petite ville (10 500 habitants) de Parthenay (HERVE et D'IRIBARNE, 2002), dans le département des Deux-Sèvres, qui lançait dès 1995 un plan d'action considérable pour le développement de l'Internet et son intégration dans la vie publique. Des expérimentations diverses sont faites dans de nombreuses villes, généralement sans grande concertation, sous l'impulsion d'un « décideur » politique à partir d'une idée, d'une ambition, d'un espoir.

Ces mots magiques, qui enchantent et/ou qui font peur, sont aujourd'hui : numérique, digital, virtuel. Si numérique et digital restent dans le champ technologique, virtuel est régulièrement invoqué dans le champ du rapport au monde et aux autres comme s'opposant au réel, à la vie. Une abondante littérature utilise – manipule – ces termes depuis les années 80.

L'inévitable recherche par Google renvoie 20 300 000 pages en français pour virtuel (musée virtuel, voyage virtuel, zoo virtuel …), et 1 300 000 pages en anglais pour *virtual* (*virtual tourist, virtual library, virtual Finland*…), ou encore 3 900 000 pages en allemand pour *virtuell* (*virtuelles Bild, virtuelle Arbeit, virtuelles Teilchen, virtuelle Realität, virtuelles Klassenzimmer, virtuelle Organisation, virtuelles Arbeitsgruppen, virtuelle Beratungsstelle*…). Ces termes nous promènent du fictif au non-physique.

---

[27] Selon FRANCE TELECOM, à la date d'avril 2005, 97 % des mairies en France (dont certaines représentent de minuscules communautés villageoises) ont un accès Internet, et 48 % ont un site web.

Mais c'est aussi une représentation du réel avec « *My virtual model* »[28] un mode de simulation pour l'achat de vêtements, de mobiliers, de régimes amaigrissants sur Internet, ou bien un jeu supposément addictif comme « Adoptez un chien virtuel »[29].

Le jeu en ligne « Second Life » (sorti en 2003) qui a connu une réussite rapide (4 millions de joueurs dénommés « résidents » en début 2007) est plus une simulation de vie sociale qu'un jeu.

Des entreprises[30] s'y sont intégrées pour tester leurs produits et des mouvements politiques (Front National, Parti Socialiste, UMP) ont ouvert des espaces « virtuels », rendant ainsi bien réel le monde virtuel de « Second Life » :

> « Le blogueur Loïc Le Meur a créé une « île Sarkozy » dans le monde virtuel de Second Life, qui permet aux internautes de discuter politique et d'écouter certains débats organisés par l'UMP dans le cadre de la présidentielle. Lancée il y a une semaine, l'île Sarkozy voit passer actuellement environ 15 000 « avatars » ou personnages virtuels par jour, a affirmé M. Le Meur, qui se promène sur Second Life depuis mai 2006 sous le nom de Loïc Radio.
> C'est le Front National qui a été le premier parti politique français à s'installer sur Second Life en décembre 2006. A l'initiative d'un membre du Front national de la jeunesse de la Moselle, une boutique et un espace de discussion ont été créés pour promouvoir la candidature de Jean-Marie Le Pen. La candidate socialiste à la présidentielle Ségolène Royal a suivi. Depuis la mi-janvier, elle dispose sur Second Life d'un « comité local », le 748ème, de son association Désirs d'avenir. »[31]

Depuis le 6 mars 2007, la « Maison de l'Europe » est installée dans Second Life grâce au ministre Donnedieu de Vabre (ou grâce à Catherine Colonna, selon les sources) :

> « Tout le monde veut son QG dans Second Life. Après le Front national, Ségolène Royal (et une brochette d'entreprises comme IBM ou Toyota), c'est désormais l'UE qui a son temple dans l'univers virtuel de Linden Lab. Située dans le quartier Lebeau, la «Maison de

---

[28] http://www.mvm.com.
[29] http://www.chienvirtuel.com.
[30] Parmi lesquelles IBM, Dell, Toyota, Reuters, Nissan, Pontiac, Adidas, Sun Microsystems, Warner, Vodaphone, Microsoft, Nike, Budweiser, Lego, Reebok.
[31] Agence France Presse 28 /02/2007, « Le blogueur Loïc Le Meur crée une "île Sarkozy" sur Second Life.».

l'Europe» a été implantée par le ministère français délégué aux Affaires européennes, qui a déboursé 30 dollars pour acquérir le terrain. »[32]

Nombreux sont ceux qui s'inquiètent de la dangerosité de la virtualité d'un tel jeu de simulation. Pourtant, lorsque l'on voyait des familles jouer au Monopoly, acheter des immeubles et des gares, se battre à coup de billets de banque « virtuels » pour renchérir, et procéder sans trembler à des expulsions pour cause de loyers impayés, personne alors ne s'élevait contre le danger social et moral d'un jeu aussi impitoyable.

La communication par Internet n'est pas plus « virtuelle » que la communication téléphonique qui traduit la voix en impulsions électriques pour transporter l'information, et recompose les sons à l'arrivée. Les relations épistolaires de Marcel Proust ne sont pas plus concrètes que s'il avait envoyé des mails. La seule différence tiendrait-elle en ce que je peux lire ses lettres sans l'interface d'un ordinateur ? Madame de Grignan ne pouvait comprendre les missives de sa mère Madame de Sévigné que par l'interface de l'encre déposée sur le support papier selon un codage de la plus haute complexité dénommé langue française.

Le projet d'architecture n'est pas moins virtuel, plus concret, sur le papier que sur l'écran de l'ordinateur. Les minuscules particules de graphite, écrasées sur la feuille de papier par Palladio, Schinckel ou Le Corbusier ne sont pas fondamentalement différentes des pixels de l'écran d'un architecte de la société Jean Nouvel ou de l'équipe de Daniel Libeskind, des pixels dont la matérialité se trouve sous la forme de particules métalliques orientées sur un disque dur bien réel. Il ne s'agit que de la représentation d'un projet, et selon Greimas, d'une écriture dans un métalangage pour décrire un objet à construire ultérieurement.

On peut aussi se questionner sur la virtualité des « cours virtuels » et des professeurs du Collège du Bois-de-Boulogne à Québec[33] alors même que dans l'un de ces immenses amphis universitaires traditionnels où s'entassent plusieurs centaines d'étudiants, le professeur, pourtant en chair et en os, apparaît comme virtuel et doit faire amplifier sa voix par la « virtualité » de la transmission électrique.

Parmi les mythes produits à partir des TIC, la fin de la Géographie a été annoncée par ceux que Bruno MORISET (2005) nomme les Cybergourous.

---

[32] http://www.20minutes.fr/articles/2007/03/06/20070306-high-tech-La-Maison-de-l-Europe-se-met-a-Second-Life.php.
[33] http://www.bdeb.qc.ca.

Néanmoins, c'est la crainte d'une déshumanisation qui reste vraisemblablement la plus répandue. Une déshumanisation qui serait produite par le remplacement du contact humain - le désormais fameux *face to face* - par la relation avec une machine. Le succès du film Matrix[34] (Frères WACHOWSKI 1999) n'est pas dû qu'à ses qualités cinématographiques, mais à la réception d'un possible monde virtuel qui ne serait qu'un univers mental géré par un ordinateur. Thierry PAQUOT (2006) note à propos de l'urbain et de la mise en relation des individus que les TIC transforment le « Rendez-vous » en « échange de paroles hors-sol ».

Le développement des services on-line (banque, assurance, voyagiste, etc.) où l'utilisateur est dans l'impossibilité de distinguer son interlocuteur a ouvert la voie de l'externalisation. Puis ils ont été exterritorialisés (ou délocalisés). En réaction, on assiste maintenant à une demande de transparence sur la localisation des centres d'appel et plusieurs centres d'appels précisent qu'ils sont bien implantés dans le pays : une nouvelle valeur vient s'ajouter au service, une valeur d'éthique socio-économique.

Le télé-Robinson

Un autre mythe est celui du possible isolement de l'utilisateur - professionnel ou privé - de l'Internet, une sorte de Robinson Crusoe travaillant sur son ordinateur portable dans une île paradisiaque ou dans une campagne perdue, indépendant de toute civilisation urbaine. L'image de ce Robinson totalement « globalisé » et nomade a été largement répandue auprès du public, notamment dans la production cinématographique.

Nimbé d'une aura de futurologie, le télétravail débarquait en Europe dans les années 1990. Dès 2000, il était, disait-on, passé dans les mœurs et le rapport du projet SIBIS[35] (« *Statistical Indicators Benchmarking the Information Society* ») en fin 2003 annonçait que 13 % de la population active de l'EU pouvait être classée comme *eworker* :

- Plus de 7 % des travailleurs pratiquent le télétravail à leur domicile,
- 4 % sont des télétravailleurs mobiles (ils travaillent principalement chez eux ou lors de déplacements professionnels et utilisent les connections en ligne.

---

[34] http://whatisthematrix.warnerbros.com.
[35] http://europa.eu.int/information_society/ecowor/ework/index_en.htm#pastnavigation.

- 3,4 % sont des travailleurs indépendants (nommés SOHOs[36]) et ce groupe représente 21 % des travailleurs indépendants.

Cette image de virtualité a été aussi portée par un développement incroyablement rapide, un engouement analogue à celui de la ruée vers l'or, et cette supposée virtualité a été confirmée dans les esprits par ce que l'on a appelé l'éclatement de la bulle Internet.

La réalité des TIC, nettement plus prosaïque et plus collective, s'appuie sur un ensemble cohérent d'infrastructures lourdes dont les investissements, par leur ampleur,[37] ne peuvent plus être envisagés qu'à long terme.

Développement/Durable

Le rapport BRUNTLAND (1987) préconisait le *sustainable development* comme mode de gestion des activités humaines. Il n'aurait pas été anodin de discuter alors du choix du terme français correspondant : durable, supportable ou soutenable ?

Ouf ! notre développement est durable ! Soyons raisonnables et nous pourrons alors continuer notre développement, en achetant par exemple du droit à polluer aux pays les plus pauvres, qui, les malheureux, n'ont pas les moyens de polluer. Et puis ils n'ont pas non plus les moyens politiques et financiers de refuser de nous vendre leur droit à polluer.

Dans le Tiers Monde et dans les pays en transition - l'ancien bloc soviétique et en particulier les nouveaux pays d'Europe centrale - la préoccupation écologique est encore réservée à quelques associations, à quelques praticiens de l'environnement, et aux universitaires. Serait-ce une quête réservée aux pays et aux villes dont le développement – ou la rapidité de la croissance – est tel que les moyens financiers nécessaires à l'effort sont disponibles : c'est-à-dire ceux qui ont atteint cette zone du développement où la « qualité » de vie devient un produit – un service – qui s'insère dans un marché suffisamment actif et rentable.

Le « Développement Durable » est encore un concept assez paradoxal qui nous renvoie à une sorte de mouvement perpétuel dont l'absurdité n'échappe pourtant à personne.

---

[36] SoHo = *Small office, Home office.*
[37] Cf. ci-dessus § « Le business » (p. 25 et suiv.).

Local/Global

Troisième membre de ce trio du XXIe siècle avec réel/virtuel et développement/durable, le couple local/global n'est pas qu'un concept pour économistes et directeurs du marketing, mais bien une composante de la vie quotidienne, notamment par l'accès aux produits et services importés ou par les délocalisations d'entreprises[38].

Selon un rapport de la DRCE (Direction régionale du commerce extérieur) en 2002, les entreprises françaises qui possèdent plus d'une filiale à l'étranger emploient plusieurs millions de personnes. Dans l'Union européenne à 25, c'est la Pologne qui reçoit le plus de filiales françaises (153 813 salariés).

Cette nouvelle répartition géographique des travailleurs, des entreprises et du capital pose en termes jusqu'alors inconnus les questions de politiques sociales et économiques. Les gouvernements européens semblent encore ignorer cette nouvelle donne comme le prouvent la directive dite « Bolkestein » et les évocations du désormais célèbre « plombier polonais ». A leur niveau, sur le terrain, les populations vivent parfois comme un risque le processus de disparition progressive des délimitations territoriales.

Passer le pont n'est pas si simple

Les deux villes de Frankfurt/Oder et Słubice vivent ensemble[39] à la frontière Allemagne/Pologne de part et d'autre de l'Oder.

Les deux villes vivent l'une de l'autre, Słubice n'ayant longtemps été (jusqu'en 1945) qu'un quartier de Frankfurt/Oder (souvent dénommé le « quartier des dames »). Les deux municipalités travaillent ensemble et caressent le rêve d'une seule communauté dénommée *Slubfurt*, constituée de deux quartiers, Slub[ice] et [Frank]furt.

Le 500e anniversaire de l'université européenne Viadrina, à Frankfurt/Oder, a donné en 2006 l'occasion d'une manifestation dénommée « Słubfurt City »[40] soutenue par le programme européen Interreg IIIA. Il s'agissait d'entériner la nouvelle unité fonctionnelle et humaine re-créée sur les deux

---

[38] Estelle DUMOUT, « La délocalisation des centres d'appel fait le succès de Webhelp », in ZDNet France, 28 janvier 2004.
[39] Frankfurt/Oder : 68 351 habitants, 147 Km^2, 6 937 chômeurs (en février 2006 selon la Bundesagentur für Arbeit) ; Slubice, 17 000 habitants, 150 coiffeurs, 400 prostituées, 1 500 étudiants, 1 000 chômeurs.
[40] http://www.slubfurt.net/indexx.html.

villes depuis 1991. Pour autant, la frontière s'y exprime encore avec force, non pas tant par le contrôle provisoire des identités au passage du pont sur l'Oder que par le double déséquilibre qui s'est installé.

L'ouverture hésitante de la frontière en 1975, refermée en 1980, a été confirmée en 1989. L'université européenne Viadrina créée en 1991 mettait en place une volontaire coopération germano-polonaise : un tiers des places d'étudiant est attribué à des étudiants polonais.

Le tramway qui reliait les deux rives a été démoli en 1945 et la ville divisée par la nouvelle frontière germano-polonaise. Le projet d'un nouveau Tramway reliant les deux villes a été repoussé[41] par les habitants de Frankfurt lors d'un referendum local (83 % des 30 % de votes exprimés) alors même que ceux de Slubice y étaient largement favorables. La première raison avancée du refus serait, selon la presse, dans la nécessaire participation financière de la ville de Frankfurt à hauteur de 800 000 euros (25 % du projet, l'essentiel devant être supporté par la Commission européenne). Une écoute plus fine des habitants met en lumière la crainte de voir arriver les voisins Polonais.[42]

Il suffit pourtant de passer le pont

Cet affrontement, évidemment absurde à l'intérieur d'un bassin de vie, trouve ses limites avec le réseau WiFi de l'université de Frankfurt/Oder qui, par sa gratuité attire les étudiants polonais :

> « L'internaute polonais débarque en Allemagne[43]
>
> Si les Allemands ont pris l'habitude de profiter des prix de l'essence et des cigarettes en Pologne, nombre d'étudiants polonais font le chemin inverse pour bénéficier de la gratuité d'Internet. Ainsi, une centaine d'étudiants de la ville de Slubice se rendent régulièrement à Francfort en traversant la rivière frontalière, l'Oder. [Il leur suffit] de prendre leur ordinateur sous le bras et de marcher une vingtaine de minutes pour se rendre en Allemagne, effectuer des recherches sur Internet et consulter leurs e-mails, […] Un fournisseur d'accès Internet polonais local facture l'abonnement mensuel entre 89 et 153

---

[41] BEDERKE Jeanette, 2006, « Nein zur Tram nach Słubice » in Berliner Morgenpost du 24 janvier 2006.

[42] Cette crainte ne se limite pas à la seule zone frontalière : une remarquable manifestation culturelle intitulée *Uwaga, die Polen kommen !* (au secours, les polonais arrivent !) s'est déroulée en Octobre 2005 à Weimar, réunissant des artistes allemands et polonais, dans le but de rapprocher les populations.

[43] Agence Reuters, Berlin, 5 janvier 2007.

zlotys (22,95-39,46 euros), ce qui correspond à la moitié d'une bourse d'étude, tandis que les étudiants de l'université de Viadrina à Francfort bénéficient d'un accès gratuit […]. »

Le cas de l'agglomération de « Slubfurt » met en évidence la capacité à accepter l'autre s'il est lointain (globalisé) en même temps que la difficulté de vivre un proche (localisé) s'il est autre, et nous fait toucher du doigt, expérimenter, le caractère plus social que géographique de la frontière que notait Georg SIMMEL (1999) :

> «Dans tous les rapports des hommes entre eux, la notion de frontière est d'une importance capitale même si son sens n'est pas toujours sociologique ; […] La frontière n'est pas un fait spatial avec des conséquences sociologiques, mais un fait sociologique qui prend une forme spatiale.»

La glocalisation comme fait social historique

Le terme de glocalisation serait né au Japon dans les années 1980 pour exprimer une adaptation locale d'un service ou d'un produit mondialement répandu, tel que la tenue du concours de Miss Monde en Inde[44] en 1996, la soumission de Google aux exigences du gouvernement chinois, ou le hamburger décliné à toutes les sauces et à toutes les dimensions sur l'ensemble de la planète.

Le McDo glocalisé

En signe de reconnaissance de sa domination planétaire, le hamburger MacDonald est utilisé comme étalon par l'UBS (Union de Banques Suisses)[45] pour comparer les niveaux économiques des pays de la planète : le prix local du McDo est comparé au nombre d'heures de travail nécessaire pour l'acheter.

Sur le terrain, c'est-à-dire dans nos villes, la glocalisation s'exprime par l'uniformisation des enseignes franchisées, l'invasion des hypermarchés français dans l'Europe médiane, et par les chalets des « marchés de Noël »

---

[44] http://terrain.revues.org/document2743.html.
[45] http://management.journaldunet.com/0503/050373ubs.shtml.

totalement identiques à Weimar, Nantes ou Avignon, dont les différences ne se situent plus que dans quelques produits proposés.

Admettons que s'il n'est pas désagréable de manger des sushis à Berlin ou à Marseille, des crêpes bretonnes à Weimar, une Sachertorte à Londres, cette unification peut sembler porteuse d'une perte d'identité.

La glocalisation est en réalité un véritable fait social historique que Blaise GALLAND (1995) définit comme :

> « Un nouveau processus d'appropriation de l'espace, dans une nouvelle façon de nous relationner au territoire et de nous l'approprier pour qu'il subvienne à nos besoins. »

Du local au global : le territoire à l'échelle métropolitaine

Le terme de « métropole » est récemment devenu du dernier chic : chaque grosse agglomération revendique ou rêve de ce qualificatif qui semble devoir flatter l'ego des responsables politiques et inciter les fameux décideurs économiques à quelque investissement. Mais qu'est-ce qu'une métropole ?

Pour ASCHER (1993), les fonctions métropolitaines rassemblent

> « ... les emplois de recherche, de conception et d'innovation en amont de la production, ceux de marketing et commercialisation en aval, bref, l'essor du tertiaire au service des entreprises. ».

Pour d'autres chercheurs, la métropolisation de la ville se définit par la dualité diversité/spécialisation, par la concentration des réseaux de fonctions financières (SASSEN) ou par des dynamiques à l'intérieur de territoires (PETIT, 2003), ou encore par la concentration des activités tertiaires (MEYRONIN, 2001).

Il apparaît qu'au-delà de ces caractéristiques, les métropoles s'imposent comme lieux d'un pouvoir économique globalisé, des lieux de féodalité affranchis des pouvoirs nationaux et régionaux dont les CBD (Central Business District[46]) sont les donjons.

Comme au Moyen Age, les luttes de pouvoirs sont ancrées dans des enjeux de territoire qui ne s'embarrassent pas des habitants et de la réalité des bassins de vie. Ces luttes de pouvoirs sont complexifiées par le découpage multiple des territoires et d'intérêts qui interfèrent à plusieurs niveaux : commune, syndicat de communes, communauté d'agglomération, aire urbaine, communauté urbaine, département, région.

---

[46] Le terme anglais qui désigne le pôle commercial et financier d'une métropole.

La situation devient totalement ubuesque lorsque, comme à Avignon, un bassin de vie de moins de 200 000 habitants concerne sans vraiment les regrouper ni les associer une vingtaine de communes sur 3 départements et sur 2 régions.

A plus grande échelle, c'est le Pouvoir régional qui est au cœur de l'enjeu : ainsi en va-t-il de la zone urbaine continue qui s'étend d'Aix-en-Provence à Marseille et Aubagne. Les deux villes et leurs périphéries ont mêlé leurs destins par les implantations structurantes (universités, aéroport, gare TGV, activités culturelles ou judiciaires), aussi bien que par la répartition des logements. Pourtant, Aix et Marseille perpétuent leur antique querelle pour savoir qui, de la ville grecque (Marseille) ou de la ville romaine (Aix-en-Provence) est la plus belle, la plus grande, c'est-à-dire qui est la plus « cœur de la métropole » et mérite de se poser en chef de file[47].

Ceux qui sont nés en France avant le milieu du XXe siècle ont connu, du moins à l'école, une sorte de mondialisation : celle de l'empire colonial dont il nous fallait apprendre une histoire-et-géographie qui faisait du monde le lieu de la France. C'était vraisemblablement aussi le cas des petits Britanniques pour qui « le soleil ne se couchait jamais » hors de leurs frontières. Nous vivions alors une globalisation de vainqueur, de conquérant, qui allait de soi eu égard à la supposée « mission civilisatrice » de la France[48] répandant ses innombrables bienfaits auprès des autochtones. En retour, nous pouvions disposer de formidables ressources minières et humaines, quitte à les gaspiller dans les tranchées de Verdun ou les laisser s'entasser dans des bidonvilles aux portes de la capitale[49].

Opposer local et global, c'est opposer la sécurité de l'ici, du chez-soi, de l'entre-soi, à l'angoisse de l'inconnu, de l'ailleurs, et des autres.

La globalisation porte aujourd'hui d'autres valeurs qui s'articulent à deux échelles. Ici, c'est la crainte de la délocalisation s'adossant à de formidables réductions des coûts de main d'œuvre ou l'espoir de l'accès à un marché plus vaste. Là-bas, c'est le regard atterré sur l'exploitation de la moitié sud

---

[47] Cf. ci-dessous § Du cheval à la lumière (p. 162 et suiv.).
[48] Rappelons qu'il a fallu un forte mobilisation pour infléchir la Loi du 23 février 2005.
[49] Les bidonvilles de Nanterre et de Noisy-le-Grand furent les plus connus en périphérie de Paris et perdurèrent jusqu'aux années 1970. A partir des années 50 se développa le bidonville de Nanterre qui compta près de 20 000 habitants majoritairement originaires du Maghreb et dont beaucoup avaient la nationalité française. Dans les années 1960, de nombreux immigrés portugais constituèrent le bidonville de Champigny-sur-Marne qui compta jusqu'à 10 000 habitants.

de la planète contre la masse des profits engendrés et rapidement « exterritorialisés » et défiscalisés ou l'espoir d'un développement qui sortirait de la misère les deux tiers de l'humanité.

Avec *Le Cauchemar de Darwin*, Hubert SAUPER (2004)[50], dans un documentaire controversé dont on aimerait croire que c'est une fiction, démontre comment un modèle de développement local peut devenir un archétype de la mondialisation.

Entre Ouganda, Kenya et Tanzanie, le lac Victoria, à la source du Nil Blanc, est l'un des grands lacs d'Afrique équatoriale et le quatrième au monde. Depuis l'introduction de la Perche du Nil dans les années 1950, plus de 200 espèces endémiques ont disparu, et de nombreuses espèces sont menacées. De cette catastrophe écologique est née une industrie fructueuse : la perche est exportée à raison de 500 tonnes/jour dans tout l'hémisphère nord. Pêcheurs, politiciens, pilotes russes, prostituées, industriels et commissaires européens y sont les acteurs d'un drame qui dépasse les frontières du pays africain. Dans le ciel, selon ce reportage, d'immenses avions-cargos de l'ex-union soviétique forment un ballet incessant au-dessus du lac, ouvrant ainsi la porte à un tout autre commerce vers le Sud : celui des armes. Damien MILLET, secrétaire général du CADTM France (Comité pour l'Annulation de la Dette du Tiers Monde) résume ainsi la situation:

> « En somme, la Tanzanie est totalement sous contrôle des grandes puissances. Elle exporte ses richesses naturelles (comme la perche du Nil) et financières (via le mécanisme de la dette). Pendant ce temps, sa population se débat dans la misère. La Tanzanie représente un condensé des pires conséquences du mécanisme de la dette. A ce titre, la démonstration du Cauchemar de Darwin est éclatante. »

Global et local sont interdépendants : la délocalisation des centres d'appels téléphoniques a produit des chômeurs en France alors qu'elle faisait des heureux au Maghreb, et notamment au Maroc qui en 2006 comptait 140 centre d'appels (et 250 millions d'euros de chiffre d'affaires).

Au Maroc, une nouvelle politique industrielle très volontariste, le plan « Emergence », met en avant les facteurs compétitifs du pays. Ce plan cible des secteurs et des métiers où le Maroc pourrait se positionner au niveau international dans le cadre de la spécialisation qui se profile derrière la mondialisation des économies. Son élaboration a été précédée par une série

---

[50] http://www.hubertsauper.com.

d'études menées par le cabinet McKinsey ainsi que par un benchmarking où le Maroc est comparé à un échantillon de 13 pays classés en trois groupes :

- un « groupe compétition » comprenant l'Algérie, la Tunisie, l'Egypte, la Jordanie, le Sénégal, la Turquie et la Roumanie,
- un « groupe d'aspiration » comprenant la Tchéquie, le Portugal et la Malaisie,
- un « groupe World Class » avec l'Espagne et la Corée du Sud.

> « Quand le Maroc se met à rêver « Emergence »… 1,6 point de croissance de plus par an sur les dix prochaines années et 440 000 emplois supplémentaires sont attendus. Une «Automotive City», une «Electronic City», une technopole à Tanger et une «Aeronautic City» à Casablanca sont en projet. Quatre agro-pôles seront constitués à Meknès-Fès dans l'Oriental, le Gharb et le Souss. »[51]

Les téléacteurs marocains peuvent dès maintenant craindre à leur tour une délocalisation de leur activité vers un pays plus pauvre où des salaires plus faibles permettront une rentabilité accrue des investissements.

En fin de compte, local et global sont indissociables tels les deux côtés de la feuille de papier. La notion de territoire défini par des frontières serait-elle entrée dans une période de dissolution parce que les TIC sautent les frontières ?

---

[51] Fadel AGOUMI et Saâd BENMANSOUR, 1/1/2006, http://www.mafhoum.com.

1.2 Ebullitions numériques

La fin du XXe siècle a commencé par traiter l'instrument numérique (au sens large) comme un nouveau jouet dont on ne connaît ni les possibilités, ni les risques, ni les exigences, un peu comme un nouveau Telex, un Fax évolué ou un Minitel de nouvelle génération.

On a tâtonné en transposant sans précaution le format vertical du livre ou de la feuille A4 dans un document visible à l'écran de l'ordinateur (c'est-à-dire dans un format horizontal). On a vu tant de dépliants « papier » simplement scannés indépendamment de leur inconfortable lisibilité à l'écran ! et le nouveau site (2007) du gouvernement français ne fait pas exception :

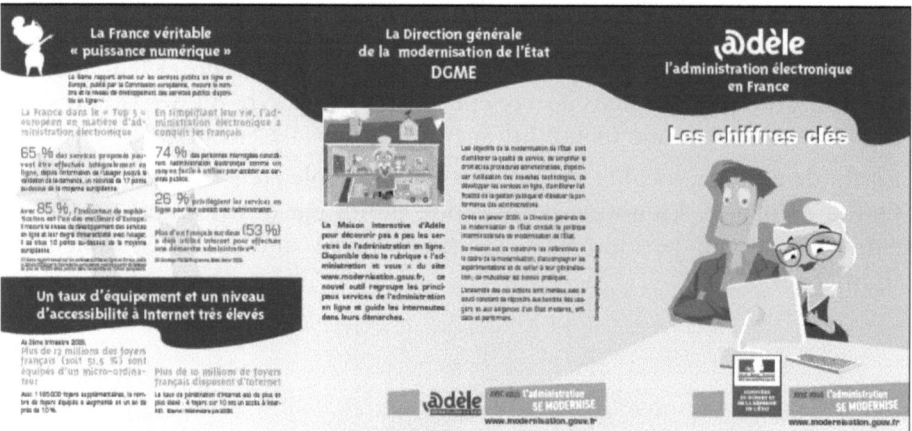

Le nouveau « dépliant » 2007 sur Internet
https://www.administration24h24.gouv.fr/index.php?id=9#

Les « plaquettes publicitaires » des sociétés et des mairies se sont retrouvées tronquées et figées comme des vitrines ou au mieux comme des diaporamas : il a fallu plus de dix années pour que s'installe lentement une ergonomie propre à la consultation de l'écran avec la richesse des liens hypertextes. Rappelons-nous que les premières automobiles n'étaient que des carrioles dont le cheval était remplacé par un moteur.

Dans cet engouement, et sans faire référence ici à l'éclatement de la bulle Internet en 1999-2002 (*dot-com bubble*), toutes les tentatives (et leurs contraires) ont été lancées dans une véritable ébullition d'idées, d'espoirs, de bons coups et de maladresses.

1 • LE REEL DES TIC

Nous n'en sommes plus à nous demander ce que l'on pourrait faire avec les TIC, mais plutôt ce qui échapperait encore à ces technologies. Le tableau ci-dessous est évidemment incomplet et de nouvelles applications s'ajoutent quotidiennement :

Administration	Téléprocédures administratives
	Formulaires téléchargeables
	Votation
	/…
Gestion	Trafic routier et Transports en Commun
	Territoire (SIG)
	Gestion de l'eau
	Gestion des risques naturels
	…
Relation	Interface population/administrations
	Forums
	Gestion associative des quartiers
	Liaisons inter/intra quartiers
	Analyse des besoins des entreprises en TIC
	Courrier (e-mail)
	Expression personnelle (blog)
	Petites annonces
	Rencontres
	…
Assistance	Point accès avec assistance physique
	Télémédecine
	HAD et 4e âge
	…
Enseignement	Formation aux TIC
	Enseignement scolaire et universitaire
	Formation continue à distance
	…
Economie	Marketing
	Banking
	Recherche de produits et comparaison
	Achat
	Télétravail
…	…

Les initiatives des pouvoirs publics

C'est ainsi que, pendant plusieurs années, une livecam montrait au monde entier le maire de la ville de Mouans-Sartoux dans les Alpes-Maritimes (André ASCHIERI, maire depuis 1974), « on line » dans son bureau (ou bien le bureau vide...). Une volonté d'afficher la transparence ! Les esprits se calment doucement et la webcam qui montrait le maire a disparu du nouveau site[52]. Mais si le site indique bien les numéros de téléphone des services municipaux, on ne trouve ni l'adresse physique, ni l'adresse postale, ni même le code postal ou l'indication du département. Malgré les TIC, la communication reste un art difficile.

Parthenay (Deux-Sèvres)

La ville de Parthenay[53] (10 000 habitants) a été l'une des premières à se lancer (1985) dans l'aventure de ce que l'on appelait encore les NTIC. Impulsé par Michel HERVE (maire de 1979 à 2001, mais aussi président de l'importante entreprise Hervé Thermique), le projet « Ville numérisée » avait pour objectif l'appropriation des NTIC par les citoyens et le développement d'une offre de services publics en ligne.

La ville a su se faire sélectionner pour la mise en œuvre de programmes pilotes européens (Mind, Metasa, Imagine). Le District de Parthenay est devenu son propre fournisseur d'accès et les sites Internet des acteurs locaux furent hébergés gratuitement. La ville créa un site Internet : « intownet » et tous les habitants disposaient d'une adresse de messagerie hébergée par la collectivité. Un premier « espace numérisé » (ordinateurs accessibles gratuitement) avec des ateliers de formation a été mis en place pour faciliter l'apprentissage de ces TIC. Par la suite, d'autres espaces ouvrirent leurs portes sur le territoire du District. Grâce à des partenariats noués avec des industriels, notamment Microsoft, une opération « 1 000 micros » (achat groupé par la ville de 1 000 ordinateurs afin d'en abaisser le coût d'achat pour les citoyens et acteurs locaux) a été lancée en 1997 et les établissements scolaires progressivement équipés.

La démarche de la municipalité de l'époque était axée depuis le début sur la « démocratie participative ». Les projets suivants, initiés en partenariat avec l'Etat (l'Agence pour le développement de l'administration électronique, et

---

[52] www.mouans-sartoux.net.
[53] www.cc-parthenay.fr.

la Direction générale de la modernisation de l'Etat), étaient centrés sur le développement de l'administration électronique et des téléprocédures.

La ville dispose aujourd'hui d'un important portail Internet et elle a reçu sans interruption depuis 2001 le label « Ville Internet @@@@@ », la récompense suprême accordée en France.

L'aventure numérique de Parthenay a suscité beaucoup d'intérêt de la part des entreprises du secteur des TIC aussi bien que de la part des chercheurs en sciences sociales et politiques. Lors d'une conférence[54] à l'Ecole de Paris du Management, Alain d'IRIBARNE, directeur de recherches au CNRS, exposait la spécificité de l'expérience de Parthenay :

> « Le projet de ville numérisée ne se réduisait pas à un projet technologique ; il s'agissait d'un véritable projet de société. Trois questions fondamentales se posaient à propos de la société de l'information dont il commençait à être beaucoup question à Bruxelles : pouvait-on envisager que les nouvelles technologies de l'information et de la communication deviennent accessibles à tous ? La capacité des citoyens à utiliser ces technologies pouvait-elle constituer un avantage concurrentiel et devenir la source d'un développement économique ? Permettaient-elles d'envisager un dépassement de la démocratie élective par une démocratie réellement participative, et ainsi une transformation de la gouvernance de la ville ? Ce sont ces questions qui étaient au coeur du projet de Michel Hervé, et c'est en cela qu'il se distinguait radicalement d'un projet standard comme celui d'Issy-les-Moulineaux. D'une certaine façon, le maire de Parthenay ne s'intéressait pas au projet technologique en tant que tel, mais uniquement en tant qu'il devait lui permettre d'atteindre ses objectifs politiques. »

Issy-les-Moulineaux (Hauts-de-Seine)

La ville d'Issy-les-Moulineaux située en bordure sud-ouest de Paris, s'est lancée avec toute sa puissance de ville riche (52 500 habitants et 70 000 emplois) dans le développement des TIC dès l'année 1995. Elle offre aujourd'hui de nombreux services tels que le conseil municipal interactif, le panel citoyen, les cyber-crèches, le paiement du stationnement par téléphone mobile, le forum mondial de la démocratie électronique[55]. La ville compte plus de 70 % de sa population connectée au Web, dont les deux tiers en haut débit, elle développe une expérience pilote en FTTH (Fiber To The Home)

---

[54] Alain d'IRIBARNE (2002) in « Parthenay ou les infortunes de la vertu », http://www.ecole.org.
[55] www.globalcitiesdialogue.org.

par France Telecom dans le quartier du Val de Seine, et diffuse un Podcast bimensuel. Finalement, on constate que le développement rapide des TIC à Issy-les-Moulineaux a été permis par la conjonction entre la volonté municipale et la puissance financière de la commune, le niveau socio-économique des habitants, l'implication des grandes compagnies du secteur des TIC.

e-Administration

La Commission européenne a préconisé l'interopérabilité entre toutes les administrations nationales et régionales dans l'Union européenne. En effet, l'administration en ligne au niveau paneuropéen doit faciliter les démarches administratives et ainsi, la libre circulation des entreprises et citoyens au sein de la Communauté.

Selon les services du Premier ministre, la France est à la fin de 2006 à la cinquième place des e-administrations européennes, avec plus de 31 millions de visites sur le site wwww.service-public.fr et plus de 5,7 millions de déclarations de revenus en ligne en 2006.

Plus des deux tiers des déclarations d'embauche sont faites en ligne depuis 2005, plus de la moitié de la TVA est collectée en ligne (80 milliards d'euros en 2005) et 30 % des foyers qui déménagent utilisent le service «changement d'adresse en ligne».

Un nouveau portail Internet ouvrant la voie à une généralisation de l'administration en ligne en France a été lancé en Janvier 2007 par le Premier ministre, Dominique de VILLEPIN. Plus de 600 procédures, proposées jusqu'ici sur les sites des ministères, comme les demandes d'extrait de naissance ou les changements d'adresse, sont accessibles d'un seul clic sur ce « guichet unique » électronique. Cela représente les deux tiers des formalités existantes (40 % pour les particuliers et 60 % pour les professionnels). L'objectif est d'arriver à « dématérialiser » d'ici 2008 la totalité des démarches administratives de l'Etat, soit environ 900 formulaires.

En 2008, l'adresse www.administration24h24.gouv.fr devrait permettre aux Français de faire toutes leurs démarches administratives par Internet, 24 heures sur 24 et de n'importe où. Il sera possible de vérifier en ligne les remboursements d'assurance-maladie, de consulter un compte fiscal, de demander une aide financière pour la garde d'un enfant à domicile, une aide au logement ou une demande d'indemnisation, de s'inscrire à des concours administratifs, etc. Le nouveau portail comportera un système permettant de suivre le traitement de la demande.

En 2008, les Français devraient d'autre part pouvoir ouvrir leur propre dossier administratif personnalisé et sécurisé sur Internet grâce à l'ouverture du portail mon.service-public.fr, et transmettre directement aux administrations, sous forme « dématérialisée », les justificatifs et documents à l'appui de leurs demandes.

Plus de 50 % des ménages français sont aujourd'hui équipés de micro-ordinateurs, les 10 millions d'abonnements à Internet haut débit ont été franchis en 2006, il y a en France 2,5 millions de «blogs» actifs et le chiffre d'affaires du commerce électronique a atteint 12 milliards d'euros l'an dernier, soit 40 % de mieux qu'en 2005.

e-Vote

Avec des comptages et recomptages manuels des bulletins de vote, les élections présidentielles Etats-uniennes en novembre 2000 ont défrayé la chronique et les Européens ont hoché la tête. Pourtant, ceux qui, en France, assistés des scrutateurs réglementaires, passent leurs soirées électorales à faire des tas de 10 bulletins, puis des paquets de 100, puis des tas d'enveloppes, pendant que deux autres citoyens font des petits bâtons sur d'immenses formulaires... Comment se fait-il que l'on en soit encore là pendant que d'autres, dont le Brésil, le canton de Genève, l'Estonie ont commencé à intégrer le vote électronique ?

> **L'Estonie vote par Internet pour les élections municipales[56]**
> « Pour voter en ligne, chaque électeur a besoin d'une carte d'identité électronique, d'un lecteur de carte à puce, mais aussi et surtout d'un code d'accès inhérent à chaque carte renseigné dans le cadre d'une signature électronique. L'ensemble de ce dispositif, au final peu onéreux pour les finances publiques, ne dépasserait pas les 200 000 euros pour l'ensemble du pays. »

Le développement du vote électronique n'est plus limité par les technologies, désormais fiables, mais par les possibilités de manipulation (fichage des opinions, attaque ou panne des serveurs). L'introduction en France de quelques expériences de vote électronique (depuis 2002) a soulevé nombre de protestations tant il a été prouvé que les manipulations restaient possibles. La difficulté est autrement plus grande que pour un achat par carte bancaire : outre les protections anti-piratage, il faut savoir qui a voté sans

---

[56] http://www.01net.com/article/291788.html.

savoir quoi, et il faut que le votant soit certain que son choix a été correctement enregistré. Le système vétuste de l'urne transparente n'est pas encore réellement dépassé.

e-Environnement urbain

Nombre de villes se sont équipées de caméras vidéo pour surveiller les rues. Londres, autrefois célèbre pour la liberté de parole de ses harangueurs de Hyde Park détient maintenant le record mondial du nombre de caméras vidéo : plus de 400 000 caméras sont reliées en réseau et auscultées par la police et des services de sécurité. Middlesbrough y associe maintenant la possibilité pour la police de s'adresser au passant par des haut-parleurs :

> « La voix s'adresse par exemple à quelqu'un qui jette un papier et dit: « La personne en blouson vert pourrait-elle ramasser ce qu'elle a jeté? », explique Barry Coppinger, un conseiller municipal pour qui c'est une espèce d'humiliation publique, mais cela signifie que les gens ne recommenceront plus. […] Le système a coûté 50.000 livres (74.000 euros) à Middlesbrough, l'une des villes possédant le réseau le plus dense de caméras de vidéosurveillance en Grande-Bretagne. »[57]

En termes de gestion de l'environnement urbain, les TIC s'imposent immédiatement, ne serait-ce que pour mesurer les taux de pollution, le trafic automobile, les feux de signalisation, les transports en commun.

Le site Internet de la ville d'Avignon a dédié plusieurs pages aux questions de l'environnement et des risques majeurs, notamment les risques nucléaires en raison de la proximité de plusieurs établissements à risque (Pierrelatte, Marcoule et Cadarache). Le site de la ville indique que la mesure régulière de la qualité de l'eau et de l'air et effectuée par le laboratoire CRIIRAD :

> « Des balises de surveillance permettent de disposer en continu d'analyses sur l'air ambiant et l'eau du Rhône. La gestion et l'exploitation des résultats sont réalisées par le laboratoire de la Criirad (Valence) à la demande de la Ville d'Avignon. Les résultats de ces analyses sont disponibles sur Internet. »[58]

Des consultations le 24/02/2007 et le 21/03/2007 renvoient les résultats du 28/02/2006 et il faut se rendre sur le site[59] de la CRIIRAD pour obtenir le résultat à jour. Ce lien est certainement assez rarement activé - du moins par les responsables municipaux - pour qu'il n'ait pas été jugé nécessaire de

---

[57] Selon AFP 19/09/2006, voir également http://www.middlesbrough.gov.uk.
[58] http://www.avignon.fr/fr/pratique/proprete/environ.php.
[59] http://balisescriirad.free.fr/avignon/avignon.htm.

l'améliorer. C'est peut-être aussi que l'information des habitants n'est pas considérée comme prioritaire, mais nous abordons ici les questions de la transparence de l'information et de la résistance au changement[60].

Un *Guide d'Expériences européennes* en matière de nouveaux quartiers urbains a été élaboré et édité par l'agence Régionale de l'Environnement et des Nouvelles Energies (ARENE Ile de France) qui retient 6 opérations remarquables de renouvellement urbain :
- en Grande-Bretagne : BedZED à Beddington,
- au Danemark : Vesterbro à Copenhague,
- en Allemagne : Vauban à Fribourg-en-Breisgau, et Kronsberg à Hanovre,
- en Suède : BO01 à Malmö, et Hammarby Sjöstad à Stockholm.

L'apport des TIC dans ces opérations d'urbanisme et d'architecture écologiques est plutôt faible. Ceci est dû au fait que ces opérations ont été lancées entre 1995 et 2000 : à cette date, l'offre des applications des TIC restait limitée aux réseaux intranet, Internet, et TV de quartier.

à BedZED,

« un service Internet pour faire ses courses a été mis en place en collaboration avec un supermarché local qui gère et coordonne les livraisons »[61]

à BO01,

« les TIC renforcent la mobilisation des habitants en les aidant à adopter un comportement plus écologique. Ainsi, chaque foyer est équipé d'un outil de contrôle, de comparaison et de suivi de la consommation d'électricité et de calories qui prend la forme d'un compteur »[62]

à Hammarby Sjöstad,

« un réseau Intranet a été créé afin de permettre aux entreprises locales de dialoguer directement avec les résidents du quartier. [...] les TIC grâce à des investissements importants, offrent de nouveaux services : réservation de véhicules... »[63]

---

[60] Cf. ci-dessous § « La résistance au changement » (p. 72 et suiv.).
[61] ARENE 2005, Quartiers durables, guide d'expériences européennes, p. 25.
[62] id. p. 45.
[63] id. p 119.

e-Marketing urbain

Prenant appui sur une visite de Bilbao et son nouveau Musée Guggenheim dessiné par l'agence Frank GEHRI, l'Institut supérieur d'ingénierie et de gestion de l'environnement définissait clairement le contenu et l'objectif du marketing urbain :

> « Le marketing urbain désigne toutes les pratiques de communication territoriale qui consistent à s'appuyer sur des matières spatiales existantes ou en construction en vue de les promouvoir, de les faire exister, de les rendre attrayantes et d'inciter à les pratiquer, à y investir son temps, ses loisirs ou son capital. »[64]

Que ce bâtiment-sculpture ne soit pas très efficace dans sa fonction muséale, et que le fonds d'œuvres ne soit pas spécialement intéressant, tout cela n'a pas vraiment d'importance. L'objectif stratégique de la municipalité était de sortir une ville industrielle d'un processus de décrépitude avancée induit par la crise de 1975. Il semble bien qu'elle y ait réussi, faisant de cette ville de production une ville de la consommation.

Muriel ROSEMBERG (2000) montre comment le marketing urbain suppose relations, lobbying, création d'une image, et large diffusion multimédia. Le principe qui consiste à fabriquer une image en espérant la faire reconnaître comme une marque[65], convoque évidemment toutes les questions éthiques liées à la publicité pour autant que l'on considère la ville comme un bien commun et non comme un objet de consommation commerciale.

Bilbao, mais aussi Nantes (EuroNantes) et Lille (EuraLille) sont de brillants exemples du marketing urbain, mais ce procédé n'est pas réservé aux grandes villes. A leur échelle, les villages ont recours à des actions, certes plus limitées, qui commencent aussi par un projet d'action sur le village dans l'objectif de créer une identité visible, une marque. Le petit village de Saint-Veran[66] (Hautes-Alpes), la commune la plus haute d'Europe (à 2040 mètres), a ainsi réussi sa reconversion vers le tourisme écolo : avec ses 267 habitants, il s'est transformé en une sorte d'entreprise fédérale qui accueille 1 800 touristes autour du concept d'authenticité.

Finalement, il n'y a pas de marketing urbain sans communication numérique globale.

---

[64] http://www.isige.ensmp.fr/01_mastere/voyage_bilbao/index.php?page=ville.

[65] Boris MAYNADIER a commencé en décembre 2005 une thèse (City branding, la ville est-elle une marque ?) au Centre de Recherche en Gestion de l'IAE de Toulouse. L'évolution de son travail est consultable sur http://brandingthecity.over-blog.com.

[66] http://www.saintveran.com/ et http://www.queyras.com/queyras_stveran.htm.

Les initiatives départementales pour les collèges

Les Conseils Généraux, responsables de nombreuses missions depuis les lois de décentralisation de 1982-83, et malgré la faiblesse de leurs moyens financiers[67], se sont peu à peu engagés dans une politique d'investissement (matériels, locaux, réseaux, personnels) en faveur du numérique dans les collèges. Les expériences sont diverses, plus ou moins étendues, mais généralement ressenties comme résolument novatrices et toujours estimées très coûteuses.

2001 : « Cartable électronique » en Savoie

En 1999, l'université de Savoie dépose la marque « cartable électronique », mais le projet n'est lancé qu'en 2001 par le Conseil général de Savoie avec le rectorat de Grenoble et l'université de Savoie : une expérimentation limitée à deux classes de cinquième et une classe de quatrième. Le conseil général de Savoie a investi près de 100 000 euros, l'académie de Grenoble a participé financièrement à hauteur de 45 000 euros, et l'université de Savoie a développé la plate-forme électronique par le biais de Syscom, l'un de ses laboratoires de recherche.

Les élèves ont reçu un ordinateur portable. Le « cartable » est constitué de tous les documents scolaires mis en ligne par l'enseignant et accessibles à l'élève depuis chez lui comme à l'école. Par ce système, les enseignants peuvent communiquer avec leurs élèves mais aussi avec ceux des autres collèges.

2001 : « Un collégien, un ordinateur portable » dans les Landes

En 2001-2002, le département des Landes a lancé l'expérience dénommée « Un collégien, un ordinateur portable », poursuivie et amplifiée l'année suivante par la distribution de 20 000 machines aux élèves en classe de troisième des 34 collèges publics landais.

2002 : « E-college » en Lorraine[68]

L'expérimentation « e-college » a débuté à la rentrée de 2002 avec 23 élèves d'une classe de quatrième du collège Paul Verlaine de Metz-Magny pour une durée de 2 ans. Chaque élève de cette classe a reçu en dotation à domicile : ordinateur de bureau, imprimante, connexion Internet à très haut débit, forfait mensuel de 24 heures.

---

[67] L'état ayant délégué des responsabilités sans attributions des fonds publics correspondants.
[68] http://www3.ac-nancy-metz.fr/clg-paul-verlaine-metz.

D'après le rectorat, une telle expérimentation n'est pas vouée à être généralisée à toutes les classes car trop coûteuse. Le rectorat ne souhaite pas communiquer le coût de l'opération. Le mobilier de la salle informatisée a été financé par le conseil général de Moselle, les logiciels et imprimantes ont été fournis gratuitement par des entreprises.

2003 : « Cartable numérique » isérois[69]

Le conseil général de l'Isère a adopté le financement, à hauteur de 1,5 million d'euros, du projet « cartables numériques » qui se déroule dans six collèges pilotes du département.

2003 : « Ordina 13 » dans les Bouches-du-Rhône

Depuis septembre 2003, le Conseil Général des Bouches-du-Rhône mène une opération nommée « ordina13 »[70] annoncée par une forte campagne de communication locale.[71]

Un ordinateur portable est donné à chaque collégien de Quatrième et Troisième. Depuis 2007, les élèves de Troisième gardent cet ordinateur à la fin de l'année scolaire, et de nouveaux portables sont distribués aux futurs élèves de Quatrième. Les collèges publics peuvent bénéficier d'une aide à l'acquisition de matériels périphériques (appareils photos numériques, scanners, tableaux interactifs, etc.) d'un montant maximum de 1 500 euros pour la mise en œuvre de projets pédagogiques fondés sur une utilisation de l'informatique. L'opération a nécessité un investissement important en termes d'infrastructure :

- 54 000 PC portables distribués (opération Ordina 13)
- 46 000 collégiens équipés
- 18 917 PC fixes (opération 1 pour 5)
- 6 253 bornes wifi
- 532 serveurs
- 1 200 Km de câble 4 paires.(soit la distance Marseille / Brest)
- 27 Km de fibre optique (soit la distance Marseille / Aix en Provence).
- 520 tiroirs optique
- 34 840 prises de courant 220V
- 17 000 prises type RJ 45
- 53 Km de moulures et goulottes techniques destinées au passage du courant fort (soit la distance Marseille / Toulon)
- 328 Km de câble électrique (soit la distance Marseille / Lyon)
- 2 100 tableaux électriques dans les classes.
- 2 100 classes équipées de prises RJ45

---

[69] http://www.cg38.fr/6335-le-cartable-numerique-iserois.htm.
[70] http://www.ordina13.com.
[71] Cf. ci-dessous § « La résistance au changement » (p. 72 et suiv.).

- 103 Km de cheminement en tube destiné au passage de câbles électriques (soit la distance Marseille / Avignon)
- 90 Km de chemins de câble (soit la distance Marseille / Arles)
- 500 m : ce chiffre correspond à la hauteur atteinte par l'empilement des armoires des locaux serveurs et sous répartiteurs (soit la tour Eiffel surmontée de la tour Montparnasse)

Un programme d'informatisation des collèges a été mis en place avec un ordinateur fixe pour 5 élèves dans ces établissements publics, le câblage et la connexion Internet haut débit, des bornes Wifi. Les collégiens bénéficient d'un accès Internet illimité dans le collège et 10 heures à la maison.

Le projet a nécessité la création de 150 postes d'accompagnateurs informatiques et techniques, soit environ un par collège, afin d'assurer l'assistance et la maintenance du parc.

Les logiciels installés au départ (Star Office 7 et une encyclopédie Hachette multimédia avec atlas et dictionnaire) ont été complétés à la demande des professeurs par divers logiciels spécifiques (dessin, musique, histoire et géographie, etc.).

Les ordinateurs sont des Nec (valeur 1 000 euros en 2003) bridés pour éviter une utilisation éloignée du contenu pédagogique. En fin de 3ème, ils sont alors libérés (notamment du contrôle parental).

> « Au conseil général [des Bouches-du-Rhône], on parle désormais pour cette « opération menée sur cinq ans qui a débuté en 2003 » d'un coût moyen par élève et par an de 300 euros. Près de 18 millions d'euros chaque année pour les 60 000 collégiens concernés... »[72]

2005 : « Ordi 35 » en Ile-et-Vilaine

Depuis janvier 2005, le Conseil général d'Ille-et-Vilaine confie un ordinateur portable à chaque collégien de troisième pour l'année scolaire. Le Département souligne qu'il s'agit là d'un effort financier important. Parallèlement, des animateurs Ordi 35 ont été recrutés et mis à la disposition des enseignants pour faciliter leurs projets en liaison avec Ordi 35.

---

[72] http://www.leravi.org/article.php3?id_article=130.

Collectivités locales et Economie des TIC

L'observation de ces différentes expériences met en lumière la distorsion entre le cadre « national » de l'éducation et les conditions « départementales » dans lesquelles ces expériences peuvent être menées. Même si l'Education Nationale est intégrée à ces opérations, il reste que la décision de lancement dépend de la volonté départementale et la mise en œuvre dépend des moyens financiers locaux. La question est donc essentiellement politique : quelle unité nationale, quelle égalité des chances peut-on encore espérer en matière d'enseignement secondaire alors que les TIC sont reconnues comme incontournables ?

En 2007, la quasi-totalité des villes a admis la nécessité d'utiliser les TIC dans la gestion interne. Nombreuses sont aussi celles qui ont engagé une procédure - relativement longue et coûteuse - d'accès des services municipaux aux habitants.

La ville d'Erlangen[73] en Allemagne s'est lancée en 2002 dans une démarche volontaire d'intégration des TIC dans la gestion communale. Le but affiché était autant l'amélioration des services que la diminution des coûts. Pour cela, elle a investi 4,6 millions d'euros (y compris le coût des consultants externes). Les services mis en ligne à Erlangen sont très divers et certains d'entre eux se révèlent très efficaces en termes d'économies réalisées (inscriptions dans les écoles maternelles et les crèches, inscriptions aux cours de la Volkshochschule[74], prêts de livres à la bibliothèque municipale), voire même nettement rémunérateurs comme le choix personnalisé de numéros d'immatriculation des véhicules[75].

Une étude menée pendant trois ans par l'université d'Erlangen-Nürnberg sous la direction du professeur Michael AMBERG a montré que le retour sur investissement est rapide : la réduction des coûts a été de 730 000 euros en 2005 et le coût global sera couvert en 2008.

---

[73] Erlangen, au nord du Land de Bavière, 102 000 habitants, renommée pour son université (Université Friedrich-Alexander d'Erlangen-Nuremberg) et aussi pour l'un des principaux sièges de l'entreprise Siemens AG.
[74] Sorte d'université populaire, chargée de la formation permanente et de la formation pour adulte, financée par la ville, le Land, et les étudiants.
[75] Ce choix personnalisé – payant - est très prisé, et ce service particulièrement rentable : il rapporte 10 fois son coût de gestion !

Une initiative associative

(contribution de Joël GARCIN[76])

Sur l'ensemble du territoire, un grand nombre d'initiatives publiques ou privées se sont développées depuis le début des années 2000 sur le thème des TIC. Ces dispositifs sont parfois très différents, répondant à un besoin et à une volonté forte de développer les usages des TIC auprès de la population et de permettre cet accès au plus grand nombre.

Avenir 84

Initiée à Avignon par Mohamed JAMJAMA et Youcef BOUCHAALA en avril 2000, l'association Avenir 84 est ouverte depuis mai 2001.

Avenir 84 a été soutenue par de nombreux partenaires institutionnels, publics, ou privés : Mission politique de la ville, Préfecture de Vaucluse, Ville d'Avignon, Conseil Régional PACA, DDTEFP de Vaucluse, ANPE Avignon, Mission locale Avignon, Caisse d'Allocations familiales de Vaucluse, Fonds d'Action Sociale, Groupe Casino, France Telecom, Vaucluse Logement SA HLM.

Le projet Avenir 84 s'est développé sur trois objectifs principaux :

- Faciliter l'accès aux nouvelles technologies,
- Développer à moyen terme des méthodes d'orientation et d'accompagnement vers l'emploi,
- Fonctionner sur le mode d'une pépinière d'initiatives et de projets.

En 2000, les TIC n'en étaient qu'à leur balbutiement et la France accumulait un retard important, principalement en termes de politiques publiques. Les obstacles furent de trois ordres :

- Les coûts inhérents aux équipements (matériel informatique, câblage, locaux) et au fonctionnement (maintenance, salaires),
- Les résistances de certaines administrations et organisations voyant l'arrivée de nouveaux acteurs au rôle transversal comme des éventuels préjudices à leurs prérogatives,

---

[76] Joël GARCIN, né en 1973, ingénieur en microbiologie (1999), analyste programmeur en informatique décisionnelle (2001). Intervenant dans les programmes ERIC (région PACA), cyber-base, et ECG Vaucluse depuis 2002 en tant que chargé de développement numérique, y compris formation des animateurs, montage et réalisation de projets multimédia.

- Le cloisonnement entre acteurs et organisations intervenant dans des domaines et auprès de publics voisins, l'absence de mutualisation des moyens.

Malgré ces obstacles, le projet a réussi à voir le jour en développant ses partenariats et grâce au dispositif Emplois Jeunes permettant la création de six postes d'animateurs multimédia.

A partir de 2002, Avenir 84 s'inscrit dans le programme ERIC (Espace Régional Internet Citoyen) et est labellisé en 2003. Ce programme apporte des fonds en investissements et l'intégration à un réseau de plus d'une centaine d'espaces associatifs sur l'ensemble de la région PACA.

En 2004, le Conseil Général de Vaucluse rejoint les partenaires d'Avenir 84 par l'intermédiaire de la Direction Aménagement du territoire, Logement, Foncier qui développe une mission TIC sur le territoire de Vaucluse.

Avenir 84 est labellisé Cyberbase, un label délivré par la CDC-TIC (Caisse de Dépôt et Consignations) qui intervient en investissement et s'inscrit dans un programme national d'espaces majoritairement portés par les collectivités territoriales de centres ressources TIC.

Parallèlement, Avenir 84 obtient l'agrément Organisme de Formation et renforce donc son action avec les associations, les TPE (très petites entreprises) permettant d'installer l'association dans la durée.

Les difficultés pour les espaces associatifs, et Avenir 84 ne fait pas exception, sont d'ordre financier. Il faut assurer les salaires qui représentent la majorité des coûts de fonctionnement, et le matériel informatique doit être renouvelé et entretenu. La plupart des emplois reposent sur des contrats aidés (Emplois Jeunes, CAE, CES, CEC, Adulte Relais) et les aides au fonctionnement sont peu nombreuses. La pérennisation des associations est un souci majeur et pose sans cesse la question de la continuité des politiques publiques en termes de TIC sur la durée. La région PACA a mis en place des postes de Chargé de Développement Numérique (Plan Régional pour l'Emploi), la DDJS des FONGEP. C'est pour cela qu'Avenir 84 renforce son rôle d'organisme de formation et développe des missions de conseil et d'audit auprès de ses partenaires.

Les initiatives privées ne sont pas les seules, et les pouvoirs publics ont lancé de nombreux programmes destinés au développement des usages, soit en s'appuyant sur les initiatives existantes soit en aidant les nouveaux projets, soit en créant des espaces. Ces programmes sont portés par les collectivités territoriales ou l'Etat.

Parmi ces programmes, les ERIC (Espaces Régionaux Internet Citoyen) sont l'exemple mis en œuvre par la Région PACA.

Le programme ERIC a été initié en 2002 par la Région Provence-Alpes-Côte d'Azur, en partenariat avec l'Union européenne (programme FEDER Actions Innovatrices), l'Etat et la Caisse des Dépôts et Consignations.

L'objectif du programme ERIC est de développer en région Provence-Alpes-Côte d'Azur l'accès public à l'Internet, et ainsi de faciliter l'appropriation des usages des Technologies d'Information et de Communication (TIC) par l'ensemble de la population. Ce programme est articulé autour de deux axes : le déploiement de lieux d'accès public à l'Internet sur l'ensemble du territoire régional, et la mise en place d'une plateforme régionale de services dédiée prioritairement aux ERIC et à leurs animateurs.

Le programme ERIC regroupe actuellement 134 espaces labellisés sur 4 vagues d'appels à candidatures. La labellisation a permis d'apporter une aide en investissement aux espaces ayant été retenus ainsi qu'une plateforme de services en ligne. L'animation du réseau encourage le partage d'expériences, le développement d'initiatives regroupant plusieurs espaces et les échanges de compétences.

En 2005, le Plan Régional pour l'Emploi a permis la création de postes de Chargés de développement numérique financés pour trois ans. La mission TIC intervient auprès des espaces dans le cadre des programmes du Fonds de Soutien aux Initiatives Innovantes (FSII) et des Boucles Locales Alternatives.

Le programme Cyberbase

Au niveau national, le programme Cyberbase (lancé en juin 2000), qui compte 437 espaces labélisés (juin 2006), est porté par la Caisse des Dépôts et Consignations sur mandat du CISI (Comité Interministériel à la Société de l'Information) depuis le 10 juillet 2000. La Caisse des Dépôts apporte son aide financière, mais aussi son expertise et son expérience dans les projets développés par les collectivités locales en matière d'Espace Public Numérique (EPN). Ce réseau répond à un cahier des charges plus important, mais est accompagné par une plateforme de service, des interventions d'experts et la mise en œuvre de conventions nationales, avec l'ANPE par exemple.

Au niveau départemental, le Vaucluse a développé un réseau, le réseau ECG Vaucluse en s'appuyant sur les ERIC labellisés, auquel s'ajoutent des espaces n'ayant pas répondu aux appels à projets, les bibliothèques départementales de prêt et les cyberbases des Maisons du Département. A la différence du programme ERIC, la Direction Aménagement du territoire, Logement, Foncier (DALF) du conseil général de Vaucluse, intervient en fonctionnement et en animation du réseau. Cette initiative politique vient renforcer les réseaux existants sur le territoire et dans la continuité des programmes régionaux et nationaux.

Les années qui arrivent posent de nombreuses questions concernant la pérennité des espaces et leur devenir. Une évolution est nécessaire pour apporter de nouveaux services aux usagers, mais les difficultés de fonctionnement existent déjà. Le matériel informatique devient dépassé, s'use et il faudra le remplacer. Les besoins des utilisateurs se diversifient, et demandent des compétences de plus en plus élevées des animateurs. Les contrats aidés ne pourront pas être reconduits sur le long terme, ou en tout cas, ils ne pourront pas garantir une réelle professionnalisation des animateurs. Les offres privées ne peuvent pas répondre aux attentes des utilisateurs, en particulier en ce qui concerne l'administration électronique, la démocratie participative, l'emploi et l'insertion, l'accès à la culture, les logiciels libres.

Ces besoins ne répondent pas à des critères de consommation, et seul l'appui de politiques publiques, concertées, et s'inscrivant dans la durée, peuvent apporter des solutions à long terme.

Fin de la contribution de Joël Garcin

Les voix du peuple

La prise en main de l'instrument TIC par les pouvoirs publics n'est, au fond, pas vraiment étonnante, et c'est plutôt leur inertie à s'en saisir qui a été étonnante. La population, en revanche, s'est vite emparée de l'Internet pour s'exprimer : la prolifération de millions de « pages perso » a fait la part belle à des fournisseurs d'espaces.

La possibilité de communiquer à plusieurs a fait le succès des forums sur Internet. Avec tous les thèmes, tous les styles, avec ou sans modérateur, avec ou sans publicité, ouvert ou réservé aux membres répertoriés, le forum est largement répandu et utilisé.

Une étude comparative[77] (sur 2004, 2005 et 2006) de la participation des citoyens à la vie publique par Internet dans 82 grandes villes allemandes montre une évolution significative de la demande, de l'offre, de l'usage.

En France, le rôle des forums a été déterminant en 2005 lors de la réflexion collective qui s'est développée à propos du referendum sur le projet de constitution européenne. Le « forumeur » Etienne CHOUARD[78] a été l'un des animateurs importants lors de cette effervescence d'idées et, relativement surpris de son succès, il a poursuivi cette réflexion collective sous une forme à mi-chemin entre le forum et le wiki.

Le succès de l'encyclopédie participative et collective Wikipedia est indéniable et son contenu atteint désormais un excellent niveau de reconnaissance. Il existe environ 200 éditions de Wikipédia localisées par langue, et parmi elles une centaine sont actives. Pour l'ensemble des éditions de Wikipédia, le total des articles au 17 janvier 2007 est de 6,2 millions, dont 1,5 million en anglais, plus de 520 000 en allemand, 430 000 en français, 330 000 en polonais, et 300 000 en japonais.

Le *Bondyblog*[79] est né en novembre 2005 : un groupe de journalistes suisses de *l'Hebdo*, le quotidien de Lausanne, avaient choisi de raconter la vie des cités françaises au moment où brûlaient les voitures. A partir de mars 2006, ils étaient remplacés par une dizaine de « blogueurs » de Bondy constitués en une association financée par les droits d'auteur du livre[80] publié par les

---

[77] http://www.initiative-eparticipation.de.
[78] http://etienne.chouard.free.fr.
[79] http://yahoo.bondyblog.fr.
[80] Serge MICHEL, 2006. *Bondy Blog : Des journalistes suisses s'installent dans le 9.3* Paris, éditions du Seuil.

journalistes. Ce groupe de jeunes a très vite été perçu et reconnu comme émanation naturelle et non-alignée des populations de banlieues. L'équipe du *Bondyblog* est identifié comme un interlocuteur valable par les candidats (à la candidature) présidentielle (Ségolène Royal, Stéphane Pocrain) :

> « Devant l'accès à la salle, voilà que la candidate aux présidentielles 2007 se tourne vers nous en répliquant : « Ah ! Bondyblog... Je répondrai à vos questions pendant la conférence de presse ». »[81]

Tous ces forums, blogs et wiki montrent la réalité d'une large demande de communication et de participation à la vie publique. Une demande qui a été rapidement récupérée par les entreprises de logiciels et de services, transformant le réseau Internet en un nouveau Minitel en forme de toile d'araignée, et, au bout du compte, prenant quelque peu en otage les voix du peuple.

Le Minitel, grande fierté française, lancé en 1980, était un terminal relié par ligne téléphonique ordinaire à un serveur central et donnait accès à des banques de données (annuaires, horaires SNCF et avions, institutions gouvernementales, etc.). Le réseau était schématiquement en étoile, chaque utilisateur se connectant au centre. Si le terminal était quasiment gratuit, l'accès aux informations était payé au temps passé en connexion et la facture directement intégrée sur la facture de téléphone. Le succès a été très rapide : les utilisateurs de plus en plus nombreux (1 million de Minitels installés en France en 1985, et 25 millions d'utilisateurs pour 9 millions de terminaux installés en 2000) ont motivé les entreprises à s'insérer dans le serveur pour se présenter et vendre. Un élément fort du succès a été dans les possibilités de contacts entre utilisateurs et notamment les services de rencontre (Minitel rose) qui ont permis la constitution de véritables fortunes à leurs propriétaires. Le Minitel n'a été supplanté par Internet qu'à partir de 1995.

Il est significatif que l'expérience allemande du *Bildschirmtext BTX*, lancée à la même époque mais sur la base commerciale d'un terminal trop cher (pour les familles), et qui tablait sur 1 million d'utilisateurs, n'en avait réuni que 60 000 en 1986.

La révolution Internet, dans les années 1970, résidait dans la mise en place d'un protocole informatique permettant de mettre en relation tous les ordinateurs d'un réseau dépourvu de centre. Le développement auprès du grand public à partir de 1990 a changé le principe de fonctionnement. Avec Internet, la plupart des informations sont disponibles auprès de serveurs

---

[81] http://yahoo.bondyblog.fr.

publics (ministères, institution) ou privés (entreprises et spécialement d'entreprises de services et de stockage de données, et bien rares sont les connexions directes d'ordinateur à ordinateur. Ainsi, les vidéos à la demande que l'on peut obtenir chez Free ou Orange y sont stockées. Par ailleurs, les vidéastes amateurs ne peuvent guère éviter de déposer leurs œuvres chez Youtube ou DailyMotion car il est quasiment impossible à un particulier d'obtenir une bande passante suffisante en upload. La maîtrise de la bande passante par les fournisseurs d'accès[82] constitue un moyen simple et efficace de transformer le système libre et ouvert d'Internet en un système économique très profitable.

---

[82] http://www.fdn.fr/minitel.avi.

1.3 Le nouveau monde

Les communications « en temps réel » ne le sont pas vraiment, et nous le constatons régulièrement à la télévision lorsqu'un lointain interlocuteur est sollicité : le décalage de quelques secondes entre les questions et les réponses exprime bien l'espace géographique qui sépare les participants. « Temps réel » ne vaut pas simultanéité mais un laps de temps assez court pour être considéré comme acceptable, c'est-à-dire raisonnablement assimilable à la simultanéité.

Dans le cadre de son projet de fin d'études pour le Master of Arts in Media Design au Piet Zwart Institute de Rotterdam, Roxana TORRE a développé un intéressant *Personal World Map*[83] : à partir d'un « centre de votre monde » choisi par l'utilisateur, vous obtenez une représentation graphique d'une mappemonde qui se transforme en fonction du résultat demandé. Selon le temps de trajet aérien, selon le prix du billet d'avion, ou selon la géographie, une étrange mappemonde se dessine, un *nouveau monde* recalculé en heures, en euros, ou en kilomètres, dans une nouvelle représentation de la planète.

Philippe QUEAU[84] de l'Unesco nous alertait déjà en 1999 de cette modification (virtuelle) de la morphologie planétaire (réelle) :

> « La géographie de l'Europe ou de l'Asie en est elle-même bouleversée : l'Amérique s'est virtuellement installée au cœur de ces régions. En moyenne, le coût des liaisons spécialisées entre les pays européens - les fameuses "autoroutes de l'information" ou "dorsales" (backbones) par lesquelles transite le trafic Internet - est 17 à 20 fois supérieur au coût de liaisons équivalentes aux Etats-Unis. Une liaison Paris - New York ou Londres - New York est moins chère qu'une liaison Paris - Londres ou Paris – Francfort. La Virginie est devenue la plaque tournante des liaisons intra-européennes ! Conséquence : les fournisseurs européens d'accès Internet sont obligés de se connecter aux Etats-Unis en priorité. De même, en Asie plus de 93 % de l'infrastructure Internet est tournée vers les Etats-Unis. »

Ce nouveau monde, changeant, ductile, plastique, et dont nous ne connaissons pas le prochain avatar, remplace progressivement celui que nous avions construit depuis 1492 et auquel nous nous sommes habitués à croire

---

[83] http://www.personalworldmap.org.
[84] « Du Bien Commun Mondial à l'âge de l'Information », conférence prononcée à Poitiers à l'ouverture du séminaire organisé par le Club de Rome, le 01/03/1999.

qu'il était ainsi pour toujours. Ce monde futur inconnu suscite l'éclosion de nouvelles utopies.

Les TIC et le renversement de l'utopie

Dans un rêve organisé de vie nouvelle, les utopies sociales du XIXe siècle, de Hygeia au familistère de Guise, de Icarie à Harmony, du Phalanstère à France-ville, s'exprimaient par la création et l'organisation d'un espace iconique fini (Françoise CHOAY, 1965), supposé embrayeur d'une organisation sociale.

Les utopies du XIXe siècle ont donné lieu à quelques projets architecturaux et urbanistiques, parfois réalisés. Certains sont allés au bout du rêve en réalisant des unités de vie ou villages ou phalanstères, tel Robert OWEN, riche industriel anglais qui se ruina en créant New Harmony en 1825 dans l'Indiana. Dans la ville idéale d'OWEN, il n'y a pas de tribunaux ni de prisons, car la nouvelle société, disait-il, n'en n'aura pas besoin…

En pleine Restauration, Charles FOURIER, écrivain, imagine un nouveau système philosophique et politique et en conçoit l'unité de vie idéale : le Phalanstère, regroupant 1 620 personnes sur 250 hectares. Il décrit avec une minutieuse précision toute l'organisation spatiale et l'architecture supposée capable de favoriser la mise en œuvre de sa nouvelle société.

Ces utopies se fondaient sur la réalité (sociale, architecturale, urbanistique) des villes de l'industrialisation. Plusieurs enquêtes, menées en Angleterre (publiées en 1842, 1844, 1845[85]) et en France avaient fait connaître les conditions de vie dans les villes, montrant comment l'homogénéité sociale et architecturale de la ville ancienne se dissout dans la périphérie industrielle, sous la domination du libéralisme, résultat de l'accumulation d'initiatives publiques et privées ni coordonnées ni réglementées.

De nombreuses tentatives de réaliser le rêve de FOURIER seront engagées, mais seul résistera au temps le Familistère de Guise (dans l'Aisne) créé pour ses ouvriers par l'industriel fouriériste Jean-Baptiste GODIN et toujours en activité depuis 1865.

Un modèle de la même veine est décrit par Jules VERNE dans son court roman *« Les cinq cents millions de la Begum »*. Ecrite en 1878 sur une idée du communard anarchisant Paul GROUSSET, cette histoire manifeste un manichéisme basique, bien situé dans son temps (juste après la guerre de

---

[85] Friedrich ENGELS, 1845, « La situation de la classe laborieuse en Angleterre ».

1870). Stahlville, la ville des « méchants », est totalement isolée et fermée par des remparts. En revanche, la construction de France-ville, la ville des « bons », a commencé par la réalisation d'un branchement ferroviaire sur le Pacific Railroad, permettant, par une liaison directe sur New-York, de l'ouvrir sur le monde entier. Le plan de la ville n'est pas dessiné par un dictateur ou quelque technocrate à son service mais par un « Comité de Sages ».

Dans le même courant, sur une pensée novatrice, socialisante, essentiellement hygiéniste[86] mais restant sagement en deçà de l'utopie, Ebenezer HOWARD fonda les cités-jardins anglaises (comme Letchworth, commencée en 1903, Welwyn Garden City, commencée en 1919). Par définition inextensible, la « Garden-City » regroupant 30 000 habitants sur 2 400 hectares, offre :

> « la combinaison saine, naturelle et équilibrée de la vie urbaine et de la vie rurale, et cela sur un sol dont la municipalité est propriétaire. »

Le début du XXe siècle marque la fin de l'engouement pour les utopies. Les projets d'urbanisme de LE CORBUSIER (son « Plan Voisin » pour Paris, le « Plan Obus » pour Alger ou le projet de reconstruction de Saint-Dié) relèvent plus de l'application de la théorie des «Trois établissements humains» que de l'utopie.

Une bouffée d'utopie est remontée à partir de 1965 et quelques utopies ont égayé les revues d'architecture de ces années : les projets de villes souterraines de Paul MAYMONT semblaient teintés de délire schizophrénique paranoïde, alors que les « Villes en X » de BIRO & FERNIER, très «fin des trente glorieuses», n'étaient plus que des manifestes publicitaires agrémentés d'un zeste de kitsch.

---

[86] En 1875, le médecin britannique Benjamin Ward Richardson, par sa communication au congrès de la Social Science Association dont il présidait la section Santé, préconise des moyens pour lutter contre le déplorable état sanitaire des villes. Il en écrira un roman utopique publié sous le titre "Hygeia" en 1876. Au delà de la préconisation de l'emploi de matériaux de qualité, il met en avant l'intérêt des toits-terrasses, des cuisines-laboratoires, de la zone-sommeil, et d'un "zoning" séparant l'habitat de l'usine. Le terme générique d'"Hygiénisme" est couramment utilisé pour regrouper nombre de précurseurs en urbanisme tels que Robert Owen (New Harmony), Charles Fourier (Le Phalanstère), Victor Considérant (la colonie de la Réunion), Etienne Cabet (l'Icarie), Jean-Baptiste Godin (le Familistère), Jules Verne (France-Ville). L'hygiénisme allie l'hygiène corporelle à l'hygiène mentale et leur donne pour assise l'hygiène du logement et de la ville. La filiation entre ces hygiénistes et Le Corbusier est directe.

1 • LE REEL DES TIC

Dernier avatar (à ce jour) de l'utopie urbanistique, Auroville[87] se développe lentement depuis 1968 à proximité de Pondichéry. Cette « ville du futur » est née sous l'impulsion de Mirra ALFASSA[88], dite « La Mère », dans la volonté de pérenniser l'enseignement du gourou Aravind GHOSE[89], dit « Sri Aurobindo ». Cette ville, dont le développement est soutenu depuis 1966 par le gouvernement indien et par l'UNESCO, n'abrite encore actuellement que 1 500 habitants, mais il est officiellement prévu qu'elle pourrait atteindre la taille de 50 000 habitants vers 2050. Le concept urbanistique, dicté à l'architecte Roger ANGER[90] par la volonté de « La Mère », tient en l'organisation de quatre zones (résidentielle, internationale, industrielle, culturelle) entourées d'une ceinture verte :

> « L'un des plus remarquables concepts d'Auroville est son plan directeur, projeté sous la forme d'une galaxie - une galaxie dans laquelle plusieurs «bras» semblent se dérouler à partir d'une région centrale. »

Auroville, ou la ville en forme de galaxie... Il reste difficilement soutenable que le schéma directeur d'une ville soit le résultat d'une forme vue en rêve par quelque gourou. Indépendamment des qualités philosophiques, humaines, et mystiques dudit gourou.

Les utopies anciennes fabriquaient un espace géographique et architectural protégé dans lequel on imaginait pouvoir instaurer un nouvel ordre social. Toutes présentaient les mêmes quatre grands thèmes : l'île, l'altérité communautaire, la confusion historique, le bonheur. C'est d'ailleurs sur ces quatre thèmes qu'étaient bâtis les argumentaires des publicités pour les nouveaux villages, les *gated communities*, et plus généralement les opérations immobilières de quelque importance.

Avec le XXIe siècle, le mécanisme de l'utopie est fondamentalement inversé. Si la recherche du bonheur reste évidemment au cœur de la démarche

---

[87] http://www.auroville.org.
[88] Mirra ALFASSA (1878 - 1973) née d'une mère juive égyptienne et d'un père turc musulman a vécu sa jeunesse en France. Sur la recommandation de son amie Alexandra David-Neel, elle va à Pondichéry en 1914 rencontrer Sri Aurobindo. Subjuguée, elle fonde l'ashram de Sri Aurobindo et poursuit l'œuvre du gourou.
[89] Aravind GHOSE (1872 - 1950) fait de brillantes études à à Londres puis à Cambridge. Il revient en Inde en 1893 comme enseignant et s'investit comme leader nationaliste. A partir de 1906 son engagement devient plus philosophique ou gnostique et il est appelé Sri Aurobindo.
[90] Je me souviens assez précisément de mon entretien (fin 1967, comme correspondant de la revue allemande d'architecture Der Baumeister) avec Roger ANGER dans son bureau. Le formalisme est une maladie chronique.

utopique[91], les mouvements écologistes, les altermondialistes, ou les utopies de gouvernement mondial[92] fondent leurs démarches sur un unique espace « terre » globalisé (il ne s'agit plus d'une île indépendante du reste du monde), dans lequel les utopies nouvelles proposent de mettre en place un nouveau système social adapté à la planète (et non plus réservé à une communauté) afin d'assurer sa durabilité (dans la conscience du temps qui passe).

La résistance au changement

Initiées par des « décideurs » politiques ou des « acteurs » économiques, ces ébullitions numériques citées plus haut ne vont pas sans freins ni blocages, y compris de la part de ceux qui en font la promotion et malgré leurs propres efforts. Les freins les plus puissants résident sans doute dans l'opacité et l'inertie des structures administratives et syndicales et dans l'habitude du papier.

Michel HERVE rapporte[93] (en 2002) que les obstacles devant l'aventure numérique de Parthenay étaient nombreux en 1990 :

> « Tout cela ne s'est pas fait tout seul : nous avons dû vaincre bien des résistances. Par exemple, le préfet était opposé à la création d'un accès aux services administratifs via le Net.
>
> Nous avons profité de la visite d'une télévision belge, qui l'a filmé alors qu'il était à Parthenay : devant la télévision, il n'a pas pu faire autre chose que de dire que cette expérience était formidable, et s'est retrouvé ensuite piégé par sa propre image, que nous avons naturellement diffusée sur le réseau ; c'est à partir de là qu'il a consenti à utiliser la technologie numérique. »

Quinze ans plus tard, les freins sont encore multiples et puissants.

En décembre 2005, un colloque réunissait à Marseille différents partenaires (Conseil Général, Education Nationale, corps professoral) pour faire le point sur les deux années de l'expérience « collège numérique Ordina 13 ».

Le premier frein est celui qui est ressenti par l'internaute qui souhaite se renseigner sur cette opération et obtenir les actes du colloque : le site http://www.ordina13.com n'offre pas aisément les coordonnées des responsables. Devant la non-réponse du webmaster - seul contact proposé - il faut repasser par le site du Conseil Général, remonter la filière par mail, par

---

[91] Cf. le film de Pierre CARLES, 2007, « Volem rien foutre al païs ».
[92] http://www.yves-paccalet.fr/blog.
[93] http://ecole.org/seminaires/FS4/EV_04/EV060202.pdf.

téléphone, par courrier, et à nouveau insister au téléphone. Après quelques mois d'efforts, le contact est établi et l'on vous promet le rapport « sous forme numérique ». Finalement, c'est un document-papier[94] de 130 pages qui parvient par la Poste !

Dès la première page, à la lecture de l'allocution d'ouverture du colloque par l'élue en charge de l'opération, Janine ECOCHARD, on perçoit que la révolution numérique n'est pas encore pour tout de suite :

> « ...néanmoins, dans votre dossier une fiche vous est remise... »[95]

et l'élue n'omet pas de conclure la journée en proposant aux participants d'intervenir sur le mode numérique :

> « je voudrais vous rappeler que vous avez dans vos chemises une feuille bleue [...], ne vous limitez pas, on vous a donné un support papier mais rien n'empêche que vous interveniez sur le dispositif Odina13... » [96]

Il faut bien admettre que, même dans le milieu des enseignants, le numérique reste encore nimbé de magie et, partant, d'une odeur de satanisme (ou de lubricité) que nombre de médias[97] aiment à propager, et qu'il est difficile de combattre :

> «... il m'a fallu beaucoup débattre et notamment avec les enseignants pour les convaincre de l'intérêt pédagogique que pouvait apporter ce matériel. J'ai dû littéralement arracher les votes positifs au conseil d'administration pour participer à l'opération... » [98]

Tant que l'on ne considèrera les TIC que comme un nouveau « matériel », on aura peu de chance d'y percevoir un intérêt autre que celui d'une machine à écrire/à calculer/à dessiner évoluée.

Alors que la participation des citoyens et de la « société civile » est le leitmotiv de toutes les annonces politiques, la résistance au changement reste ancrée dans les institutions qui ont encore tendance à préserver leur pré carré face aux usagers comme on le constate dans la composition du groupe de travail du CNIG.

---

[94] CG13, 2006, Débat sur le collège numérique, actes du colloque de clôture de décembre 2005.
[95] id.
[96] id. p. 116
[97] Une « certaine » presse ne manque pas de publier régulièrement des articles inquiétants qui rapportent des suicides collectifs, des addictions pathologiques, et tant d'autres désordres, tous provoqués par les jeux numériques et « l'écran ».
[98] id. p. 33

1 • LE REEL DES TIC

Le CNIG (Centre National de l'Information Géographique) a été institué en novembre 1996 avec les missions suivantes :
- Définir et mettre en œuvre une politique nationale en information géographique,
- Favoriser un développement cohérent de l'information géographique publique en tenant compte de l'émergence du rôle des échelons locaux,
- Mettre en place des principes et des mécanismes clairs permettant au secteur privé de trouver sa place et de se développer dans le domaine de l'information géographique,
- Assurer la coordination des acteurs dans le champ de l'amélioration des technologies et des méthodes.

En mars 2003 a été lancé un groupe de travail chargé de l'informatisation géographique des PLU (Plan Local Urbain) et des SUP (Servitude d'Utilité Publique). Il s'agissait d'inventorier les types de données géoréférencées les plus utiles, de décrire les modes d'accès souhaitables, d'organiser le passage vers le numérique, de ménager le passage vers l'instruction du permis de construire, de lister les documents légalisables sous forme numérique, et de réaliser un dossier rassemblant les bonnes pratiques.

Ce formidable projet vise à apporter l'information géographique à de très nombreuses activités et services parmi lesquels on citera la gestion de l'eau, la gestion des terres cultivées et des forêts, la surveillance des événements sismiques, l'urbanisme, et plus largement, l'aménagement du territoire.

Il apparaît effectivement de première utilité aux professionnels qui interviennent sur le cadre de vie (l'architecte, l'urbaniste, l'architecte-paysagiste) d'avoir accès à des informations numérisées précises et multiples : dimensionnement, limites cadastrales, nature et qualité du sous-sol, nappe phréatique, inondabilité, servitudes privées et publiques, données réglementaires, valeur vénale, etc. Ces professionnels sont quasiment tous équipés de l'outil numérique (ordinateurs, logiciels, moyens de communication) et ils sont particulièrement demandeurs d'un système fiable et universel d'accès à l'information.

Or, parmi les participants des groupes de travail du CNIG qui élaborent ce projet, on ne trouve ni architecte, ni architecte-paysagiste, ni urbaniste. Je me suis étonné de cet état de fait auprès d'un responsable du CNIG lors du colloque *« Innovation publique et administration électronique »* le 7 septembre 2006 à Nantes, et il m'a été répondu :

« tout simplement, on n'y a pas pensé ».

Tout simplement. Mais on n'a pas oublié les seuls architectes. Pourquoi ne pas demander aux notaires de communiquer « en direct » les prix de vente dans le foncier et l'immobilier pour avoir un tableau de bord immédiatement exploitable par les urbanistes et les acteurs du marché immobilier ?

L'administration incline encore à rester entre soi, au risque de produire un instrument inadapté aux pratiques professionnelles.

La fracture numérique

La globalisation a fait apparaître plus clairement la disparité entre pays pauvres et pays développés, une disparité nommée « fracture numérique » dès les années 1990. Le terme, traduit de l'anglais *digital divide*[99], a connu très vite une belle célébrité :

> « La notion de « fracture numérique » est autant partagée qu'elle est mal définie. Les politiciens de tous les bords s'en emparent, la Banque Mondiale et le G8 prétendent la résorber, les militants s'en inquiètent.. »[100]

Après les années 1980, où 90 % des internautes étaient états-uniens, et alors que les TIC se développent rapidement, il ne faut pas imaginer que le fossé numérique se comble. En fait, les TIC ne s'étendent qu'auprès d'une population favorisée (relativement à son environnement national). En Pologne, 30 % des ménages des villes de plus de 500 000 habitants ont accès à Internet alors que dans les villages ils ne sont que 8 %. La Chine, grand pays émergeant, fait connaissance avec ce problème, comme le souligne un rapport du Centre d'information chinois sur l'Internet (CNNIC)

> « Il existe une différence dans le développement de l'Internet en Chine entre les villes et les campagnes et entre les régions. »

L'un des défis de la Chine sera de développer l'usage de l'Internet dans les campagnes et dans les régions de l'ouest défavorisées. Les taux de pénétration à Pékin, Shanghai et Tianjin, sont respectivement de 30,4 %, 28,7 % et 24,9 %, contre 6,8 % dans le Qinghai, et 5,8 % au Tibet. Mais comment développer l'Internet en Chine sans alphabétiser la population et lui donner les moyens d'une existence économique viable ? La fracture numérique apparaît en effet comme un faux problème dans la mesure où :

- 40 % de l'humanité vit avec moins de 2 dollars US par jour,
- 20 % des plus de 15 ans sont analphabètes.

---

[99] http://www.digitaldivide.org.
[100] Éric GUICHARD, 2003, « La « fracture numérique » existe-t-elle ? ».

1 • LE REEL DES TIC

En France même, plus de 10 % des adultes ont des difficultés à lire et écrire. De nombreuses études confirment régulièrement cette situation (Alain BENTOLILA 1996), et notamment les résultats du test passé par les jeunes hommes à la Direction centrale du service national de mai 1990 à 1992. Cette enquête ne concerne que la population masculine, mais elle a cependant le mérite d'étudier, dans les mêmes conditions - et surtout dans le territoire métropolitain - l'ensemble d'une population masculine dont les 4/5 sont constitués d'individus âgés de 18 ou 19 ans. Le nombre de personnes testées représenterait 25 à 30 % de la population totale.

Le résultat est accablant : pour des jeunes qui ont quitté le système scolaire après le collège (en troisième), on constate que 29 % sont incapables de passer le seuil de la phrase simple (sujet - verbe - groupe nominal) en lecture ; 6 % ne peuvent accéder au sens des mots. Pour ceux ayant quitté le collège en 5ème ou 4ème : 53 % ne passent pas le seuil de la phrase simple (sujet - verbe - groupe nominal) et 18,5 % n'accèdent pas au sens des mots.

Dans ces conditions généralisées d'illettrisme, le développement des infrastructures et de services TIC contribue en réalité à augmenter la fracture sociale, culturelle, économique entre les populations. Le comblement progressif du fossé numérique écarte toujours plus le travailleur illettré du travail valorisant pour le reléguer dans une zone de sous-prolétariat.

L'écart gigantesque entre les ouvriers tanzaniens des usines du lac Victoria et les managers qui les exploitent augmentent à chaque fois que des liaisons plus rapides sont installées, à chaque fois que des ordinateurs et des serveurs plus puissants sont mis en service. Comment les TIC pourraient-elles changer le sort des ouvriers – quasiment des esclaves – qui saignent les hévéas du Libéria pour Firestone[101] ?

Plus largement, il y a d'autres urgences que la résorption de la fracture numérique. L'accès à l'eau, à l'eau potable, aux soins médicaux, à l'éducation, à la démocratie et à la paix, est de toute évidence prioritaire devant le développement des TIC :

> « Oui, la « fracture numérique » existe, et elle n'est que la traduction d'une violente ségrégation culturelle et intellectuelle, qui ne fait que s'amplifier avec les « nouvelles technologies ».[102]

---

[101] « Les forçats du caoutchouc. Un carnet de route » de Patrice Lorton sur France 2, 01/03/2007 à 20h55. Montage René Laisney.
[102] Éric GUICHARD, 2003, id.

2 • Les TIC dans le réel

> Lui
> Tu n'as *rien* vu à Hiroshima. Rien.
> Elle
> J'ai *tout* vu. *Tout*.[103]

L'ébullition des TIC, avec ses espérances et ses déboires, ses détracteurs et ses gourous, est le signe tangible de l'installation rapide d'un nouveau mode d'habiter transformant nos mesures et nos repères du temps et de l'espace. Les TIC ont été mises au service de la vision du monde de ceux, peuples ou groupes sociaux, qui disposent de la suprématie économique.

Cette vision du monde, celle des puissants, conduit à la structuration de rapports de dominance, ce qui n'est certes pas une nouveauté, mais une dominance qui s'étend maintenant à l'échelle de la planète, et dont un effet s'appelle quotidiennement *délocalisation*. Une délocalisation qui s'imprime dans les structures économiques et sociales par la perte d'emplois et le dépérissement de villes et villages, pour finalement s'insinuer dans les structures urbaines par la mutation du secteur immobilier local en secteur financier globalisé.

La propriété foncière et immobilière, immeuble *par nature*[104], était historiquement l'apanage de notables locaux qui mettaient en œuvre sur le long terme une vision familiale et clanique de patrimonialisation urbaine en

---

[103] Marguerite DURAS (1960), *Hiroshima mon amour*. Paris, Gallimard.
[104] Article 518 du Code civil.

profitant, lorsque c'était possible, des politiques urbaines[105], voire même en les suscitant[106]. L'investissement était envisagé dans la temporalité de la ville, c'est-à-dire à une distance de temps qui dépassait la vie de l'investisseur et la durée du mandat de l'autorité publique. Le propriétaire, connu des habitants, s'identifiait avec sa ville par le long-terme de son engagement.

Avec les fonds d'investissement, grandes compagnies inconnues du public et invisibles[107], on assiste maintenant à un véritable glissement de sens de la distinction des biens (bien immeuble *vs* bien mobilier[108]), et surtout à la mutation de l'un des acteurs (l'investisseur-propriétaire) du jeu immobilier tripartite (l'investisseur, le locataire ou l'acquéreur, le pouvoir public) qui faisait la ville. Désormais meuble, au moins dans la représentation que s'en font l'investisseur et ses gestionnaires, la propriété immobilière n'est plus locale mais globale, elle n'est plus dans la temporalité de l'urbain mais dans celle de la Bourse. Quant à l'investisseur, son intérêt se porte sur tel type d'objet et sur telle implantation en fonction de la rentabilité espérée, une rentabilité pondérée selon la fiscalité finale et selon les taux de change d'une monnaie à l'autre.

La problématique de la *delocalized property* est donc toute différente de celle de l'investisseur d'autrefois (avant la globalisation) : elle se donne pour objectif de sécuriser les « portefeuilles immobiliers » en diversifiant la nature et l'implantation des investissements, elle ne prend en compte l'immobilier que dans la mesure du rendement locatif et du rendement financier de l'investissement à moyen terme[109]. La *delocalized property* se désintéresse fondamentalement de la chose construite, de son rôle dans l'établissement urbain, de sa fonction sociale et urbaine.

S'appuyant sur les TIC, elle gère une volontaire volatilité dans le temps et l'espace qui ne peut rester sans influence sur la façon de concevoir et réaliser les structures urbaines.

---

[105] La place Vendôme à Paris en est un exemple.
[106] Ce rapport de partenariat s'est développé selon un mode spécifique aux USA étudié sous l'appellation de Urban regime theory.
[107] Telles que Catalyst Capital, Whitehall, Morgan Stanley, GE Real Estate, etc.
[108] Le Livre deuxième du Code civil, dans son article 526, précise : « *Sont immeubles, par l'objet auquel ils s'appliquent : l'usufruit des choses immobilières ; les servitudes ou services fonciers ; les actions qui tendent à revendiquer un immeuble.* »
[109] La globalisation du marché immobilier a suscité la mise en place de moyens de comparaisons tels que l'indice pan-européen IPD (Investment Property Databank) www.ipd.fr.

2 • LES TIC DANS LE REEL

Depuis les dernières années du XXe siècle, nos villes d'Europe - pas seulement les métropoles régionales - ont ouvert les yeux sur le monde et se sont toutes installées au centre du monde. Ou plutôt elles ont cartographié un monde particulier (leur *personal world map* à la Roxana TORRE) dont elles sont le centre : quelle ville n'est pas au centre de l'Europe ? Il ne s'agit pas uniquement d'une jolie carte dessinée sur une plaquette publicitaire ou sur le site web de la ville ; mais bien d'une nouvelle vision dans laquelle l'identité et l'existence de la ville sont à rechercher dans la relation aux autres villes par l'observation et la comparaison, l'imitation parfois, souvent la compétition, rarement dans la mise en commun des moyens et des objectifs. Au-delà de quelques villes « globales » de niveau planétaire, toutes les grandes métropoles se rêvent volontiers « glocales », c'est-à-dire historiquement et culturellement fondées et identifiées, mais aussi globalisées par leur influence, leur poids économique, leur rayonnement culturel. Quant aux grandes villes de moindre importance, elles peuvent au moins rêver d'être « européennes ».

Quoique assez répandue depuis les années 90, l'idée d'une typologie spécifique de la « ville européenne » suscite un sérieux doute quant à la réalité qu'elle est supposée subsumer. Lorsque Françoise CHOAY (2005)[110] nous parle des « fondements de l'urbanisme européen », il ne s'agit que des fondements et non pas de la réalité urbaine actuelle. Ces fondements effectivement européens (Platon, Alberti, Cerda) s'intéressaient à la ville comme lieu, alors que la ville est aujourd'hui un réseau, et même un ensemble de réseaux[111].

Les nominations annuelles de « villes européennes de la culture » par la Commission européenne qui « met en valeur chaque année la culture et l'identité d'une ville européenne » montrent en effet plus de différences que d'unité, tant sur les identités morphologiques ou culturelles que sociales. Pourtant toutes les villes se disent « européennes », Bruxelles, naturellement, mais aussi Malaga, Metz, Halle, Colomiers, et tant d'autres.

Dans l'éventualité où la ville de l'Europe occidentale pourrait constituer un type - sinon unique, du moins définissable - et admettant par force de l'évidence que ses habitants n'en sont pas particulièrement satisfaits, on ne peut vraiment souhaiter à une ville qu'elle intègre cette typologie.

---

[110] in Esprit, octobre 2005.
[111] C'est ce que commence à étudier l'université de Weimar dans son département « Europäische Urbanistik » avec le projet MediaCity, et le programme MediArchitektur mené conjointement par les départements Architecture et Media.

2 • LES TIC DANS LE REEL

Néanmoins, on constate régulièrement que la partie visible du modèle de la ville européenne s'exporte assez bien. Nous connaissions, bien sûr, les réalisations japonaises qui, comme à Huis-ten-bosch près de Nagasaki, inscrivent des quartiers entiers dans l'imagerie néerlandaise[112] ; c'est maintenant en Chine, et cette fois sans qu'il soit question du délire d'un parc d'attraction, que la forme urbaine européenne est transposée : à Anting, la nouvelle ville satellite de Shanghai dénommée « German Town Anting »[113] qui singe la morphologie des villes de l'Allemagne centrale du début du XXe siècle, ou encore à Song Jiang avec une ville très Tudor :

> « *Ye Olde Shanghai* [114]
> *Now, out of farmers' fields, an entire German-style town has sprouted, its brightly hued gingerbread homes modeled on those of Weimar in Germany. The new town, which will soon house some 30 000 distinctly un-German people, was designed by Albert Speer, son of Adolf Hitler's favorite architect. Forty kilometers away in Songjiang, barefoot migrant workers are building another massive satellite city, this time a vision of ye olde England with tidy Tudor cottages, cobbled paths, a giant castle and a garden maze. In Pujiang, another Shanghai suburb, 100 000 citizens will soon occupy an Italian dreamscape complete with languid canals. In all, at least 500 000 people are expected to live in Shanghai's seven new satellite towns, each designed in the style of a different Western nation. Zhou Jin, an executive currently residing in Shanghai, will soon move into a $67 000 apartment in Anting, where a Volkswagen factory reinforces the German motif. "Life in such an exotic atmosphere will be fun," says Zhou.* »

On n'oubliera pas, pour être juste, qu'à côté de ces projets marketing, un projet de ville durable est en cours de réalisation à proximité de Shanghai sur l'île fluviale de Chongming. La nouvelle ville de Dong Tan, entièrement autonome énergétiquement, devrait fonctionner dès 2010 et atteindre 50 à 80 000 habitants en 2050.

Ce qui, à Las Vegas, n'était que du kitsch touristique à la sauce étatsunienne relève maintenant en Asie d'un processus de mondialisation de la société qui n'est pas sans rappeler la multiplication dans l'Europe baroque et l'Amérique du Nord des Places Royales nées en France. De façon analogue, mais selon un concept nettement plus marketing, on a vu dans les années

---

[112] http://english.huistenbosch.co.jp.
[113] Par les architectes et urbanistes allemands AS&P (Albert SPEER & Partner).
[114] Hannah BEECH, Shanghai (7 février 2005)
http://www.time.com/time/asia/magazine/article/0,13673,501050214-1025219,00.html.

2 • LES TIC DANS LE REEL

1970-80 la diffusion médiatisée d'un néo-classicisme de promoteurs immobiliers dont le héraut choyé des médias était alors sans conteste l'architecte Ricardo BOFILL :

> « A Stockholm, nous construisons 500 logements dans la partie sud de la ville, à l'emplacement de l'ancienne gare de chemins de fer ; […] Notre proposition est fidèle aux principes classiques : un croissant qui s'inscrit dans la structure perpendiculaire des rues, trois temples et un campanile. » [115]

Ces pastiches font d'abord penser aux revolvers en savon noirci des frères Dalton[116] ou au Colt 45 (également en savon noirci) des évadés de Cherbourg[117] : cela peut être à la fois efficace et amusant. Malheureusement on s'y habitue jusqu'à les intégrer dans une sorte de patrimoine improbable, à la manière de ces antennes pour téléphonie mobile que l'on déguise avec la bénédiction des Architectes de Bâtiments de France[118] afin de les cacher aux habitants du quartier ou aux touristes friands « d'authenticité » :

> « antenne dans une fausse cheminée, en harmonie avec le style architectural du bâtiment » (Bouygues Telecom),
>
> « antenne installée dans un clocher derrière un écran d'ardoises synthétiques » (Bouygues Telecom),
>
> « antennes peintes en trompe-l'oeil, posées sur une paroi d'église » (Bouygues Telecom),
>
> « habillage d'une antenne avec de la végétation synthétique » (SFR).

Avec ces pastiches, il ne s'agit que de langue de bois architecturale[119] et, selon le mot très macho de LE CORBUSIER (1920) in *L'Esprit Nouveau n° 1* à propos des styles, tout cela n'est au fond que :

> «… une plume sur la tête d'une femme ; c'est parfois joli, mais pas toujours et rien de plus. »

En copiant le « style » des villes européennes, c'est à un « style de vie » à l'Européenne que l'on rêve confusément. Ces morceaux choisis, sortis de leur contexte, perdent alors le sens et la fonction qui avaient fondé leur personnalité, mais ils proposent, plus qu'un décor, une scène sur laquelle on espère jouer sa vie selon des représentations de soi aussi proches que possible des images colportées par les medias. L'essaimage de ces morceaux

---

[115] BOFILL Ricardo et ANDRE Jean-Louis, (1989). *Espaces d'une vie*. Paris, Odile Jacob.
[116] MORRIS & GOSCINY, 1973, *L'héritage de Rantanplan*. Paris, Dargaud.
[117] Le Monde du 19 mars 1991.
[118] FAYETON, 2004, articles de septembre et octobre in La Marseillaise.
[119] FAYETON, 1997, « Kitsch, langue de bois, et architecture urbaine» in Le Monde daté du 6/12/1997.

d'architecture résulte moins d'une manipulation exercée par quelques services de marketing, que d'une demande d'ouverture sur le monde corrélée par l'installation des TIC dans nos territoires et dans nos vies.

Pour appréhender les relations des TIC et des Hommes, il nous faut donc aborder ces lieux de l'action que sont les aires urbaines d'Europe, dont les effets de leurs mises en scène semblent se caractériser par les trois thèmes de la centralité, de l'habitat, et de la concurrence. Ces aires urbaines, pourtant si différentes d'un bout à l'autre de l'Europe, sont toutes liées par une histoire et une culture communes, y compris pour l'Europe médiane qui, à l'issue d'une histoire particulière, vit un développement brutal, et dans laquelle les TIC sont présentées comme l'instrument de la nouvelle liberté, de la modernisation et du développement.

Au moment de l'élargissement de l'Europe vers l'Est, les TIC se développent dans une « logique stratégique de jeu » dont les acteurs sont les Etats, les sociétés civiles, et l'économie mondiale (BECK, 2003). Ces jeux se déroulent évidemment sur les scènes des espaces urbanisés (ou urbanisables), selon la dramaturgie que propose le cadre sociétal, économique, culturel.

Dans cette Europe médiane, les aménageurs et investisseurs courent après l'image facile et brillante de quelques capitales de l'Europe occidentale, feignant d'en ignorer les réalités sociales urbaines, et reproduisant avec outrance le mode de développement urbain des villes occidentales. Observant le bouleversement soudain de la Pologne, dans ses villes et sa société, dans ses structures de décision et ses orientations politiques d'aménagement des territoires, on peut y reconnaître une caricature de notre propre passé et craindre d'y voir l'image grotesque de notre possible futur.

2.1 De Brest (France) à Brest (Belarus)

L'Europe de l'Union s'étend (actuellement) de Brest (48°23N - 4°29W), sur l'Atlantique, à Brest[120] (52°06N - 23°42E), sur la nouvelle frontière de l'Est Pologne/Belarus. Le site de recherche d'itinéraire Michelin[121] nous propose un trajet routier de 2 350 kilomètres en 25 heures passant par Rouen, Amiens, Bruxelles, Liège, Aachen, Düsseldorf, Dortmund, Hanovre, Braunschweig, Magdeburg, Frankfurt/Oder, Poznan, Varszawa. Dans cette traversée, nous aurons vu la ville-port reconstruite par l'architecte Jean-Baptiste MATHON dans les années 1950, la métropole normande et ses banlieues, puis celle qui se voudrait la capitale administrative de l'Europe, les villes de la Ruhr reverdie, les villes des « nouveaux Länder » aux façades en cours de ravalement, et enfin les villes post-soviétiques qui ne savent pas encore vraiment quel futur s'imaginer.

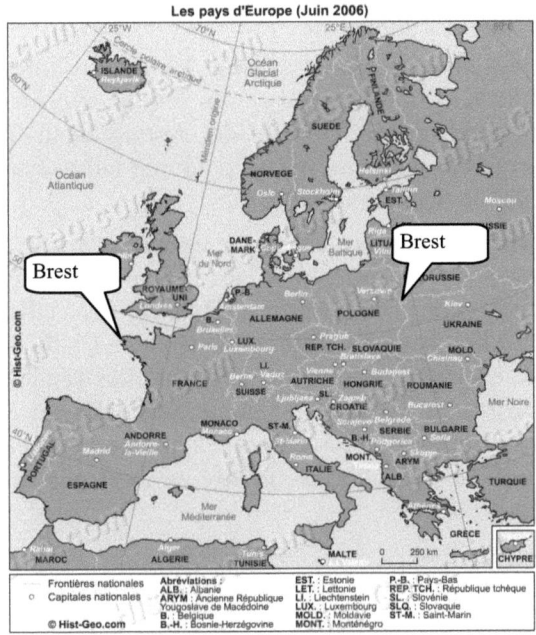

De Brest à Brest,
d'après http://www.hist-geo.com/

Finalement, durant ces 25 heures de trajet, nous n'aurons pas vu *la* ville européenne mais *des* villes européennes qui expriment leurs différences façonnées par l'histoire.

Leonardo BENEVOLO distinguait les villes médiévales d'Europe de l'Ouest, nées à partir de la chute de l'empire romain (en Germanie, Gaule, Grande-Bretagne, Italie et pourtour de l'Adriatique) en réponse à une nouvelle organisation sociale, et il se gardait bien d'étendre ce modèle à l'Europe géographique de l'Atlantique à l'Oural.

---

[120] Autrefois dénommée Brest-Litovsk.
[121] http://www.viamichelin.fr.

2 • LES TIC DANS LE REEL

Ainsi, Marseille et Hambourg, jumelées dès 1958, sont fondamentalement différentes : elles ont été formées par le climat, l'histoire, les apports des migrants. Leur point commun est certainement qu'elles sont de très grandes ville-ports (RONCAYOLO, 1996, 1999), et elles ont une problématique analogue : le rapport de la ville au port, de la ville au monde, du port à l'hinterland. Elles en posent toutefois les origines, les conditions et les ambitions chacune dans un contexte culturel spécifique.

Dans un processus semblable, c'est sur une articulation du climat et des civilisations que s'est structurée l'identité des villes de la Méditerranée alors même qu'elles manifestent des caractéristiques régionales spécifiques (PINSON, 1996) qu'un *habitus* impose à la forme de la ville. La ville est évidemment culturelle, tant dans sa morphologie et son fonctionnement que dans l'image collective qui la définit et la construit.

La forme urbaine est censée représenter ou plutôt susciter les opportunités. Selon l'architecte chinois YONGJIE CAI[122], c'est bien ce qui semble avoir été au cœur du projet de la nouvelle ville chinoise de Anting dont la morphologie reprend des éléments formels européens pour répondre à un désir de se rapprocher du mode de vie occidental moderne.

La question de « la ville européenne » comme catégorie urbaine est tout à fait brûlante car elle suscite des prises de positions, des affirmations, des études, aussi bien que des discussions virulentes. Observant les villes d'Europe (LE GLEAU, PUMAIN, SAINT-JULIEN, 1997) on constate à l'aide du nécessaire outil statistique[123] que les différences sont telles qu'elles rendent justement les analogies bien fragiles. Il est en effet hasardeux d'élargir la comparaison aux capitales et métropoles de l'Europe, même s'il est évidemment très satisfaisant, quoique trompeur, de mettre en évidence des équivalences chiffrées, telle celle-ci :

	Population (en Mio)		
Inner London	2,8	2,1	Ville de Paris
Greater London	6,2	7,2	Paris et petite couronne
Larger urban zone of London	12	11	Ile de France

---

[122] YONGJIE CAI, in HASSENPFLUG 2005 : « *Die Transposition der europäischen Formelemente ist im heutigen China ein kompliziertes und denkwürdiges Phänomen. Sie ist nicht mit der Neugier der Europäer im 19. Jahrhundert zu vergleichen, sondern vielmehr ein verzerrtes Bild der chinesischen Sehnsucht nach moderner westlicher Lebensform.* »
[123] Notamment Eurostat, Insee, URBAN AUDIT 2001 et les travaux de l'OECD.

Penser aujourd'hui le paradigme de la ville européenne supposerait d'avoir réglé au préalable la question de la définition de la ville et la question de la définition de l'Europe. S'agit-il de l'Europe politique, de l'Europe sociale, de l'Europe religieuse ? ou bien s'agit-il de l'Europe géographique, et où s'arrête t-elle ? de l'Atlantique à l'Oural ? Serait-ce alors le découpage des plaques tectoniques qui déterminerait l'espace culturel, social, religieux, organisationnel ? Et de quelle ville parlons-nous ?

Centre et centralité, dimension et densité

En 1992, le chercheur polonais Krzysztof PAWLOWSKI (2002) annonçait trouver l'origine et l'identité de « la ville européenne » dans les villes languedociennes de l'An Mille sur plan circulaire. On retrouve en effet dans toute l'Europe de très nombreuses villes médiévales circulaires, de l'Espagne à l'Allemagne. Cette thèse, largement contestée par nombre d'historiens (Dominique BAUDREU 2002) qui n'y voient que « fiction historique », pourrait faire craindre l'installation d'un mythe tant les maires concernés s'en sont emparés comme argument touristique.

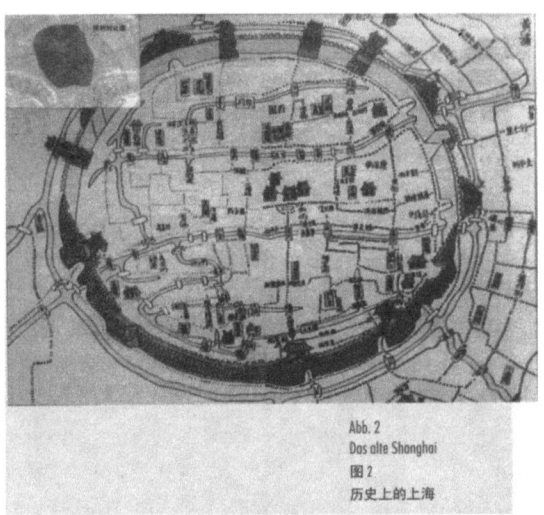

Le centre historique de Shangai,
In Hassenpflug 2004 p. 105

Rappelons en effet que ce n'est pas sur la morphologie générale des villes, mais sur l'agencement spécifique de rues, places, fontaines et bâtiments publics que se fondait le travail de Camillo SITTE qui en dégageait sa théorie urbaine.

Les villes circulaires ne sont pas spécifiquement européennes. On n'a pas attendu les villages du Languedoc pour créer des villes circulaires dont les premiers établissements sont attestés par des ruines ou des fondations. La ville de Warka (4000 av. J.C), dénommée autrefois Uruk (Erech en hébreu), située en Syrie, présente une forme presque circulaire avec un mur d'enceinte de près de neuf kilomètres de longueur. Certaines sont encore habitées comme Erbil (ou Arbil ou Arbela) en Irak, fondée 22 siècles avant J.C. sur un schéma circulaire. Le centre historique de Shanghaï (dans les représentations anciennes au moins), est également inséré dans cette forme circulaire cernée de remparts et de portes fortifiées.

La circularité de la ville trouve sa raison dans l'efficacité du rapport du périmètre à l'aire, un rapport favorable au cercle par rapport au carré : à superficie égale, le périmètre du quadrilatère est plus long que la circonférence (dans le rapport $2/\sqrt{\pi}$, soit 1,13). L'enceinte circulaire induit ainsi une double économie, à la fois d'investissement et de maintenance, en même temps qu'une surveillance plus aisée. Toutes les civilisations en ont fait la découverte pragmatique et il a fallu attendre Vauban pour que des considérations de nouvelle tactique militaire fassent évoluer la forme et la modénature des fortifications.

Ackerbürgerstadt, d'après http://nieheim.active-city.net/

Ce n'est définitivement pas dans la morphologie du centre de la ville que nous trouverons une spécificité européenne.

Dans cette fiévreuse recherche d'un type européen pour la ville, il semble que chacun s'efforce de constituer « scientifiquement » un paradigme de la ville européenne en fonction de son approche professionnelle, culturelle, voire idéologique.

Alain BERTAUD (2000), urbaniste officiant au titre de *Principal Urban Planner* pour la Banque Mondiale, établit une classification selon le critère de la « liberté des marchés ». Il distingue trois types morphologiques de villes européennes en fonction d'un « bon indicateur, le profil des densités » :

- celles qui ont toujours fonctionné dans la liberté des marchés (telles que Londres, Paris, Barcelone, Marseille),
- celles qui en ont été privées pendant 40 ans (Varsovie, Cracovie, Budapest, Sofia),
- celles qui en furent exclues pendant 70 ans (Moscou, Saint-Petersbourg, Yerevan).

Son indicateur mesure la densité d'habitants en fonction de la distance au centre-ville et ses graphiques tentent de montrer que dans les villes « socialistes », la densité est faible au centre et forte en périphérie, alors que c'est l'inverse dans les villes « libres ». Si cette disposition est effectivement celle de Moscou, c'est moins net à Saint-Petersbourg et Yerevan, et ce n'est pas le cas à Varsovie, Budapest ou Sofia.

Cet indicateur, qui, selon BERTAUD (1995), montre le « gradient pervers »[124] de la ville socialiste, et attribué aux méfaits de l'encadrement étatique du marché immobilier, pourrait bien être plutôt dû aux méfaits de la Charte d'Athènes et analysé à l'aune de Brasilia, Chandigahr, de La Courneuve ou des quartiers nord de Marseille.

Nous pourrions pourtant appeler « perverse » une disposition, certes habituelle dans nos villes du « libre marché », selon laquelle le centre de la ville est engorgé, embouteillé et pollué par les véhicules de ceux qui doivent s'y rendre pour travailler, où le coût du foncier et de l'immobilier est prohibitif pour la majorité des familles, où l'habitat est soit vétuste soit élitiste, pendant que les périphéries sont dénuées d'emplois, d'équipements et de services.

On notera en outre que le calcul de densité de BERTAUD exclut toutes les surfaces non bâties de plus de quatre hectares. Ce calcul élimine donc radicalement les larges et nombreux espaces non bâtis qui font la spécificité de la perception urbaine de Berlin[125], de Varsovie, ou du tout nouveau quartier de Karow-Nord (KOHLER, 2000), dans la périphérie nord-est de Berlin.

Qu'elle prenne en compte les espaces libres ou non, la densité résidentielle ne dit rien de la densité réellement vécue par les habitants et ceux qui viennent travailler en ville.

Que dire de la densité du quartier d'affaires (CBD) de Paris - La Défense qui avec 1,6 km² n'abrite que 20 000 habitants (soit 125 habitants/hectare), mais offre 150 000 postes de travail ? Faut-il tenir compte des Bois de Boulogne et Bois de Vincennes (absolument hors-la-ville) pour exprimer la densité résidentielle de Paris (202 hbs./ha) ou décider de les en exclure, ce qui fait grimper la densité à 245 hbs./ha et s'approche bien plus près de la réalité

---

[124] *« Its central feature is a perverse population density gradient which rises as one moves away from the center of the city. »*

[125] Le Parisien, habitué à l'espace minéral de sa ville, éprouve parfois quelques difficultés à saisir le caractère urbain de Berlin où 38 % de la superficie de la ville ne sont pas bâtis (bois et forêts 18 %, lacs et rivières 9 %, aires de sport et récréation 11 %).

vécue ? Comment ajouter les 1 600 000 postes de travail aux 2 125 000 habitants de la capitale ?

Paris (ville) non compris bois boulogne et vincennes	Paris (ville)	Paris + petite couronne	Berlin
87 Km^2	105 Km^2	760 Km^2	890 Km^2
2 125 000 Hbs.	2 125 000 Hbs.	6 164 250 Hbs.	3 387 000 Hbs.
245 Hbs./ ha	202 Hbs./ ha	81 Hbs./ ha	38 Hbs./ ha

La densité de Paris est encore bien plus forte que celle du « französisches Viertel », nouveau quartier de Tübingen (150 habitants/hectare, 6 500 habitants et 2 000 postes de travail) qui fait figure de modèle actuel de « ville compacte ». Au-delà, comment oublier que Paris n'existe pas sans sa petite couronne, sa grande couronne, et plus largement son aire urbaine ?

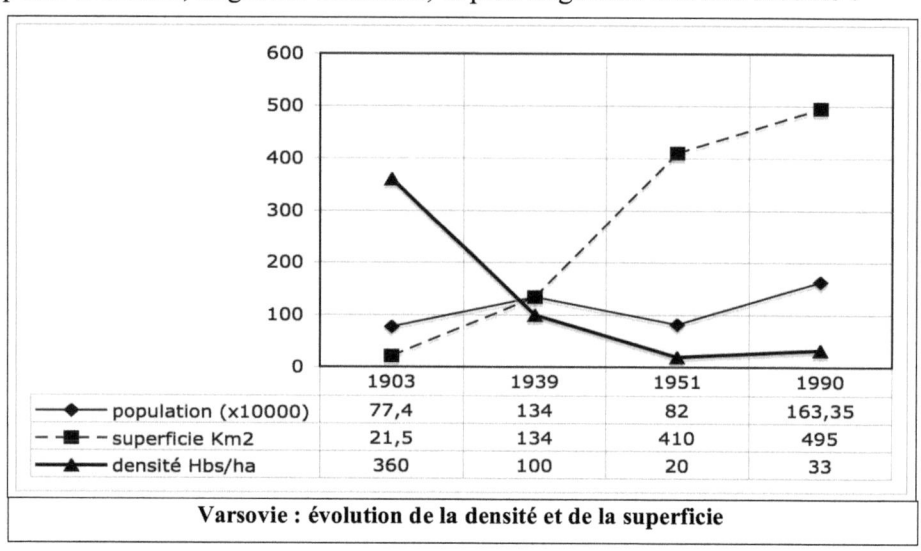

Varsovie : évolution de la densité et de la superficie

La densité est décidément un ratio très pratique, mais c'est surtout un ratio très accommodant : pour le modifier il suffit de changer l'emprise géographique de la zone considérée.

Le cas de Varsovie est particulièrement éclairant sur les capacités de manipulation offertes par ce ratio. Les limites administratives de la ville ont été régulièrement élargies[126] : de 1916 à 1939, on a procédé à sept agrandissements de la ville par l'incorporation des banlieues, puis après la

---

[126] Cf. ci-dessous § «Tendances actuelles en démographie et migrations » (p. 112 et suiv.).

2 • LES TIC DANS LE REEL

guerre, trois agrandissements de 1945 à 1951 ont ramené la densité à 20 habitants/hectare (afin d'ajuster la densité conformément aux normes imposées par la politique de l'urbanisme). En 1990, dans la restructuration du pays, un nouvel agrandissement était décidé.

Nous avons déjà abordé cette question de la densité d'habitants dont les chiffres doivent être utilisés avec la plus grande prudence (FAYETON 2000), ces chiffres ne donnant qu'une indication partielle (partiale) de la phénoménologie urbaine. Ils ne sont utiles qu'à l'échelle macro (région).

Les travaux de BERTAUD (2000) montrent en revanche que dans l'aire métropolitaine de Varsovie, et dès la libéralisation des prix (à partir de 1990), alors que la densité restait stable, les prix de l'immobilier[127] se sont adaptés à la demande de centralité, c'est-à-dire à la hausse. Car c'est effectivement au centre des villes que l'on trouve un niveau d'urbanité (d'aménités urbaines) satisfaisant et attractif.

A l'opposé de la thèse de BERTAUD, le rapport URBS-PANDENS (GUTRY-KORYCKA Malgorzata, 2003) observe depuis 1990 à Varsovie - c'est-à-dire depuis l'irruption du marché libre - une diminution de la population du centre ville (*city core*) et une augmentation significative des zones périphériques. Alors, dira BERTAUD, que fait le marché ? Nous lui répondrons que le libre marché à Varsovie joue le même rôle, produit les mêmes effets qu'à Paris, et chasse les moins favorisés vers les périphéries.

Il n'est pas inutile ici de se rapprocher des chiffres de l'URBAN AUDIT[128] 2001. On y lit que le revenu médian des foyers (*Median disposable annual household income*) habitant dans Paris et Petite couronne est de 68 517 euros pour 19 155 euros à Paris et 17 142 euros pour l'ensemble de l'agglomération (LUZ). Peut-on constater dans cette efficace centrifugation l'un des bienfaits du libre marché ?

Différentes par leurs densités allant de 16 à 200 habitants/hectare, (valeur moyenne 57 et valeur médiane 40) les villes principales d'Europe ont des nombres d'habitants peu comparables : de 133 000 habitants pour Bruxelles à 3 373 000 habitants pour Berlin. Et que dire si l'on observe Paris et ses couronnes ou le grand Londres ?

Les villes diffèrent aussi par leur étendue administrative à l'intérieur de leur aire urbaine : certaines villes emplissent totalement leur aire urbaine (Prague 100 % ou Berlin 90 %) alors que d'autres ne sont qu'un centre (Bruxelles ne

---

[127] Cf. ci-dessous § «Le marché du logement » (p. 134 et suiv.).
[128] www.urbanaudit.org.

représente que 3 % de son aire urbaine, Manchester 10 % et Paris 20 %). Le graphe ci-dessus montre une répartition diffuse des villes d'Europe selon ce critère sans que l'on puisse distinguer une valeur dominante.

Il n'y a pas non plus de relation entre la dimension de la ville-centre et sa densité : les villes, petites ou grandes, présentent des densités fortes ou faibles sans qu'une identité commune (européenne) soit décelable.

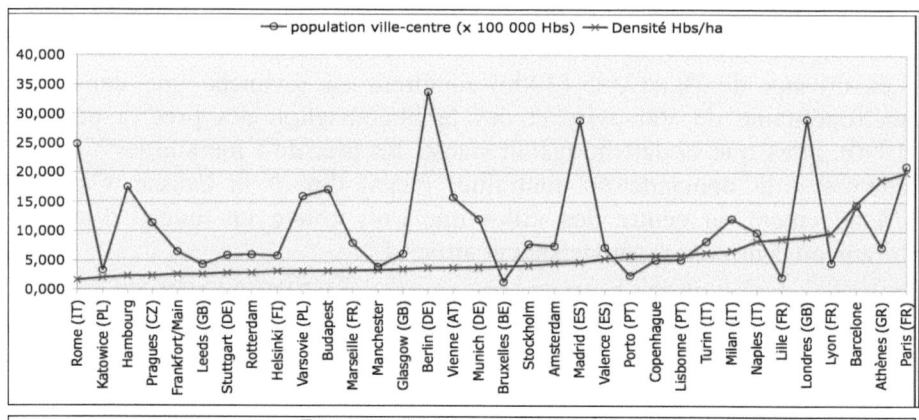

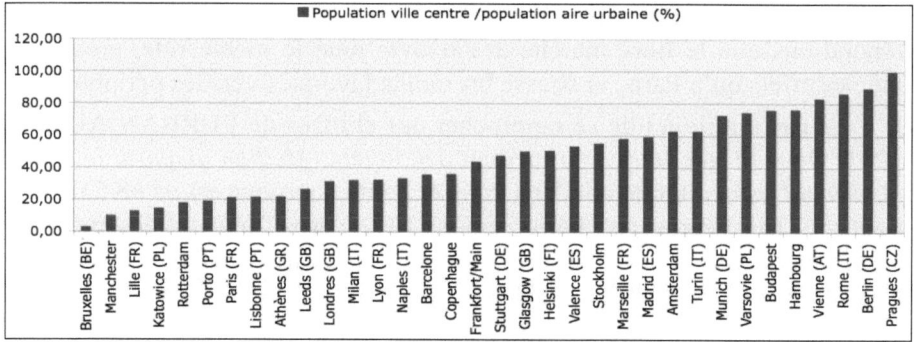

Proportion% population de la ville centre / population aire urbaine source Urban Audit 2001

Villes de l'ouest ou du centre de l'Europe (Paris vs Budapest), villes du « libre-marché » ou villes du Gosplan (Bruxelles vs Prague), villes de la Baltique ou villes de la Méditerranée (Porto vs Hambourg), un tel écart des données entre ces critères ne permet pas une caractérisation de la ville européenne, sauf à dire que cette totale diversité est justement une caractéristique européenne.

La ville comme pompe aspirante refoulante

L'organisation du territoire en quelques métropoles et communautés d'agglomérations suzeraines et concurrentes ne semble pas faire preuve de son efficacité en termes d'urbanité partagée, ni à l'intérieur desdites communautés, ni entre ces communautés.

On observe que les grandes villes qui se développent le font, dans la majorité des cas, selon deux processus distincts mais conjoints :

- La métropole asphyxie les villes de la région au détriment des petites villes préalablement existantes alentour, absorbant leurs ressources financières et humaines, pour les transformer en satellites dédiés à la seule fonction résidentielle et par là même vassalisés.
- La ville-centre, dans sa communauté d'agglomérations, se vide par le centre et favorise ainsi le développement de zones résidentielles dans les structures urbaines périphériques existantes.

L'étouffement par le centre

Le cas de Montpellier est exemplaire d'une croissance asphyxiante. La ville a plus que doublé en 40 ans : en 2004, elle atteint 244 100 habitants et l'agglomération montpelliéraine regroupe 391 162 habitants. Provoquée par l'arrivée massive des rapatriés d'Algérie, la croissance de la ville a été brutale et violente : + 36 % entre 1962 et 1968, puis + 18 % entre 1968 et 1975. D'abord subie (en 1962-1980) puis volontaire, l'expansion de l'aire montpelliéraine a aspiré tous les investissements, les activités et les ressources de la région au détriment de structures urbaines existantes. Une fois la densification de son foncier épuisée, Montpellier s'est développée dans un nouveau rôle de ville pilote de district puis de communauté d'agglomérations en s'étendant sur les

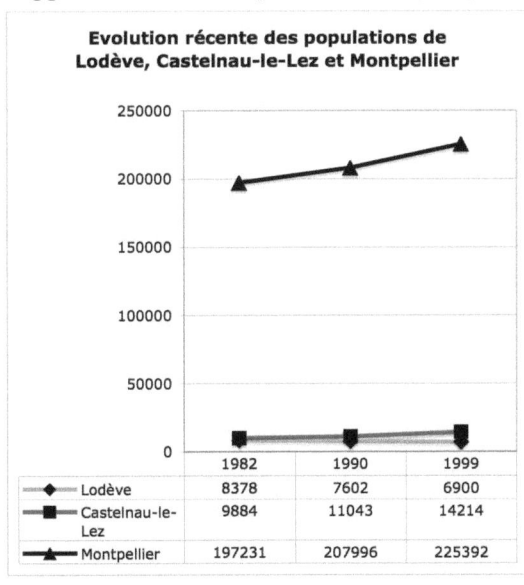

communes limitrophes devenues des banlieues résidentielles. C'est ainsi que de 1990 à 1999 Castelnau-le-Lez a vu son taux de croissance bondir à + 28,72 % et Saint-Jean-de-Védas à + 49,46 %.

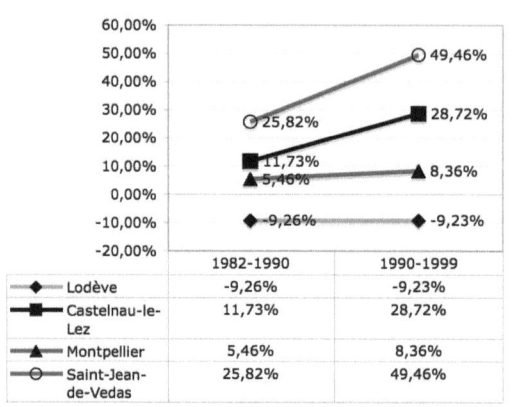

La petite ville de Lodève, sous-préfecture de l'Hérault située à 50 kilomètres de Montpellier, s'est développée régulièrement jusqu'en 1980. A partir de cette date, sa population n'a cessé de décroître à raison de plus de 1 % par an avec pour résultat moins d'actifs, moins d'enfants scolarisés, moins d'entreprises, moins de services et de commerces : un dépérissement général de la commune.

	Population active de Lodève ayant un emploi (source INSEE recensement 1999)		
	Evolution de 1982 à 1990	Evolution de 1990 à 1999	Solde 1999
Ensemble	-15,60 %	-16,00 %	1 936
Hommes	-22,30 %	-22,60 %	1 086
Femmes	-2,70 %	-5,70 %	850

L'affaiblissement de la commune s'est traduit par une diminution de la population et un taux de chômage (25,2 % en 1999) double de la moyenne nationale. La courbe semble s'inverser faiblement en 2004 avec le développement du tourisme et du marché des résidences secondaires à Lodève et tout le « Territoire Cœur d'Hérault »[129], une activité fragile de résidences secondaires qui dépend alors du pouvoir d'achat des populations de la métropole. Cette activité présente un aspect socialement destructeur car la hausse de l'immobilier et du foncier interdit aux jeunes adultes des populations locales de s'installer.

---

[129] www.maisondesentreprises.fr/IMG/pdf/DiagnosticTerritorial200601.pdf.

L'étouffement de l'hyper-centre

Nous appelons généralement « centre ville » le quartier qui fut à l'origine de la ville, ou qui est considéré comme tel. Il est aussi nommé cœur de ville, ou centre historique.

Dans certaines villes européennes détruites lors de la seconde guerre mondiale, le centre « historique » a pu être reconstruit de toutes pièces (le quartier de la Nikolaikirche à Berlin, ou la « vieille ville » de Varsovie reconstruite à l'identique d'après photos et peintures), et ces quartiers, réservés à une activité strictement touristique, ne sont pas considérés comme les centres des villes d'aujourd'hui.

Dans les villes qui n'ont pas trop souffert, le dépérissement des centres-villes est un problème déjà ancien et fréquent, ainsi à Toulon :

> « En début d'année, Falco[130] donnait les chiffres de la désaffection du centre : 24 % de locaux commerciaux laissés en jachère. On pourrait ajouter que beaucoup d'appartements gardent leurs volets fermés - sans parler des immeubles en voie de requalification. »[131]

Avignon, avec 90 000 habitants (44 000 logements dont 4 900 sont vacants, soit 11 %), est le pôle principal d'une agglomération de presque 200 000 habitants constituée de petites villes et de villages. La population de la ville d'Avignon, assez régulièrement décroissante depuis 1975, retrouve depuis 1999 une faible croissance, portée par le mouvement général d'accroissement de la population dans le sud de la France[132]. La croissance se fait essentiellement dans les petites villes de l'aire urbaine réelle (Monteux, Villeneuve-les-Avignon, Chateaurenard, Rognonas), indépendamment de la définition politico-administrative de la communauté d'agglomération.

Le commerce traditionnel de centre-ville, peu à peu remplacé par des commerces franchisés, est en constante diminution, concurrencé par l'offre diversifiée des centres commerciaux de la périphérie.

---

[130] Hubert FALCO, sénateur-maire de Toulon, président de TPM (communauté d'agglomération Toulon-Provence-Méditerranée).
[131] Pierre ROBERT, 18/5/2006 in http://www.cuverville.org/article43238.html.
[132] Selon l'INSEE, 87 % des communes de l'Arc Rhône Méditerranée ont gagné des habitants depuis 1999.

2 • LES TIC DANS LE REEL

Dans le centre historique de la ville entouré de ses remparts, fièrement nommé « hyper-centre », 20 000 personnes occupent environ 8 000 logements[133].

Mais 2 200 autres logements du centre-ville sont inoccupés[134], en majorité insalubres, et difficilement transformables en logements décents en raison des dispositions architecturales (profondeur des logements, étroitesse extrême des rues, etc.).[135]

Dans sa banlieue toute proche de Villeneuve-les-Avignon, en revanche, 5,8 % des 5 400 logements sont vacants, mais seulement 24 % des habitants y travaillent : les emplois sont à Avignon.

La ville d'Avignon est le territoire qui polarise la majorité des emplois de la Communauté d'agglomération du Grand Avignon (anciennement COGA), entraînant une débauche de transports individuels en raison de la faiblesse du réseau de transports en commun. Le Grand Avignon pourra toujours se fendre d'un Plan de Déplacements Urbains (PDU), tant que la volonté d'une redistribution spatiale des emplois et des activités sur l'ensemble de l'aire urbaine ne sera pas posée, aucune amélioration ne sera envisageable.

	croissance 1990-1992	croissance 1999-1990	population 1999	taux d'emploi des résidents dans la commune
Monteux	+ 8,41 %	+ 17,25 %	9 564	37 %
Chateaurenard	+ 6,48 %	+ 10,25 %	12 999	49 %
Villeneuve-les-Avignon	+15,60 %	+ 9,89 %	11 791	24 %
Avignon	-2,5 %	-1,1 %	85 935	73 %
Rognonas	*+ 6,40 %*	*+ 6,55 %*	*3 578*	*26 %*

Le développement de Rognonas (qui fait partie de la Communauté de Communes Rhône-Alpilles), à la porte sud d'Avignon, mais hors la Communauté d'agglomération du Grand Avignon, pose la question de la

---

[133] Pour les logements de 1 et 2 pièces, les prix (hors marché du luxe) proposés à la vente en janvier 2006 (selon immostreet.com) s'établissent en centre-ville (intra-muros) entre 2 000 et 4 000 euros /m^2.
[134] Selon l'étude menée en 2001 par l'agence Urbanis.
[135] Le promoteur public de la réhabilitation des quartiers du Panier et de Belsunce à Marseille pouvait ainsi expliquer sans s'émouvoir (à des architectes visitant l'opération le jeudi 11 décembre 1997), que cette réhabilitation n'était devenue possible qu'en déplaçant, transmutant, son « produit » : les logements vétustes sont transformés en « produits financiers » grâce à la loi Périssol et autres aides et avantages. La question sociale ne fut pas évoquée.

pertinence de la définition géographique de la communauté d'agglomération et des communautés de communes qui sont comprises dans le bassin de vie de la ville centre.

Habitat urbain

Les villes d'Europe présentent des logements plus ou moins grands, leurs habitants en sont propriétaires ou locataires, et ces logements, confortables ou vétustes, sont dits libres ou sociaux. Autant de catégories qui ne produisent pas une identité spécifiquement européenne tant il y a de différences. La catégorisation de BERTAUD (pays socialistes ou du « marché libre ») n'est pas pertinente sauf pour le prix et la surface des logements, et dans une certaine mesure, pour ce qui concerne les logements sociaux (ces logements « protégés » de la loi du marché libre étaient évidemment inutiles dans les pays où le marché immobilier était étroitement encadré).

Selon l'étude UrbanAudit 2001 (et pour les capitales dont les chiffres sont renseignés), on observe une grande disparité dans les dimensions des logements (de 13,2 m^2 par personne à Riga contre 44 m^2 à Copenhague) et les prix de vente moyens (allant de 335 euros/m^2 à Riga à 2 600 euros/m^2 à Paris).

Quel est donc le prix d'un appartement pour 4 personnes (selon les moyennes de surface de la ville) ou encore quel est le prix d'un appartement de 70 m^2 dans chaque ville ?

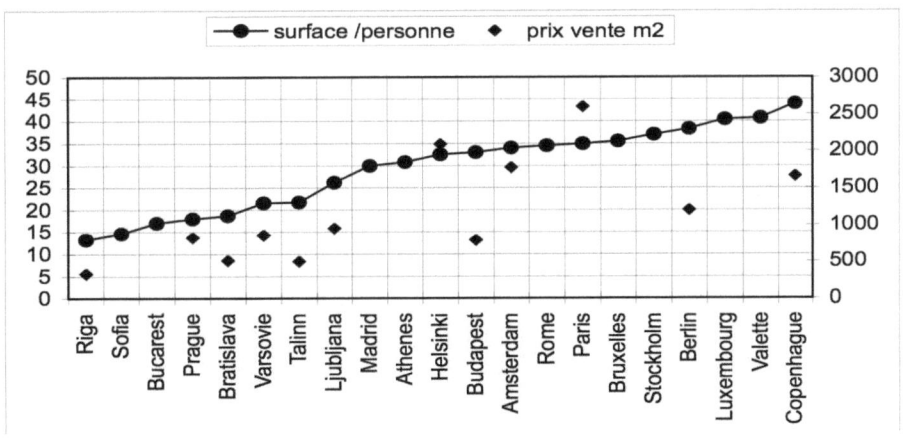

source Urban Audit 2001

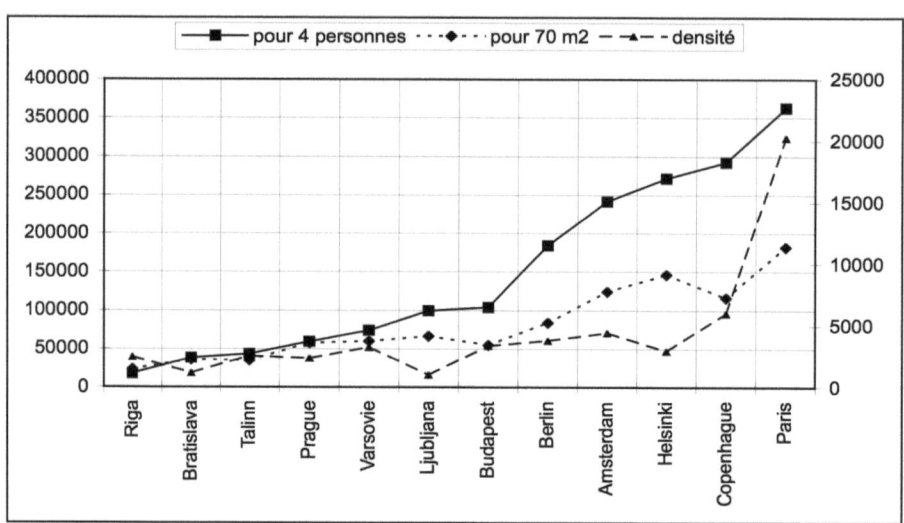

Le tableau ci-dessus montre clairement d'une part, que la libre concurrence dans le marché immobilier n'aboutit pas à une réduction des prix des logements et, d'autre part, que la densité n'influe pas sur les prix[136].

Privé (propriétaires) vs Public (locataires)

La proportion de foyers propriétaires de leur logement est très variable dans les villes européennes :

Pourcentage de foyers propriétaires de leur logement dans les capitales (source Urban Audit 2001)		
10 à 20 %	± 50 %	80 à 90 %
Berlin, Warszawa Kopenhage, Bratislava Paris	Athenes Riga	Madrid, Ljubljana Vilnius, Budapest Bucarest

A Berlin, seulement 10 % des ménages possèdent le logement qu'ils occupent alors qu'à Bucarest ils sont 90 %. Plus largement, on retiendra que dans les villes de Berlin, Warsaw, Kopenhagen, Bratislava et Paris, ce sont entre 10 % et 20 % des ménages qui possèdent leur logement, environ 50 %, à Athènes et Riga, et que ce taux atteint 80 à 90 % dans les villes de Madrid, Ljubljana, Vilnius, Budapest et Bucarest.

---

[136] Nota : pour Paris le chiffre de densité ne tient pas compte de ses couronnes.

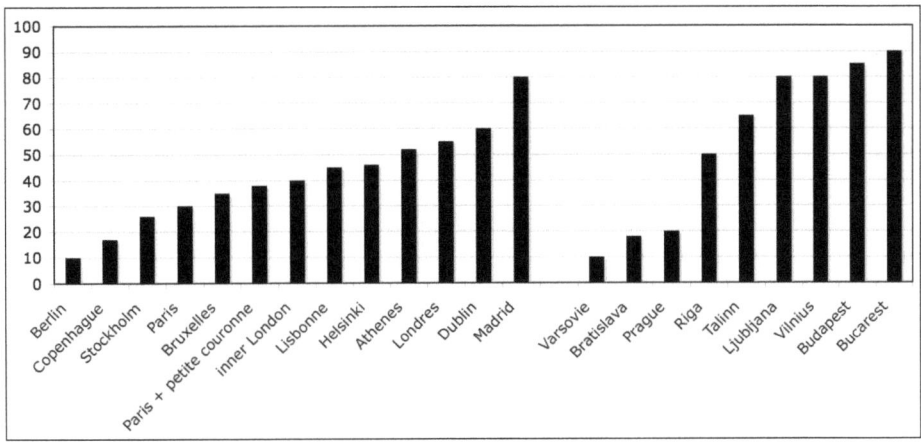

Proportion% de foyers propriétaires de leur logement
dans les capitales des pays "libres" et des pays "post-socialistes"
source Urban Audit 2001

Si les amplitudes (de 10 % à 80 %) sont identiques, la proportion de foyers propriétaires de leur logement est légèrement plus forte dans les pays post-socialistes que dans les pays de l'Ouest : là encore, pas de caractère uniforme spécifiquement « européen ».

Le logement social

Tenter de définir ce que sont les logements sociaux en Europe est actuellement mission impossible. Ils sont partout différents[137] et sur tous les plans : modalités légales d'attribution, conditions d'habitat, conditions socio-économiques, ou remplacement (complément) par une allocation-logement.

Rien qu'en France, on ne peut en effet comparer les logements de la Cité des 4000 à ceux de La Courneuve, ceux du 20e arrondissement de Paris aux maisons de Cabrières d'Avignon avec leur jardin et leur vue imprenable sur le Luberon, ni avec les logements sociaux du 5e arrondissement où sont fréquemment logées des personnalités associées au petit monde politique[138].

Les réglementations successives qui ont régi la construction des logements sociaux (en France comme ailleurs) ont produit des différences considérables concernant l'aspect, les surfaces et l'équipement, le nombre de

---

[137] Cf. publication de la DREES, n° 464 de février 2006 : « Un panorama des minima sociaux en Europe ».
[138] On se souvient des remous provoqués dans les années 80 par les révélations faites par des journalistes à propos de ces pratiques de la mairie de Paris.

logements par groupes (ou cités), les prix et la composition socio-économique des résidents.

En affichant la proportion de ménages vivant en logements sociaux, un autre brassage entre villes du « libre marché » et villes « exclues du libre marché » s'affirme encore, sous une répartition à nouveau différente : il y a trois fois plus de logements sociaux à Paris (et petite couronne) qu'à Budapest. Encore un critère qui vient contredire le critère de BERTAUD et ne permet plus la même catégorisation.

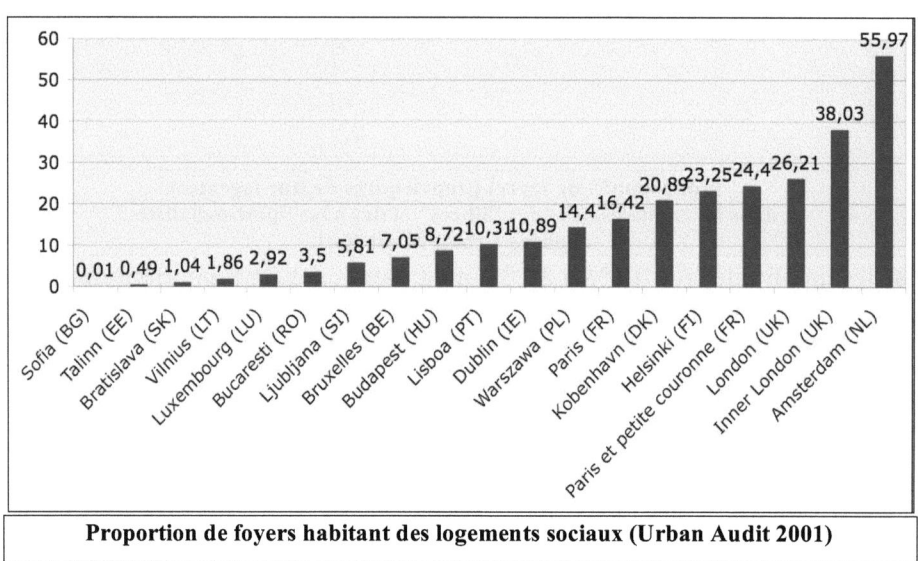

Proportion de foyers habitant des logements sociaux (Urban Audit 2001)

Quartiers, « Parias urbains », sans-logement
Mon quartier : choisi ou imposé ?

Les quartiers sont aujourd'hui souvent des lieux de ségrégation, selon l'origine (à Paris, les Asiatiques autour de la place d'Italie, les Africains autour de la gare du Nord, les Maghrébins à Barbès), et selon les revenus (le prix des appartements à plus de 10 000 euros/m² dans les « beaux quartiers » est un critère impitoyable[139]).

---

[139] Cf le récent ouvrage de Michel PINÇON et Monique PINÇON-CHARLOT (2007) : *les ghettos du Gotha*, Paris Le Seuil.

2 • LES TIC DANS LE REEL

Les quartiers pauvres produisent un communautarisme de l'exclusion[140] (DONZELOT 2003) qui explique partiellement les émeutes de novembre 2005. Partiellement, parce que les banlieues Nord et Est de Paris se sont enflammées en novembre 2005 alors que, dans le même temps, des quartiers analogues, comme le quartier Rosenthal dans la périphérie nord de Berlin et tant d'autres, ne bougeaient pas.

Clichy-sous-Bois, à 15 kilomètres de la limite administrative de la ville de Paris est l'une des villes les plus pauvres de France. Cette ville de 28 000 habitants dont 38 % ont moins de 20 ans, n'a ni poste de police, ni piscine, ni cinéma, ni train de banlieue, ni métro. Et le bus est bien rare.

Clichy-sous-Bois n'est pas seule dans son malheur. De nombreuses villes de la banlieue parisienne lui ressemblent. La Courneuve, à 6 kilomètres de Paris, et dont 40 % des 35 000 habitants habitent dans la fameuse Cité des 4000, concentre tous les problèmes. Le taux de chômage atteint ici 37 %, contre 20 % en moyenne dans les « zones urbaines sensibles ».

Certaines entreprises refusent d'embaucher des habitants de ces quartiers de « mauvaise réputation » (BARBERIS 1997) ou même refusent leurs chèques : le journal télévisé de France 2 du jeudi 21 décembre 2006 à 13 heures rapportait que les caissières de l'Intermarché d'Aulnay-sous-Bois refusent les chèques mentionnant l'adresse de Clichy-sous-Bois. Une association de consommateurs a décidé de porter l'affaire devant les tribunaux au motif de discrimination.

La langue de bois politico-administrative préfère nommer « quartiers sensibles » ces quartiers. Mais il s'agit bien plutôt de ghettos dans la mesure où d'une part, on ne fait pas le choix d'y habiter, et d'où on ne peut pas partir. On y est assigné à résidence (COTTA 2006).

C'est ce que le sociologue Ulrich BECK, reprenant le mot de Zygmunt BAUMANN, stigmatise par :

> « Riches globalisés qui maîtrisent l'espace et n'ont pas de temps » [et] « pauvres localisés, qui sont attachés au lieu et doivent tuer le temps dont ils ne peuvent rien faire ».[141]

---

[140] « Le concept de « quartier » fonctionnant autant comme solution que comme problème »
[141] *« Das Neue in der globalen Ära ist, dass der Nexus zwischen Armut und Reichtum verloren geht und zwar [...] aufgrund der Globalisierung. Denn diese spaltet die Weltbevölkerung auf die globalisierte Reiche, die den Raum überwinden und keine Zeit haben, und lokalisierte Arme, die an den Raum gefesselt sind und Ihre Zeit, mit der sie nichts anfangen können, totschlagen müssen."*

Cette ségrégation s'accommode de tous les climats et sociétés : depuis l'abolition de l'apartheid, la proportion des pauvres de Capetown est passée de 30 % à 50 % de la population. Le seul changement est que les noirs aisés peuvent désormais habiter avec les blancs dans leurs *gated communities* et envoyer leurs enfants dans les mêmes écoles privées[142].

La segmentation par communautés permet les approches faciles. C'est ainsi que le 18 novembre 2006, un journal télévisé présentait les actions d'intégration menées par l'université d'Amiens à l'égard des étudiants étrangers. Le présentateur signalait que cet effort particulier a un coût - ce qui est logique - et que l'on estime que l'étudiant étranger coûte 1 000 euros de plus que l'étudiant français. Cette curieuse présentation pourrait être étendue à la Sécurité Sociale (le malade ne coûte t-il pas plus que le bien-portant ?) ou à la caisse de retraite (le retraité ne coûte t-il pas plus que celui qui travaille ?). C'est là une présentation destructrice du service public.

L'exode urbain

C'est dans la forme du Modernisme que les villes se sont étalées dans les années 60 en raison de la forte demande de logements.

Dans les années 70, la demande avait changé et s'est formalisée dans les maisons individuelles porteuses à la fois d'une autre symbolique (patrimoine, représentation du statut social, individualisme), et d'une valeur plus concrète fondée sur la hausse prohibitive des prix en ville et la spéculation foncière ambiante.

Les appartements neufs à Paris (2006) se vendent entre 5 000 et 12 000 euros/m^2 (sans tenir compte du marché du luxe). Ces prix expliquent pourquoi les appartements y sont petits (relativement à ce qui se passe en province et à l'étranger) et provoquent l'exode des familles avec enfants vers les banlieues et les régions.

Nombreux sont ceux qui, maintenant, se sont installés à Orléans (130 kilomètres de Paris) ou Tours (240 kilomètres de Paris) et préfèrent voyager quotidiennement deux à trois heures assis dans le TGV plutôt que debout dans les métros, les RER et les bus.

---

[142] Est-ce vraiment une amélioration de la société ?

Parias urbains

Ces ségrégations et ces exodes sont les effets d'une concurrence libre et non faussée[143] en matière de foncier et de logement devant une absence de volonté politique d'aménagement des territoires.

S'il n'y a pas un modèle européen d'habitat urbain, pas un modèle libéral *vs* un modèle socialiste, pas de typologie européenne de l'habitat social, il n'y a pas non plus un modèle européen pour la relégation urbaine : l'échelle s'étend du mal-logement au bidonville, de l'hébergement chez des amis au surpeuplement, du foyer d'accueil aux campings, des quartiers vétustes aux SDF, tout cela en fonction de définitions et dispositions nationales ou régionales pour gérer la pauvreté ou la misère, voire les ignorer.

Les 150 000 habitants des *Barracas* entre Lisbonne et Porto sont-ils plus ou moins bien lotis que les milliers de Roms de Radneva en Bulgarie, ou les 4 000 locataires du quartier Kölnberg[144] à la périphérie sud de Cologne ?

Le terme de « parias urbains » fait référence à l'ouvrage de Loïc WACQUANT (2006) qui défend la thèse d'une différence profonde entre ghettos états-uniens et « quartiers sensibles »[145] européens :

> « Bien qu'elle soit alimentée par des forces structurelles communes, la relégation urbaine obéit à des dynamiques sociales et spatiales différentes sur les deux continents, correspondant chacune à des configurations étatiques, des modes d'incorporation civique et des héritages urbains distincts dans le Vieux et le Nouveau Monde. »

Le tableau ci-dessous (rapport Urban Audit 2001) montre l'éventail de la proportion des sans-domicile-fixe (SDF) par rapport à l'ensemble de la population dans les villes de l'Union européenne (pour celles qui ont bien voulu donner leurs chiffres).

On s'étonne du nombre important de SDF indiqué pour la ville de Luxembourg qui devrait être explicité. On s'étonne surtout de ne pas trouver les chiffres pour les autres villes normalement interrogées par l'audit (Paris, Londres, Berlin, etc.). C'est que, comme le montre l'étude de Cécile BROUSSE (2004), recenser les sans-logement, ou les sans-domicile-fixe est évidemment un exercice statistique difficile qui nécessiterait une définition claire des critères et des méthodes. Un *homeless* britannique n'est pas exactement un *Obdachlos* allemand ou un SDF français (la définition dépend

---

[143] Expression fameuse depuis le projet de traité constitutionnel pour l'Europe, article 1-1-3.
[144] TAZ Köln du 27.8.2004
[145] Que, cette fois sans euphémisme, les Allemands nomment *Problemquartier*.

des conditions nationales de prise en charge de la misère), et si l'on peut généralement survivre en dormant dans la rue à Paris, le climat de Stockholm ou Varsovie ne le permet pas.

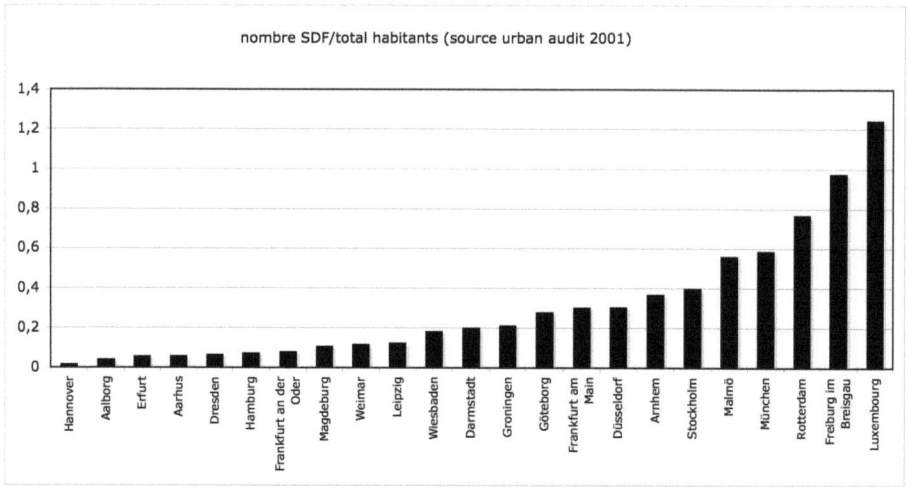

Le gouvernement allemand préfère ne pas compter ses SDF, et il faut donc se baser sur des estimations non gouvernementales qui annoncent globalement 860 000 SDF en Allemagne. Seul le Land de Rhénanie du Nord-Westphalie en publie chaque année le décompte : dans ce Land, pour une population en 2005 de 18 millions (en faible décroissance de - 0,1 %), on annonce officiellement 16 900 SDF (en décroissance de - 8,9 %). On n'oubliera pas que ce chiffre est contesté par les organisations humanitaires qui mettent en cause les nouvelles dispositions de la loi Hartz IV.

Personnes non ou très mal logées Source : INSEE 2001, cité par Fondation Abbé Pierre	
Sans-domicile-fixe	86 500
Personnes privées de domicile personnel	934 000
Personnes vivant dans des conditions de logement très difficiles	2 187 000
Nombre total de personnes connaissant une problématique forte de mal-logement	3 207 500

Pour la France, le rapport récemment publié (janvier 2007) par la Fondation Abbé Pierre dénombre 100 000 personnes sans logement ou SDF (chiffre régulièrement réactualisé par la Fondation, depuis l'enquête INSEE de 2001 recensant alors 86 500 SDF), soit 1,6 % de la population française.

L'opération de protestation menée à Paris et quelques grandes villes par « Les Enfants de Don Quichotte » pendant l'hiver 2006-2007 pour que le gouvernement vienne en aide aux SDF a permis de médiatiser ce problème social et humain, notamment aux yeux des journalistes étrangers. Le Herald Tribune Europe notait que, grâce aux services sociaux français, il n'y avait pas plus de SDF dans toute la France que dans la seule ville de Los Angeles :

> « *Given France's well-funded social services, the homeless problem in the country is relatively mild: The French government statistics bureau estimated the number of people living without a fixed address at 86 000 for all of France in 2004, about equal to the number of homeless in Los Angeles alone.* »[146]

Le développement de nos villes d'Europe s'est souvent fait au détriment des plus démunis de leurs habitants, soit qu'on ait laissé se faire des bidonvilles sans répondre à la demande de logements qu'ils exprimaient, soit que l'on ait expulsé les habitants pour en faire un quartier plus chic, ou plus hypocritement, que l'on ait laissé le marché immobilier décider et imposer la ségrégation.

Les villes dans la concurrence globale

Réunis à Berlin en juillet 2000, les experts internationaux de la « conférence mondiale sur l'avenir des villes » URBAN 21 distinguaient trois états d'évolution pour les villes :
- La ville de l'hypercroissance (*Die Stadt des Hyperwachstums*) ;
- La ville à croissance dynamique (*Die dynamisch wachsende Stadt*) ;
- La ville mature (*Die reife Stadt*).

Ces « experts internationaux » ignoraient ainsi délibérément les villes qui se dépeuplent, les « shrinking cities », dont la décroissance (Thomas KNORR-SIEDOW, 2006) n'est ni spécifiquement européenne ni un fait nouveau (Carsten BENKE, 2004). Certaines villes disparaissent : cataclysmes naturels (Pompeï en 79 ap. J.C. ou Saint-Chef-de-Caux[147] en 1370), conflits armés

---

[146] Craig S. SMITH, 02/01/2007, « Middle-class protesters join sleep-in on behalf of French homeless » in International Herald Tribune Europe.
[147] Saint-Chef-de-Caux (près du Havre), anéantie par un tsunami provoqué par un séisme dans la Manche.

(Antioche en 713), catastrophe industrielle (Pripiat[148] en 1986). Nombreuses aussi sont celles qui déclinent parce que la raison économique industrielle qui les avait fait naître ou qui les faisait vivre n'est plus (Loulan[149] au IIIe siècle ap. J.C. ou Fordlandia[150] en 1945).

La récession de nombreuses villes d'Europe est aujourd'hui un processus nouveau dans la mesure où il a été embrayé dans le temps de la globalisation qui a entraîné des délocalisations d'activités.

La Mission Economique[151] de l'ambassade de France à Varsovie indique un vif mouvement d'émigration vers les autres pays de l'UE15 :

> « Il convient de noter toutefois que ce retournement de la situation de l'emploi [la baisse du chômage] se combine depuis un an avec une émigration croissante de main d'œuvre qualifiée vers les pays de l'UE 15 (les chiffres sont invérifiables mais on parle communément de un million, voire 1,5 million de personnes, soit entre 5 et 8 % de la population active polonaise), combinaison dont résultent des pénuries de plus en plus visibles sur le marché du travail polonais et une hausse significative des coûts salariaux : en année glissante, le salaire moyen a ainsi augmenté de 3,9 % en termes réels à fin juillet 2006. »

Cette récession est, dans la plupart des cas, analysée en termes de catastrophe économique et sociale, mais elle pourrait être aussi une chance offerte (HANNEMAN, 2004) pour un redéveloppement respectueux de l'environnement et tendant à plus d'urbanité.

La concurrence entre les villes n'est pas un fait nouveau. Ce qui est nouveau, c'est l'évolution de la problématique vers le marketing. La gestion de la ville s'apparente depuis les années 1980 à la gestion entrepreneuriale : gagner des « parts de marché », diminuer les coûts, acquérir la fameuse « taille critique » :

> « Attirer des investissements publics et privés, d'une part, des groupes favorisés, d'autre part, devient l'objectif principal de nombreuses municipalités. Ce qui débouche sur une concurrence entre les villes

---

[148] Pripiat, à 3 Km de Tchernobyl, était une ville soviétique modèle. Les 50000 habitants ont été évacués en 30 heures. On ne pourra y revenir qu'en 2886.

[149] Loulan, capitale du Royaume Loulan (Kroraina), était, il y a 2 000 ans, une cité commerciale prospère (14 000 habitants) sur la Route de la Soie. La modification du parcours des caravaniers aurait provoqué le déclin et la disparition de la ville au IIIe siècle après J.C.

[150] Créée de toutes pièces en 1927 au Brésil par Henry Ford pour produire du caoutchouc, et abandonnée en 1945 (rendue célèbre auprès des enfants en 1991 par la parution chez Dargaud du tome 6 des aventures du Marsupilami).

[151] http://www.missioneco.org

> pour faire venir ces ressources rares. Concurrence entre villes d'une même agglomération et entre agglomérations d'un même pays ou de pays différents. On cherche à attirer à l'aide de palais des congrès, d'opérations de tourisme, de technopoles, d'industries high-tech ou d'opérations de bureaux autour d'une gare TGV. On développe des stratégies de marketing urbain et des facilités fiscales pour créer un *good business climate.* »[152]

Les centre-villes se voient dotés d'un « manager de centre-ville » dont les attributions sont équivalentes à celles d'un directeur de centre commercial. La ville, après être devenue un objet économique, devient un acteur offensif, égoïste, éventuellement prédateur aux dépens d'autres sites urbains, ainsi que le dénonce Pierre VELTZ (2006) :

> « Les règles du jeu économique ne contraignent plus à la solidarité. […] l'Europe et les pays développés échappent largement au risque de déconnexion en raison de l'importance de la redistribution. […] Dans les pays pauvres, où les mécanismes de solidarité n'existent pas, les périphéries sont de plus en plus dissociées du centre. On risque de voir se créer aux portes de l'archipel des friches sociales et économiques immenses où régneraient durablement l'anomie et la frustration. Il n'est pas sûr que cet égoïsme soit politiquement soutenable. »[153]

Soutenable ou pas, l'égoïsme local et régional, fait de régionalisme et de globalisation, semble bien être le nouveau mode (la nouvelle mode) de l'aménagement du territoire et la nouvelle Pologne nous en offre un exemple poignant.

---

[152] Francis GODARD, 11/08/2006, in http://www.scienceshumaines.com.
[153] Pierre VELTZ, 12/06/2006 in http://www.scienceshumaines.com.

2.2 La Pologne dans l'Europe libérale

L'observation de la nouvelle vie de la Pologne depuis 1989 est instructive pour la construction européenne car il s'agit du plus grand nouveau pays européen avec 38 millions d'habitants, une capitale de 1,6 million d'habitants et 9 grandes villes. La Pologne offre un cas d'école des effets du basculement d'un ordre intolérable (que les Polonais appellent « le système ») vers un désordre toléré (la concurrence libérale). La rapidité du bouleversement est telle que le pays vit en accéléré le rattrapage du demi-siècle (1939-1989) de la parenthèse allemande puis soviétique. La Pologne ne sait pas encore vraiment ni qui elle est, ni où elle veut aller, et elle s'est laissée happer en 2005 (élections législatives et sénatoriales du 25 septembre et élection présidentielle du 9 octobre) par un populisme d'extrême-droite[154] qui menace réellement le développement de la vie démocratique et qui pèse sur la construction européenne.

Dès 1990, les entreprises européennes et états-uniennes se sont intéressées à la Pologne. En raison des liens historiques et familiaux avec la Pologne, les entreprises françaises ont été les premières et les plus nombreuses à s'implanter dans ce nouveau marché, s'offrant en prime l'ouverture sur l'Est de l'Europe.

Comme l'observe Lise BOURDEAU-LEPAGE (2003), le manque d'infrastructures n'a pas été un obstacle, comparé à l'opportunité d'une main d'œuvre à bas prix :

> « [...] Varsovie est peu attractive [...] Au contraire, elle est attractive surtout par le coût du personnel, le prix et la disponibilité des surfaces de bureau. »

Varsovie « *détruite comme symbole, puis reconstruite comme symbole* » (BRUNET et REY 1996) souffre certainement encore de la valeur symbolique dont elle est chargée auprès des investisseurs étrangers. L'irruption du libéralisme conjointement à l'affaiblissement de l'Etat a produit immédiatement des ravages sociaux sous la forme jusqu'alors inconnue des SDF (MARKOWSKI 1997) :

> « *Another phenomenon "not known" in the socialist system, is the increasing number of homeless people. Their number in 1996 is*

---

[154] A propos du populisme montant en Europe au début du XXI° siècle, Ulrich BECK (2003) précise : « Ce que l'on appelle "populisme de droite" n'est précisément pas un populisme uniquement de droite, mais un populisme "de droite comme de gauche" ».

2 • LES TIC DANS LE REEL

estimated at 2 million persons. They are mainly found in the largest agglomerations.»

Il faut ici néanmoins se souvenir que, dans le bloc de l'Est, les SDF n'étaient pas tolérés car considérés comme « asociaux » et à ce motif emprisonnés. En conséquence, ils n'étaient pas comptabilisés comme SDF[155] et il est donc hasardeux de prétendre qu'il n'y en avait pas avant 1989[156]. Il reste que dans l'instant de l'apparition des SDF à Varsovie - c'est-à-dire lorsqu'ils deviennent réellement visibles - alors naissent également les boutiques de luxe, les « beaux quartiers », les immeubles de bureaux ou de logements équipés des grilles et de caméras vidéo, toutes choses contrôlées par des vigiles aux épaules impressionnantes et aux oreilles munies d'oreillettes reliées par radio à quelque centre de sécurité. Et cela en synchronie avec cette nouvelle habitude des automobilistes de Varsovie de fermer les voitures de l'intérieur pour éviter les *carjackings* qui deviennent aussi à la mode.

Quel est donc le modèle urbain (c'est-à-dire social, culturel) que se donne la Pologne pour le XXIe siècle ? Dans sa typologie de la ville à l'ère de la globalisation, le sociologue Bernd HAMM (2001) distingue 3 types de villes :

- La ville totalement livrée aux forces de la globalisation et du commerce, représentée par la ville nord-américaine,
- La ville qui, sans alternative, violée par la globalisation et le commerce, est soumise à une colonisation de fait : c'est la ville du Tiers-Monde et celle de l'Europe post-socialiste[157],
- La ville (ouest) européenne qui semble avoir une chance d'un développement relativement autonome.

Varsovie rêve officiellement de devenir[158] une métropole européenne à

---

[155] C'est d'une façon analogue que, pour annoncer le taux de chômage, la France ne compte que les seuls chômeurs de catégorie 1, oubliant ainsi la moitié des demandeurs d'emploi. De son côté, le ministère du Travail allemand vient d'avouer (Les Echos, 13/03/08) omettre de prendre en compte plus de 3 millions de chômeurs (près de la moitié du total réel).
[156] Londres est devenue un pôle d'attraction pour les Polonais dans la misère. Tim NICHOLLS, directeur de *Simon Community*, une ONG qui vient en aide aux SDF en leur proposant des logements et des projets de réinsertion, a alerté le gouvernement dès août 2006 sur le nombre croissant de SDF en provenance de Pologne. Il estime que 35 % des personnes qui fréquentent les soupes populaires à Londres sont originaires de ce pays.
[157] L'expression « post-socialiste » (post-sozialistisch) est souvent employée. L'état actuel du fonctionnement néocapitaliste globalisé de la Pologne me ferait préférer le terme « post-soviétique » qui prend la forme d'un « chaopitalisme ».
[158] WARSAW CITY HALL, 2005, Development strategy for the city of Warsaw until 2020.

l'échelle mondiale[159]. Cette volonté a été fortement soutenue par les experts de la Banque Mondiale qui, à partir de 1999, ont lourdement pesé pour infléchir le premier projet gouvernemental d'aménagement régional vers une libéralisation du foncier, provoquant appauvrissement et gentrification du centre-ville, étalement urbain et périphérisation.

C'est toute l'organisation territoriale et urbaine (et donc l'organisation sociale) de la nouvelle Pologne, entièrement libérale, qui est livrée aux ambitions des entreprises, ainsi que le rappelait récemment Wladyslaw ORTYLA, ministre du développement local de Pologne, à la journaliste Anna NAPIORKOWSKI :

> « Lors de notre entretien du 13 juillet 2007, Wladyslaw Ortyla, actuel ministre du développement régional, nous précisait que le gouvernement ne dispose pas du droit d'imposer aux opérateurs une obligation de mettre en place des réseaux ADSL couvrant l'ensemble du territoire. Les normes adoptées par l'UE, reconnaissant la télécommunication fixe comme un service (commun) public, obligent le principal opérateur dans le pays à garantir un accès à la téléphonie fixe pour chaque citoyen. TP.S.A., le plus grand opérateur polonais, a ainsi enregistré un déficit de 140 millions de zlotys en 2006 directement imputable à l'installation de nouvelles lignes dans les zones les moins peuplées du pays.
>
> Internet et la télécommunication mobile ne sont en revanche pas reconnus comme un service (commun) public par l'UE. Les opérateurs ne sont en conséquence pas intéressés par le développement des réseaux Internet en province. »[160]

Le déploiement des TIC, ni dans son principe ni dans sa géographie, ne peut être indépendant du développement global du territoire : il s'y conforme parfaitement. L'objectif des entreprises, nous explique-t-on, est de produire des bénéfices financiers pour les actionnaires. Mais il reste tout de même étrange que l'idée de produire le meilleur pain possible, le meilleur yaourt, le meilleur capteur solaire ou le meilleur ordinateur, reste totalement annexe et n'apparaisse que comme le résultat d'une étude de marché. Imaginerait-on qu'un chirurgien n'opère pas d'abord pour guérir mais pour gagner de l'argent, qu'un architecte ne construise pas dans le seul dessein que les gens habitent mieux ? Pourrait-on accepter qu'un professeur s'intéresse plus à son salaire qu'à sa pédagogie, ou bien qu'une entreprise agro-alimentaire ne

---

[159] Ce qui, sauf à prouver que ce statut est embrayeur de bien-être pour les habitants, n'a pas plus de contenu social que la volonté du sportif d'être sélectionné pour les jeux olympiques.
[160] Anna NAPIORKOWSKI, correspondance.

mettre tous ses efforts dans la réduction de la faim dans le monde mais plutôt dans la rentabilité de son capital ? Un Montesquieu internaute y trouverait matière pour des Lettres persanes électroniques.

Dans la mesure où l'objectif exclusivement financier des entreprises est supposé légitime, les entreprises des TIC se développent à l'instar des autres entreprises, et elles prennent en otage les territoires comme le font les secteurs de l'immobilier qui usent de la liberté offerte par les politiques.

Observant maintenant l'exemple de la Pologne, nous constaterons que sa restructuration met en totale cohérence à la fois le désengagement de l'Etat et la volonté politique de libéralisation, une cohérence qui s'exprime dans l'aménagement des territoires, les marchés de l'immobilier, les marchés des TIC, et la stratégie urbaine de la capitale.

Varsovie et la Haute Silésie, deux voies de développement

(contribution de Agnieszka CIESLA)[161]

L'année 1989 a marqué une rupture dans l'histoire de l'Europe. Pendant 45 ans, la moitié du continent était sous un système politique imposé, privé de liberté. La limite entre les deux parties de l'Europe était poétiquement appelée « rideau de fer ». il n'y avait pas de coopération entre les blocs socialistes à l'Est et les pays capitalistes à l'Ouest. Au contraire, il y avait une dure compétition, notamment dans le secteur militaire. 1989 fut l'année où arriva une liberté espérée depuis longtemps. Alors, une division artificielle de l'Europe fut abolie et un processus d'intégration à l'Europe fut lancé. Le 1er mai 2004, huit pays de l'ancien bloc socialiste rejoignirent les structures de l'Union européenne. Il est attendu que deux autres pays de ce groupe, la Roumanie et la Bulgarie les rejoignent en 2008. On constate que les réformes et les restructurations économiques dans ces pays vont dans le bon sens. Les pays post-socialistes sont dits dans l'état de « double transformation ». Ils procèdent à des transformations « endogènes » qui consistent en la disparition du socialisme. Dans le même temps, comme d'autres pays au monde, ils font l'expérience de processus tels que la globalisation et la métropolisation. C'est ce que l'on appelle une transformation « exogène » qui prévaut depuis peu (PARYSEK 2005). Tous ces processus ont un grand impact sur la forme des villes et des régions des pays post-socialistes.

La Pologne est le plus grand et le plus peuplé nouveau membre de l'union européenne. Selon le document ESPON 1.1.1[162], le pays dispose de l'une des plus favorables structures de villes en Europe. Ceci se caractérise par une distribution équilibrée des villes. La capitale Varsovie n'est pas trop dominante sur les autres villes polonaises. Cette situation est le résultat

---

[161] Agnieszka CIESLA, née en 1979, a étudié l'architecture à l'Université de Technologie de Cracovie. Lauréate du concours (avec A. Humann et L. Schuster) pour la revitalisation du centre-ville de Bochum. Après son diplôme, elle a été chargée du problème des villes en décroissance dans une agence d'architecture. Depuis 2005, elle est doctorante à *Institut für Europäische Urbanistik* de la Bauhaus-Universität. Sa thèse traite du phénomène de décroissance des villes en Pologne et étudie en particulier la conurbation de Haute Silésie. Elle participe à un programme de coopération avec l'Université des Sciences Appliquées de Nordhausen.

[162] ESPON (European Spatial Planning Observation Network) est une structure de la Communauté européenne.

d'une politique de décentralisation spatiale conduite dans les années 1960, 70 et 80. En 1975, le pays était divisé en 49 voïvodies ce qui a permis l'émergence d'un groupe relativement important de villes moyennes. Les fonctions administratives ont joué un rôle décisif dans la détermination de la destinée de ces villes. De nombreux établissements industriels et de nombreux logements ont été implantés dans ces centres administratifs. En conséquence, la prépondérance excessive de la capitale était réduite et un réseau urbain plus équilibré s'est constitué.

L'économie planifiée s'est révélée ineffective. Après 1989 la planification régionale a été dévolue au marché libre qui a décidé de la localisation des investissements (WECLAWOWICZ 2002). Depuis lors, les disparités régionales ont commencé à croître. Selon le dernier rapport du IBnGR de 2005, les régions de Pologne orientale sont de plus en plus reléguées à l'arrière du développement économique. En 1999 les réformes administratives introduisirent une division en 16 voïvodies au lieu des 49 précédentes. Ainsi, de nombreux centres administratifs perdirent leur importance, spécialement dans l'Est.

Le pays est divisé entre la Pologne A – la partie ouest et la plus développée – et la Pologne B – la partie pauvre à l'Est, avec une infrastructure moins développée. Ces disparités régionales – comme dans d'autres parties du monde – sont issues de processus de long terme (GORZELAK 2006). Ces disparités existaient déjà au Moyen-âge et se sont accrues dans les siècles suivants. Le XXe siècle en particulier a accru l'écart entre les régions de Pologne. A cette époque, la Pologne était divisée en trois parties par l'Autriche, la Prusse et la Russie. Ces trois parties se sont développées à des rythmes différents : les meilleures possibilités de développement économique étaient dans la partie prussienne, alors que la partie russe n'a pas progressé du tout. De nos jours, l'ancienne partie russe, appelée *Kongresówka*, est encore la partie la moins développée de Pologne.

Selon les experts, les tentatives d'évacuer ces différences sont difficiles, longues, et généralement vouées à l'échec (GORZELAK 2006). Par conséquent, la Pologne a adopté en 2000 une politique de soutien des régions les mieux développées comme « moteurs de la croissance ». Ces régions sont le chemin de son économie.

En dépit de l'urbanisation intensive issue de l'industrialisation durant le socialisme, la population urbaine polonaise n'atteint que 62 % de la population totale. Malgré les souhaits du rapport 1998 du CSO (office central des statistiques), les urbains sont en diminution. Pourtant, cela ne veut pas dire que toutes les villes polonaises ont cessé de croître. Quelques villes, généralement de moyenne importance et situées en Pologne orientale, continuent de croître assez intensivement ; on dit qu'elles ont une urbanisation immature. Il convient de garder à l'esprit que la population urbaine n'est pas régulièrement répartie en Pologne. Dans les territoires récupérés après 1945 et dans l'ancienne partie prussienne, la proportion de population urbaine de la population est beaucoup plus importante que dans l'Est. La population urbaine à l'ouest atteint 70 % alors que dans certaines régions de l'Est elle n'atteint que 40 %. Ainsi, les villes de l'Est attirent les populations de villages surpeuplés.

Tendances actuelles en démographie et migrations

L'une des plus importantes raisons de décroissance des populations urbaines est à trouver dans la diminution drastique du taux de natalité. Quoique la population polonaise soit jeune, on constate un processus global de vieillissement accéléré. Dans les années 1960 et 1980, la Pologne avait l'un des plus forts taux de natalité en Europe, et depuis le début de la transformation, ce taux est tombé considérablement et il est aujourd'hui l'un des plus bas.

Ce bas taux de natalité est dû principalement à l'important taux de chômage de la population jeune. Aujourd'hui, 40 % des chômeurs ont moins de 24 ans : ils ne peuvent tout simplement pas se permettre de fonder une famille. La seconde raison est la poursuite de l'éducation dans l'espoir de meilleurs emplois. De nombreux jeunes décident d'étudier, ce qui retarde leur installation.

Depuis les années 70, le taux de mortalité dans les villes était plus fort que le taux de natalité. Cette perte était compensée par une migration vers les villes. Le parti socialiste essayait de persuader la population de s'installer en ville en présentant cette migration comme une promotion sociale. En 1998, le sens de la migration s'est renversé. Depuis cette date, plus de gens se sont installés à la campagne plutôt qu'en ville. De nombreuses villes subissent un processus intensif de suburbanisation.

Selon les projections démographiques préparées par l'office central des Statistiques (CSO) en 2004, la population polonaise va diminuer de 38,2 millions aujourd'hui à 35,7 millions en 2030, mais la perte de population urbaine dépassera 3 millions de personnes. Cela veut dire que toutes les villes de Pologne subiront une diminution de population.

Pourtant, cette idée est réfutée dans un document du *Central European Forum for Migration Research* préparé par Marek KUPISZEWSKI et Jakub BIJAK (2006). Les auteurs critiquent les méthodes utilisées par le CSO pour calculer le nombre d'habitants des villes.

Dans le système socialiste, il n'était pas possible d'obtenir un emploi dans une ville sans avoir été préalablement enregistré dans cette ville. Dans la plupart des cas, cet enregistrement était très difficile à obtenir. De cette façon, le régime socialiste exerçait un contrôle sur la migration des populations et pouvait éviter que certaines villes ne croissent trop vite, et favorisait l'installation dans des villes moins développées. C'est de cette façon que la structure urbaine mentionnée ci-dessus était obtenue. Aujourd'hui, l'obligation d'enregistrement est maintenue, mais la loi n'est plus appliquée. Les gens se déplacent à leur guise, et ils ne se font plus enregistrer.

Les auteurs ont étudié le cas de Varsovie. Ils assurent que le nombre de migrants non enregistrés, qui ne sont donc pas comptabilisés par CSO, pourrait être de 300 000 personnes, mettant ainsi en question l'idée de dépopulation de Varsovie.

Développement urbain actuel

Le taux de transformation d'une ville post-socialiste est déterminé par sa localisation géopolitique, sa taille, ses liaisons de transports et sa place dans la hiérarchie des villes. En règle générale, les capitales sont les villes qui se transforment le plus rapidement (WECLAWOWICZ 2003).

Dans un article préparé pour le ministère du développement spatial, Bohdan JALOWIECKI distingue trois groupes de villes polonaises en fonction de leur développement économique et de leur potentiel. En première place se trouve Varsovie, capitale de Pologne, décrite comme « leader solitaire ». Loin derrière, on trouve quatre villes : Poznan, Wroclaw, Kraków et Gdansk. Dans le troisième groupe, ce sont des villes avec la plus faible économie. A ce troisième groupe appartiennent la seconde plus grande ville de Pologne, Lódz, et la conurbation de Haute Silésie, composée de 14 villes pour deux millions d'habitants. Ces anciennes régions industrielles s'adaptent mal aux nouvelles conditions économiques.

Le présent article explore la différence entre le développement de Varsovie et la conurbation de Haute Silésie. Les deux villes ont un nombre comparable d'habitants, mais elles s'adaptent de façon totalement différentes aux nouvelles conditions.

2 • LES TIC DANS LE REEL

Le développement de Varsovie

Varsovie est sans aucun doute le leader de la transformation, aucune autre ville de Pologne n'étant capable de rivaliser avec la capitale. Les services les plus dynamiques y sont localisés : banques, assurances, services aux entreprises, publicité, nouveaux types de commerce, médias.

Varsovie est la plus grande ville de Pologne. Le CSO fait état de 1,667 million d'habitants enregistrés. C'est deux fois plus que Lódz, la seconde ville de Pologne. Pendant la seconde guerre mondiale, la partie centrale de la ville a été entièrement détruite. La destruction était si importante, qu'en 1945 on n'était pas certain de pouvoir reconstruire la ville. On a même pensé à déplacer la capitale dans une autre ville non endommagée (DROZDOWSKI et al. 2004). Pourtant, la majorité de la société polonaise considérait que la reconstruction de la capitale était une priorité. C'était très important pour le développement homogène du pays. Sans Varsovie, la partie centrale et orientale de la Pologne, appelée *Kongresówka* et placée sous le régime russe au XIXe siècle, aurait été beaucoup plus en retard qu'elle ne l'est aujourd'hui. Déjà en 1945, un processus de reconstruction a été lancé dans lequel toutes les régions de Pologne étaient engagées et dont la Haute Silésie était un des leaders.

Il y a toujours eu une forte pression d'habitat dans la capitale. Un fort ratio d'immigration menaçait le développement harmonieux de la ville quoique son économie eût besoin de nouveaux travailleurs. Les autorités municipales ont tenté de contrôler l'immigration. Comme résultat, les limitations à l'immigration à Varsovie étaient appliquées dans les années 1954-1984 avec un court affaiblissement pendant les années 70 alors que des investissements plus intensifs se sont faits en industrie et logement. A cette époque, il était très difficile d'obtenir son enregistrement à Varsovie.

Après une industrialisation intensive, les autorités décidèrent de la ralentir en introduisant une politique de « dé-glomération » en 1965-1970. L'objectif était de limiter le nombre de postes de travail dans la partie centrale de la capitale (LISOWSKI 2002). Plusieurs établissements industriels ont été déplacés vers l'extérieur de la ville.

Une autre particularité de la Varsovie socialiste résidait dans les déplacements quotidiens logement-travail imposés à 200 000 personnes dans les années 80. Cela concernait en majorité des travailleurs peu qualifiés qui travaillaient dans les usines de l'aire métropolitaine de Varsovie. Ce *commuting* à grande échelle était dû au fait que les travailleurs n'avaient pas le droit d'habiter à Varsovie mais devaient rester dans les banlieues. A la fin du XIXe siècle, Varsovie avait une très forte densité de population. La superficie de la ville s'est accrue sept fois en 1916 et trois fois en 1951. Aujourd'hui, la densité de population est trois fois plus basse que dans la majorité des capitales européennes (LISOWSKI 2002) et atteint 3 287 habitants/km^2. L'utilisation extensive des territoires résultait de l'absence de marché foncier et de cette particulière planification socialiste qui attribuait à l'industrie des zones centrales valorisées. D'un autre côté, il y a un aspect positif à cette extension : Varsovie est une ville avec de nombreux parcs et zones vertes. Dans cette catégorie, Varsovie est en position de leader parmi les autres capitales d'Europe.

Le foncier aux alentours de Varsovie était nationalisé par décret présidentiel en 1946. Cela permettait la reconstruction de la ville selon les concepts socialistes où les fonctions de services et de commerce étaient moins importantes que l'administration et l'industrie. Aujourd'hui, grâce au ré-établissement du marché foncier, l'industrie du centre ville est remplacée par de nouveaux investissements dont les plus fréquents sont les galeries commerciales. Néanmoins, l'imprécision sur de nombreux titres de propriété foncière dans le centre-ville est un obstacle aux investissements.

Le centre de Varsovie a été négligé pendant plusieurs décades. Après la guerre, des bâtiments de bureaux et de logement de faible qualité sont apparus. La ville a obtenu de l'URSS, comme signe d'amitié, le palais des Sciences et de la Culture, qui, dominant un énorme square, était considéré comme le cœur de Varsovie. Pourtant, il n'a jamais rempli parfaitement cette fonction. Et même aujourd'hui il manque un centre-ville bien défini. Ce chaos dans l'espace central urbain était aggravé après 1990 par des implantations « au hasard » de gratte-ciels (JALOWIECKI 2006).

En dépit des restrictions introduites en 1953 dans le développement de la population de Varsovie, la capitale restait favorisée. Dans le même temps que la décentralisation de l'industrie, on organisa la centralisation des institutions culturelles et scientifiques. Dans les années 1970, 90 % des livres publiés en Pologne le sont à Varsovie, presque toutes les stations de radio y sont situées, et plus de 60 % des institutions scientifiques également (OSTROWSKI 1975). Aujourd'hui, l'université de Varsovie reste considérée comme la meilleure de Pologne. En conséquence, Varsovie a les meilleures conditions pour développer des centres innovants en Recherche et Développement.

Depuis 1989, la structure industrielle a été un autre aspect privilégiant la capitale. Quoique le district industriel de Varsovie était le second en importance en Pologne, ses transformations n'ont pas été aussi douloureuses que dans les autres régions. L'industrie lourde jouait peu de rôle à Varsovie, ce qui signifie qu'une difficile restructuration était évitée. Cette industrie était constituée d'usines modernes produisant des radios, des TV et des automobiles. Il n'y avait aucun problème à les réorganiser ou à trouver un nouvel investisseur.

Au total, la position de départ de Varsovie en 1989 était bien meilleure que celles des autres villes polonaises. Le statut de capitale dans un système centralisé d'économie planifiée entraîne que toutes les décisions administratives soient prises sur place. En dépit de mesures prises après 1989 pour décentraliser le système politique, Varsovie demeure le centre de décision, ce qui est très important pour les investisseurs étrangers qui souhaitent avoir leurs sièges sociaux à proximité du pôle de l'autorité du pays. Comme le montre le papier de Andrzej LISOWSKI (2002), le montant total des investissements dans les 5 plus grandes villes de Pologne est inférieur de 30 % à l'investissement à Varsovie.

De nos jours, le développement de Varsovie n'est plus contraint comme durant le socialisme. C'est aussi une raison de son rapide développement après 1989. L'écart entre Varsovie et le reste des grandes villes de Pologne s'agrandit en permanence. Aucune politique n'est entreprise pour éviter que Varsovie ne croisse trop et pour préserver un réseau équilibré de villes.

Le développement intensif a entraîné un chaos spatial également causé par le manque de législation efficace de la planification régionale. Aujourd'hui, seulement 10 % de la surface de la ville dispose de planification locale sans laquelle un développement raisonnable n'est pas possible. Des implantations non planifiées de bâtiments de faible qualité architecturale sont chose courante à Varsovie. La ville a toujours les énormes problèmes de communication qui existaient déjà sous le régime socialiste alors que l'objectif principal était l'industrialisation et la construction de nouvelles usines. C'est presque la totalité du budget du pays qui était dévolue à cet objectif. Il restait trop peu pour le logement et les infrastructures comme on le voit aujourd'hui. Des infrastructures négligées sous le socialisme n'est pas la seule raison pour ce problème. C'est aussi dû au fait que le nombre des voitures à Varsovie s'est accru dramatiquement dans les années 1990 car 50 % des banlieusards doivent utiliser leur voiture. Il en résulte des embouteillages permanents dans les rues de Varsovie.

Grâce à sa forte position économique, la capitale est devenue très attirante pour les jeunes qui cherchent une bonne situation ou veulent étudier. Ces immigrants ne se font généralement pas enregistrer, et ainsi le nombre véritable d'habitants est bien plus haut que le nombre officiel. Déjà le recensement de 2002 montrait qu'il y avait 60 000 personnes de plus que celles enregistrées (KUPISZEWSKI et al. 2006).

Selon la législation, la naissance d'un enfant est notifiée dans la ville où sa mère est enregistrée. De nombreuses jeunes femmes arrivant à Varsovie restent enregistrées dans la ville dont elles viennent. Les enfants qu'elles mettent au monde sont inscrits selon le CSO dans la ville d'origine de la mère et non dans la ville de naissance. En conséquence, le taux de natalité de Varsovie est bien plus haut que le taux officiel.

Une forte demande de logements est le premier résultat de l'immigration croissante vers la ville. C'était déjà un problème au temps du socialisme, mais il s'est aggravé depuis 1989. Depuis le début de la transformation, Varsovie est devenu le marché immobilier le plus prospère de Pologne. Non seulement par le nombre de maisons et bâtiments construits, mais aussi par le prix du mètre carré, qui est le plus haut de Pologne.

Varsovie subit un processus intensif de suburbanisation qui était déjà engagé par la dé-glomération au milieu des années 60. C'est en partie parce que les prix du foncier sont bien plus faibles à l'extérieur de la ville. Il s'ensuit que les logements construits en limite de la ville sont moins chers. D'autre part, la classe supérieure contribue à l'étalement urbain, les riches cherchant de meilleures conditions d'habitat qu'ils trouvent à l'extérieur de la ville.

Développement de la conurbation de Haute Silésie

La Haute Silésie présente un tout autre chemin de développement que Varsovie.

Selon diverses délimitations, la conurbation englobe de 10 à 22 villes. Dans ce papier, une délimitation de 14 villes a été retenue. Ces villes ont chacune plus de 50 000 habitants et elles forment une aire d'urbanisation compacte qui inclut : Katowice (317 832 hbs.), Sosnowiec (228 264 hbs.), Gliwice (197 633 hbs.), Zabrze (192 833 hbs.), Bytom (190 249 hbs.), Ruda Slaska (147 945 hbs.), Tychy (132 120 hbs.), Dabrowa Górnicza (130 910 hbs.), Chorzów (115 133 hbs.), Jaworzno (96 852 hbs.), Myslowice (75 464 Hbs.), Siemianowice Slaskie (73 450 hbs.), Piekary Slaskie (60 130 hbs.) et Swietochlowice (55 865 hbs.), pour un total en 2004 de 2 014 680 habitants.

La Haute Silésie a toujours été une région où des cultures différentes se sont intégrées. Ses ressources naturelles, parmi lesquelles le charbon est de première importance, étaient les raisons pour lesquelles on s'est battu pour cette région.

En 1740, l'ouest d'une ligne Brynica – Przemsza a été incorporé à la Prusse. Pendant les 10 premières années, des mines de charbon de droit privé ont été ouvertes. L'industrialisation a profité à la fin du XVIIIe siècle de ce moment où la production d'acier a cessé d'être basée sur le charbon de bois pour utiliser le coke, bien plus efficace.

Au XIXe siècle, alors que la Pologne était divisée en trois parties appartenant à l'Autriche, à la Prusse et à la Russie, ces trois partitions se rejoignaient en Haute Silésie. Jaworzno appartenait à l'Autriche, Dabrowa Górnicza et Sosnowiec à la Russie et les autres villes étaient sous la domination prussienne.

Les villes ne se sont pas développées selon les mêmes ratios. Les meilleures chances de développement étaient dans la partie prussienne où l'industrialisation y était supportée par les autorités. A la fin du XVIIIe siècle, apparurent ici de nombreuses usines modernes. Les villes furent dotées de nombreux bâtiments résidentiels très représentatifs, à l'origine de nouveaux quartiers. Dans la seconde partie du XIXe siècle, la ville de Katowice était fondée. En peu de temps émergèrent de nouveaux quartiers avec des logements ouvriers confortables.

Dans la partie russe, le développement ne commença qu'avec la seconde moitié du XIXe siècle. Ceci était dû au fait que les Russes considéraient cette région comme une frontière qui ne justifiait d'aucun investissement. Cette idée a changé après 1870 quand les sociétés françaises furent invitées à investir dans cette région. L'architecture dans cette zone est totalement différente de la partie prussienne. En premier lieu, la qualité des bâtiments est beaucoup plus faible, et les maisons à un seul niveau, plus appropriées à un village qu'à la ville, y sont prédominantes. La structure des villes n'est pas bien développée car il y a comme un manque de centre bien défini. Encore aujourd'hui, il subsiste des églises orthodoxes. Cette partie n'est pas appelée Silésie, mais *Zaglebie*, ce que l'on peut traduire par « bassin industriel ».

Dans la partie autrichienne, les ressources naturelles étaient les plus faibles et c'est pourquoi l'industrialisation n'a pas été capable de se développer comme dans la partie prussienne. Il faut aussi noter que la politique autrichienne, comme la politique russe, négligeait les zones frontières.

Cette division a fait émerger des différences culturelles qui existent encore aujourd'hui. Outre diverses coutumes, les habitants des villes parlaient avec des accents différents. Il y a aussi un attachement à l'ancienne partition, ainsi, Jaworzno est culturellement liée avec Krakow et Malopolska qui appartenait à l'Autriche. En dépit des politiques anti-polonaises introduites par les pays envahisseurs, la langue polonaise a survécu. Le recensement de 1912 dans la partie prussienne montre que 60 % de la population silésienne continuait à parler polonais (TOMASIEWICZ 2005).

Quoique la Pologne ait regagné son indépendance en 1918, la Haute Silésie n'a pas été immédiatement incorporée à la Pologne. Un plébiscite fut organisé par lequel les citoyens devaient décider d'appartenir à l'Allemagne ou à la nouvelle Pologne. Si la majorité parlait polonais, seulement 40 % votèrent pour la Pologne. La crainte de conditions incertaines dans un pays naissant était la raison de ce choix (TOMASIEWICZ 2005). En 1922, une partie de la zone prussienne a été incorporée à la Pologne. Bytom, Gliwice et Zabrze restèrent sous le régime allemand.

Pendant l'entre-deux-guerres, la voïvodie de Silésie a obtenu une large autonomie. C'était alors la région de Pologne avec l'économie la mieux développée et elle représentait une impulsion pour le développement du pays entier. La construction du port de Gdynia dans les années 30 a été lancée en raison de la nécessité d'exporter le charbon silésien.

Après la seconde guerre mondiale, toute la région devint polonaise. Heureusement, les villes n'avaient pas été endommagées. Il reste encore aujourd'hui de magnifiques bâtiments du Moyen-âge et des résidences de tous styles. Le déplacement de la frontière polonaise de l'Est vers l'Ouest incita des milliers de gens à quitter leurs maisons. La majorité des populations allemandes de Gliwice, Bytom et Zabrze est partie. A leur place arrivèrent des citoyens polonais des villes orientales, principalement Lwów et Stanislawów, qui étaient incorporées à l'Ukraine.

Après 1945, la région tirait à nouveau l'économie polonaise. De manière à développer les possibilités de production de la région et les conditions de logement, le Parlement polonais (Sejm) adopta en 1953 un projet de « dé-glomération » du district industriel de Haute Silésie. Dans ce concept, les établissements résidentiels devaient être situés en dehors des zones les plus industrialisées et urbanisées. Dès 1950, la construction d'un nouvelle ville, Tvchy, était lancée sur les bases des principes socialistes. Pourtant, les idées de créer deux villes de plus à l'Ouest et à l'Est ainsi que l'ensemble du programme de « dé-glomération » ne fut jamais mené à son terme.

Katowice a été choisie pour être le centre de la conurbation. On y trouve les plus prestigieux édifices socialistes. Les centres locaux sont Sosnowiec,

Bytom et Zabrze - Gliwice. L'architecture socialiste uniforme était supposée unifier la région où les traces de la partition étaient visibles. D'énormes cités préfabriquées émergèrent dans toutes les villes de Haute Silésie. Il faut garder à l'esprit que cela était très attirant pour les migrants. Les autorités socialistes concentraient les gens dans ce district industriel. Les mineurs constituaient un groupe social privilégié, et c'est pourquoi beaucoup de gens des villages surpeuplés décidèrent de venir en Haute Silésie pour poursuivre leur carrière.

Les années 70 ont été particulièrement bénéfiques pour cette région. Le dirigeant du parti était Edward GIEREK originaire de Sosnowiec. A cette époque, d'énormes investissements ont été engagés, spécialement dans les infrastructures. La Haute Silésie était appelée pays « charbon-acier » par les socialistes. Elle était destinée à remplir des fonctions industrielles et n'était pas prévue comme centre scientifique et culturel. De nombreuses initiatives sociales pour fonder des institutions scientifiques en Silésie ont échoué en raison de l'opposition du parti dirigeant. En conséquence, la région devint un désert culturel. Aujourd'hui, cette expression reste malheureusement valable. Après 1990, les usines de Haute Silésie se sont révélées incapables de concurrencer les usines occidentales. Beaucoup d'entre-elles utilisaient des technologies obsolètes et, pour cette raison, étaient inefficaces. C'est pourquoi de nombreuses mines et usines sidérurgiques ont fermé, entraînant un fort taux de chômage dans la région.

Le Centre gouvernemental d'études stratégiques a établi dans un document de 2002 « Transformation socio-économiques en Pologne » que le processus de désindustrialisation de la Pologne a été introduit trop tôt. Jusqu'en 1939 le pays était regardé comme essentiellement rural. En dépit de l'industrialisation intensive pendant l'ère socialiste, il n'a pas atteint le niveau de développement industriel de pays de l'Europe occidentale. Aujourd'hui, l'agriculture joue toujours un rôle important dans l'économie polonaise. La proportion de population rurale, avec 38 %, est très importante. Presque 27 % des travailleurs sont employés dans l'agriculture. C'est une proportion très forte en comparaison des autres pays européens : en France, l'agriculture n'emploie que seulement 4 % des travailleurs. Selon les auteurs de ce rapport, la désindustrialisation ne signifie pas un déclin de la production industrielle ; cela signifie un déclin de la part de l'industrie dans le PIB et un accroissement de la part des services. Grâce aux nouvelles technologies et à l'automatisation, la désindustrialisation produisit un déclin du nombre d'emplois dans l'industrie. Par ailleurs, la chute du nombre d'emplois industriels en Pologne depuis 1990 a des raisons très différentes de celles des pays capitalistes. La valeur du PIB était, et reste encore, beaucoup plus basse que dans les économies occidentales. Les pays capitalistes ont déjà atteint une phase post-industrielle, et la Pologne en est encore loin.

La désindustrialisation en Pologne, qui a commencé en 1990, était due à la transformation économique. Il a été montré que les entreprises sous-performantes n'ont pas été les seules à être fermées. Dans de nombreux cas, la fermeture des usines a été causée par un management déficient et des politiques nationales inadéquates.

L'industrialisation socialiste a provoqué d'énormes destructions de l'environnement et actuellement la région est déclarée en état de catastrophe environnementale. Toutes les rivières se sont transformées en égouts hautement pollués. Dans le socialisme, l'objectif le plus important était la production sans tenir compte du coût ; la protection de l'environnement ne faisait pas partie des préoccupations des planificateurs socialistes. Grâce à la fermeture de nombreux sites industriels, la qualité de l'air s'est améliorée. Cependant il reste de gigantesques sites de déchets post-industriels (environ 20 000 hectares) qui nécessitent un long et coûteux processus de réhabilitation. Le coût est estimé à 400 millions d'euros. A en juger d'après les expériences de la Ruhr et du Pas-de-Calais, cela pourrait durer jusqu'à 40 années (JALOWIECKI 2006). Il reste qu'en l'absence de mesures, cette zone se transforme en un désert social et économique. La conurbation de Haute Silésie fait face à d'énormes problèmes quant à la restructuration de son économie. Les mineurs demandent l'impossible, exigeant le maintien de leurs privilèges issus du socialisme. Le taux de chômage est haut et n'est pas également réparti. En 2005, le taux de chômage à Katowice n'était que de 6,8 % alors qu'à Swietochlowice il dépassait 26 %.

Les villes notent un fort exode. Les chiffres du CSO montrent que depuis 1990, chaque ville a subi un processus de diminution. Pour certaines d'entre-elles, telles que Katowice, Gliwice, Ruda Slaska et Siemianowice Sleskie, ce processus est intensif. Des populations très différentes quittent ces villes. Beaucoup de mineurs à la retraite retournent dans les villages dont ils sont originaires. Ils y ont de meilleures - et moins chères - conditions de vie que dans les villes de Silésie. Les jeunes cherchent de meilleures universités et des emplois dans d'autres villes de Pologne, et généralement ils ne reviennent pas. Le processus de décroissance peut déjà être constaté dans les zones urbaines, spécialement dans les centres : les bâtiments abandonnés et les espaces vacants commencent à prévaloir dans le paysage des villes de

Silésie. Il reste que la région a encore d'énormes potentiels économiques. Elle a la plus forte densité de population de Pologne, ce qui signifie qu'il y a un fort potentiel de consommateurs et de travailleurs. Pourtant, peu d'investissements étrangers y sont faits. Ceci est partiellement dû au fait que, pendant longtemps, les villes n'ont pas coopéré ensemble. En raison des divisions anciennes, elles étaient au contraire en compétition.

Néanmoins, de bonnes décisions ont été prises. Les transports publics de plusieurs villes ont été unifiés en 2000. Il y a un projet d'unifier les villes de Haute Silésie. Cela pourrait permettre à ces villes de postuler ensemble à des fonds structurels.

Perspectives

De nos jours, la planification régionale en Pologne est face à de nouveaux challenges issus du changement de système économique et politique. La législation en planification régionale a été modifiée plusieurs fois, mais il y a encore des problèmes avec son application. Selon la législation, il y a deux administrations dans une voïvodie : nationale et régionale. Le Voïvode est le représentant de l'organisme gouvernemental (cabinet de voïvodie). Sa tâche est de superviser le bureau qui conduit la politique spatiale dans la région. Le plus haut représentant élu par le Parlement de voïvodie (sejmik) est le Maréchal. Son bureau prépare le programme de développement spatial qui doit être accepté par le Sejmik et puis par le Voïvode.

La participation des citoyens dans le processus de planification est encore très faible et il n'y a pas de procédures pour susciter des initiatives dans ce sens. En dépit de la décentralisation graduelle à Varsovie, elle est encore la ville qui se développe le plus rapidement. Les sociétés étrangères estiment que cette ville est la plus attractive pour leurs investissements. On ne peut espérer un changement à cette tendance. La politique régionale polonaise soutient la croissance des zones métropolitaines. Elles sont souvent décrites comme des « locomotives de la croissance ».

Varsovie est certainement l'une d'entre elles. Les autres « locomotives » possibles sont Kraków, Poznan, Wroclaw et Gdansk. Dans la stratégie nationale, la Haute Silésie est décrite comme une zone à problèmes. Il est encore bien incertain que la conurbation devienne un jour une « locomotive de croissance ».

Fin de la contribution de Agnieszka Ciesla

Le marché des TIC en Pologne

(Contribution de Anna NAPIORKOWSKI[163])

Parmi l'ensemble des moyens de communication polonais, le réseau de télécommunication est celui qui connaît le développement le plus rapide.

Téléphonie mobile

L'entrée sur le marché de la téléphonie mobile en Pologne est, comme ailleurs, rendue difficile par le nombre limitée de fréquences disponibles.

En 2006, le prix annuel du panier de services en matière de télécommunication demeurait, avec 436 euros, plus élevé en Pologne que dans l'Union européenne, pour laquelle une étude portant sur douze de ses membres établit un prix moyen de 375 euros.

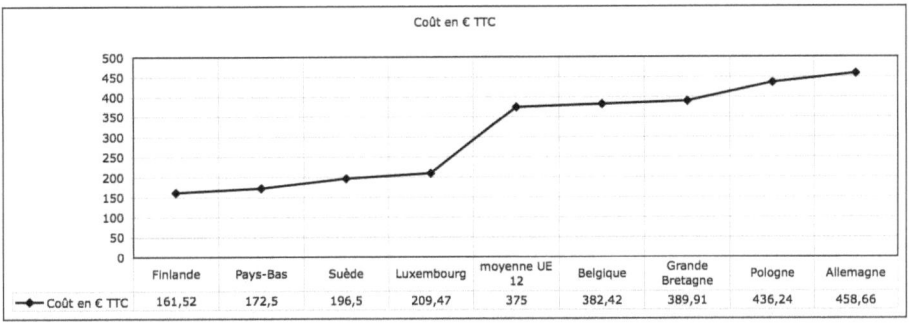

Le taux de pénétration des services de téléphonie mobile (nombre d'usagers pour cent habitants) atteignait ainsi 96 % à la fin de l'année 2006, 11 % des utilisateurs disposant de deux téléphones portables ou plus. La Pologne demeure cependant en deçà de la moyenne européenne, qui s'établissait a 107,4 %, en dépit d'un taux de croissance de ce marché qui s'est maintenu à 25,6 % sur les exercices 2005 et 2006.

---

[163] Anna NAPIORKOWSKI est née en 1964. Après une maîtrise de psychologie à l'Université de Varsovie en 1991, elle entre à la chaîne de radio polonaise Programme I, rédactrice en chef de l'émission d'actualité *Sekrety konkrety* (Secrets concrets) de 1996 à 2004, dans laquelle elle accueille quotidiennement les personnalités de la vie politique, culturelle et scientifique polonaise. Depuis, elle vit en France et collabore régulièrement à différents hebdomadaires et quotidiens polonais, parmi lesquels Trybuna, Gazeta Wyborcza, Wprost et Polityka, ainsi qu'à Radio France Internationale.

2 • LES TIC DANS LE REEL

La téléphonie mobile en Pologne compte trois principaux opérateurs :

	Nombre clients (décembre 06)
POLKOMTEL (opérateur du réseau Plus GSM)	12 008 000
PTC (opérateur du réseau ERA)	12 228 000
PTK Centertel (opérateur du réseau Orange)	12 522 000

Polkomtel, dont les premiers investissements en Pologne remontent à 1996, et qui possède Plus GSM, Simplus et Team Sami Swoi. Ses actionnaires sont très divers, mais, par ses participations, l'Etat reste propriétaire de 30 % des actions :

• KGHM Polska Miedz SA est une entreprise spécialisée dans l'extraction de minerai de cuivre qui s'est implantée sur le marché de la téléphonie fixe avec Tele Dialog SA.

• PKN Orlen SA est la première entreprise sur le marché du pétrole en Pologne.

• PSE SA a pour principale activité la distribution d'énergie électrique sur le marché national et international, et est présente sur le marché des télécommunications par l'intermédiaire de sa filiale Exatel SA.

PTC (Polska Telefonia Cyfrowa Spoo) est présente sur le marché depuis 1996, et détient Era, Era Tak Tak, Era Bizness, ainsi que Heyah. PTC propose une offre de services diversifiée à destination des particuliers et des clients institutionnels sous forme d'abonnements ou de système prépayé. On notera qu'un conflit juridico-financier a éclaté en 2004 (et toujours pas résolu) entre DT (Deutsche Telekom) et Vivendi Universal sur la propriété des actions de Elektrim.

PTK Centertel qui appartient à TP SA est contrôlée à 47,5 % par France Telecom qui constitue également un des principaux opérateurs présents en Pologne, par l'intermédiaire de la société Idea jusqu'en 2005, puis en devenant l'actionnaire majoritaire de Polska Telefonia Komórkawa Centertel Spoo et en développant la filiale Orange Go de PTK.yh.

UPC Polska Spoo est pour sa part le principal fournisseur en matière de télévision câblée, de connexion haut débit ADSL et de télécommunication triple-play, et équipe 1,9 million de ménages, notamment dans les huit plus grandes villes du pays. UPC fait partie de Liberty Global Inc., qui est le plus grand opérateur de télévision câblée en dehors des Etats-Unis, et qui est également directement actionnaire des filiales d'UPC spécialisées en télévision câblée et en fourniture d'accès haut-débit.

2 • LES TIC DANS LE REEL

Téléphonie fixe

Ce secteur est dominé par deux opérateurs :

Telekomunikacja Polska SA est leader sur le marché du téléphone fixe, avec presque 83 % de l'ensemble des abonnements, soit 9,4 millions de foyers.

Structure Telekomunikacja Polska S.A.	
France Telecom S.A.	47,50 %
Skarb Panstwa	3,87 %
Bank of New York	5,02 %
Pozostali akcjonariusze	43,61 %

Cotée en bourse à Varsovie et à Londres, elle est détenue à hauteur de 47,5 % par France Telecom, qui en constitue ainsi le principal actionnaire.

Telekomunikacja Polska SA propose ses services à destination des particuliers et des professionnels sur le marché polonais aussi bien que sur le marché international. Cette entreprise fait partie du groupe de tête en matière de télécommunication mobile avec PTK Centertel, de services Internet par l'entremise de TP Internet Spoo et de Wirtualna Polska, et de radiocommunication à travers TP Emitel Spoo.

Netia SA est une société cotée en bourse créée en 1990 par des entrepreneurs polonais et des investisseurs internationaux. Son actionnariat demeure très divisé et aucun actionnaire ne dispose à lui seul de la majorité absolue à l'assemblée générale.

Structure Netia (situation octobre 2007)	
Novator Telecom Poland II Sarl	29,27 %
Third Avenue Management LLC	20,54 %
SISU Capital Ltd.	10,03 %
Banque Akros SpA	5,98 %
Marché boursier de Varsovie	34,19 %

Netia offre des services vocaux et de transmission de données à destination des professionnels et des institutions. Elle fonctionne principalement dans les grandes villes polonaises et rassemble plusieurs sociétés parmi lesquelles :

Telefonia Dialog SA, créée en 1997, actuellement détenue par KGHM Polska Miedz SA.

Tele 2 Polska Spoo, constituée en 1999, propose une offre des services essentiellement structurée autour de la fourniture d'accès à Internet d'une part, de la vente de cartes téléphoniques prépayées. Tele 2 offre ainsi l'accès au réseau de Telekomunikacja Polska SA à travers son activité de vente en gros d'abonnements et de forfaits. Tele 2 présente la particularité d'appartenir uniquement à la société suédoise introduite en bourse à Stockholm en 1996 et à New York en 1997. Il s'agit en outre d'un opérateur européen de premier plan présent dans 22 pays, pour un total de plus de 28 millions de clients.

Les opérateurs de téléphonie fixe ont adopté une stratégie de maximalisation des recettes sur le marché des abonnements en proposant des plages horaires gratuites, afin de contrebalancer l'engouement du public pour la télécommunication mobile. Le nombre d'utilisateurs de portables avait dépassé dès 2001 le nombre de lignes fixes qui a encore chuté de 7 % en 2005 et ne représente plus que 10,5 millions d'abonnés.

Internet

En 2006, le nombre d'utilisateurs d'Internet a connu une augmentation considérable, tandis que le dial-up enregistre une nette régression. Un nombre sans cesse croissant de ménages ont souscrit un abonnement ADSL : 750 000 lignes ADSL nouvelles ont été ouvertes, auxquelles s'ajoutent 250 000 lignes anciennes adaptées à cette nouvelle technologie. La valeur du marché polonais lié à Internet est actuellement évaluée à 2,6 milliards de zlotys, ce qui représente une augmentation de 16 % par rapport à l'année 2005.

La fourniture d'accès par l'intermédiaire de lignes ADSL est dominée par les sept opérateurs de télécommunications, qu'il s'agisse de téléphonie fixe, comme dans le cas de Netia SA, de TPS à et de Dialgo SA, ou de télévision câblée avec U.P.C. Spoo, Vectra SA, Multimedia Polska SA ou Asler City Cable Spoo.

Durant l'année 2006, la société Neostrada (dont France Telecom détient 50 %) est devenue le fournisseur d'accès le plus populaire sur le marché d'Internet via ADSL, tout en proposant également la technologie la plus moderne en matière de télévision câblée, basée sur l'exploitation du procédé ZAN-Ethernet, à travers la firme de télévision câblée TVK.

Fin de la contribution de Anna Napiorkowski

Le marché de l'immobilier et le développement urbain à Varsovie

(contribution de Florian KOCH)[164]

Après le tournant de la fin des années 80, Varsovie a vu se développer très rapidement un marché immobilier capitalistique extrêmement dynamique dont les mécanismes ont eu des conséquences fondamentales dans le développement de la ville.

Cet article présente les propriétés essentielles du marché immobilier des bureaux et des logements, et en particulier sur le marché spécifique concernant les entreprises du secteur des Technologies de l'Information et de la Communication. Pour chaque secteur, on verra les modes de fonctionnement, les acteurs principaux de l'offre et de la demande, et le rôle des institutions. La dimension spatiale du marché immobilier sera esquissée par les conséquences sur le développement de Varsovie.

Transformation et globalisation du marché immobilier

Développement urbain et marché immobilier sont étroitement liés. Pourtant le développement immobilier semble un champ de recherche plutôt négligé par les chercheurs en urbanisme, alors que de leur côté, les experts immobiliers ne tiennent généralement pas compte du contexte et n'examinent que l'objet immobilier directement concerné. Néanmoins, ce sont justement la transformation et la globalisation des marchés immobiliers qui produisent de multiples conséquences sur le développement urbain.

L'unité traditionnelle investisseur-promoteur-propriétaire, et ensuite utilisateur de l'immobilier, s'est transformée en une structure fortement différenciée et fragmentée. Les différents acteurs tels que promoteurs,

---

[164] Florian KOCH, né en 1976, doctorant dans l'école doctorale *Die Zukunft der europäischen Stadt – Formen und Folgen von New Urban Governance* au *Georg-Simmel-Zentrum für Metropolenforschung* de l'Université Humboldt (Berlin) où il prépare un doctorat sur la gouvernance et l'évolution du marché immobilier à Varsovie et autres villes. Après des études d'urbanisme et d'architecture à Dortmund et Rome, il a travaillé comme assistant à *l'Institut für Stadtforschung und Strukturpolitik GmbH* (Berlin) sur des projets de recherche concernant le développement urbain, l'habitat et la rénovation urbaine. De 2004 à 2006, enseignant et doctorant du programme international de l'*Institut für Europäische Urbanistik* de la Bauhaus-Universität. Ses recherches sont centrées sur les domaines du marché immobilier et du développement urbain ainsi que les politiques urbaines en Europe.

financiers, investisseurs institutionnels ou entrepreneurs sont maintenant les acteurs typiques du développement immobilier (PÜTZ 2001 : 213). Au contraire des investisseurs traditionnels, qui sont aussi généralement promoteurs, propriétaires et utilisateurs du bâtiment, les nouveaux investisseurs visent une forte rentabilité et un retour rapide sur investissement plutôt qu'une utilisation à long terme du bâtiment. KRÄTKE désigne ces nouvelles formes de projet immobilier comme des « attentes de rente construite » (KRÄTKE 1995 : 223)[165]. Le développement peut être ainsi défini comme un processus d'escalade. Au lieu des petits investisseurs, habituellement actifs sur un marché local, les nouveaux acteurs cherchent des possibilités d'investissement au niveau national ou global.

L'investissement immobilier est vu aujourd'hui comme l'une des possibilités d'investissement en capital. HARVEY (1989 : 68) décrit différents circuits du capital, parmi lesquels l'investissement en structures du bâtiment (dont l'immobilier) n'est que l'une des voies. L'investissement en capital dans des circuits différents peut réduire le risque. L'affaiblissement du risque dans l'investissement immobilier peut être généralement atteint par la stabilité d'un portefeuille. Une autre dispersion du risque est trouvée par des investissements dans des types immobiliers différents et des localisations dans des pays différents (ADAIR et al. 1999). Ce processus est décrit dans la littérature spécialisée par les termes de « immobilier délocalisé » (*delocalized property*) (BEAUREGARD ; HAILA 2000 : 30) et de « marché immobilier globalisé » (ADAIR et al. 1999). A partir de la libéralisation des marchés financiers, des possibilités simplifiées d'investissements à l'étranger et du meilleur accès à l'information par les TIC, les acteurs peuvent être actifs sur différents marchés immobiliers. De la transformation et de la globalisation des marchés immobiliers, il résulte fondamentalement à la fois un affaiblissement des liens entre investisseur et localisation, et un transfert des perspectives d'investissements du long terme vers le court terme (BEAUREGARD ; HAILA 2000 : 32 ff).

Outre la globalisation, la transformation post-socialiste joue un rôle important dans le marché immobilier de Varsovie. Déjà juste avant le Tournant[166], les conditions pour un marché immobilier à structure capitaliste avaient été créées. Les lois principales concernaient la privatisation des propriétés immobilières, la libéralisation des prix et la dérégulation des prix

---

[165] Ce mécanisme est fort ancien dans les pays de « libre marché ». (N.d.T.).
[166] Pour reprendre le terme « *Wende* » couramment utilisé en Allemagne pour désigner les transformations issues de la chute du mur. (N.d.T)

des loyers et du foncier. Néanmoins un vide juridique est apparu entre les règles existantes et la situation plus ou moins chaotique dans les villes, dans lesquelles n'existait souvent aucune structure pour le remplacement des règles législatives. En particulier, le rapport problématique entre acteurs publics et privés a conduit à des conséquences spatiales inquiétantes.

Le marché immobilier des bureaux

Sur la base de l'organisation des villes socialistes et du système sociétal, la structure urbaine dans la Varsovie socialiste se différencie sur des points essentiels des villes occidentales et capitalistes. En particulier, en raison de l'absence du marché foncier et des acteurs privés, il n'existait aucune concurrence d'implantation entre les diverses activités. C'est pourquoi il n'est pas étonnant qu'immédiatement après le Tournant, il n'existait à Varsovie aucun marché immobilier de bureaux, aucun bâtiment moderne et aucun CBD (*Central Business District*). Cependant la demande en surfaces de bureaux s'est accrue à partir de 1990. Les firmes occidentales qui voulaient faire des affaires en Pologne constituèrent l'un des plus importants groupes de demande. Ceci conduisit d'abord à une situation curieuse où des chambres d'hôtel étaient louées à usage de bureaux car, dans les hôtels au moins, il y avait une infrastructure de base en termes de téléphone (PÜTZ 2001 : 217). Depuis le milieu des années 90, cette situation s'est transformée par la construction de nombreux bâtiments de bureaux.

Caractère et structure

A Varsovie, l'offre d'ensemble en « bureaux de Classe A » (surfaces équipées des infrastructures techniques modernes) compte entre-temps environ 2,3 millions de m^2 (COLLIERS 2006 : 5). Au contraire des autres villes d'Europe de l'Est comme Prague ou Budapest, ces surfaces ne se trouvent pas dans des bâtiments réhabilités, mais en majorité dans des bâtiments neufs. L'origine de cette prédominance des bâtiments neufs est à trouver dans la structure et l'histoire de Varsovie. La ville ayant été presque entièrement détruite lors de la seconde guerre mondiale, il n'y avait presque pas de bâtiments anciens qui auraient pu être transformés en bureaux modernes. En effet, les bâtiments majoritairement préfabriqués du socialisme ne sont que difficilement transformables en bureaux modernes et la construction de nouveaux bâtiments s'est avérée nécessaire. Il convient toutefois de distinguer les localisations du centre-ville et les périphéries.

Au début des années 90, il n'existait pratiquement pas de bureaux en centre-ville, et encore moins de CBD. Depuis, ce centre-ville, et tout particulièrement la partie Ouest, est considéré comme le CBD de Varsovie. Même s'il y a des définitions différentes sur ses limites exactes, les experts sont unanimes quant à l'existence d'un CBD (STEPHENS 1999 : 12 ff). Le développement de ce CBD comme localisation centrale des bureaux s'est fait un peu par hasard et en tout cas sans planification. Les promoteurs ont acquis autant que possible les terrains libres à proximité du centre, et ils ont érigé des bâtiments de bureaux selon le modèle des tours nord-américaines. Les planifications et les stratégies d'ensemble n'ont joué aucun rôle et c'est ainsi que les implantations de bureaux sont le résultat d'un jeu complexe fait de hasard, d'opportunités et du désintérêt vis-à-vis de l'urbanisme de la part d'autorités municipales débordées. Ce jeu est spécialement visible par la construction des Warsaw Trade Towers réalisées en 2000 dans le quartier Wola. Ces tours sont le second plus haut bâtiment après le Palais de la Culture. La localisation dans un quartier occupé essentiellement par des logements et le petit artisanat, loin des tours de bureaux, relève de l'absence de planification urbaine générale. HUBER (2005 : 180) désigne le développement à Varsovie comme « les tours au mauvais endroit ».

La nouvelle skyline de Varsovie
(Photo F. Koch)

implantation de bureaux en périphérie
(Photo F. Koch)

Après qu'il fût devenu plus difficile aux promoteurs d'acheter des terrains en centre-ville, et que le prix du foncier eût sérieusement grimpé, des implantations de bureaux se sont développées dans les zones périphériques. Tout comme dans le CBD, les nouveaux bâtiments ont tendance à imiter les bâtiments nord-américains dont la façade vitrée s'impose comme l'élément architectural principal de ces bâtiments sans visage posés sur une pelouse verte. Là encore, le développement de ces implantations s'est fait sans réflexions urbanistiques et seulement selon des critères économiques et au hasard de la disponibilité des terrains.

Le marché immobilier de bureaux de Varsovie se développe actuellement de façon différente dans le CBD central et les périphéries : dans le CBD ces dernières années, on a mis sur le marché relativement moins de nouvelles surfaces que dans les périphéries. Quoique l'offre en surfaces de bureaux reste constante, on remarque une augmentation du taux de vacance. L'origine en est dans les déplacements des sociétés du CBD vers les périphéries où l'ensemble des surfaces a continué à croître et où le taux de vacance a fortement diminué en raison de la demande (COLLIERS 2005 : 9). 60 % des surfaces de bureaux se trouvent maintenant en périphérie (COLLIERS 2006 : 5). Même si l'on constate une légère amélioration dans le CBD, les implantations périphériques restent des localisations importantes pour les bureaux.

Acteurs privés et publics

Le marché immobilier de Varsovie est dominé par des entreprises étrangères, majoritairement d'Europe de l'Ouest et d'Amérique du Nord. Ceci concerne aussi bien l'offre que la demande. La prépondérance des entreprises internationales du côté de l'offre s'explique par la relative faiblesse financière des entreprises polonaises à qui il manque souvent les ressources pour financer un projet coûteux comme le développement de l'immobilier d'entreprise. Outre les nécessaires moyens financiers, les entreprises étrangères disposent d'un know-how acquis dans des projets réalisés dans leur pays d'origine. Les causes du grand intérêt des entreprises du secteur immobilier au cas de Varsovie sont d'abord dans le développement de la globalisation du marché immobilier. D'autres acteurs du côté de l'offre, comme les investisseurs institutionnels, les entreprises de consulting, les agents immobiliers et les instituts de financement viennent essentiellement de l'étranger.

Une image semblable est visible du côté de la demande. Les demandeurs de surfaces modernes de bureaux sont avant tout les représentants d'entreprises européennes ou américaines qui agissent globalement. A côté des infrastructures modernes et de la facilité d'accès, des facteurs comme la représentativité comptent parmi les facteurs de choix d'implantation. Ainsi qu'il a été décrit plus haut, le marché de l'immobilier de bureaux se distingue par une faible autorégulation et l'influence de la planification officielle est plutôt réduite. L'objectif des promoteurs est d'obtenir un permis de construire et de réaliser la planification le plus rapidement possible. Normalement les permis de construire sont accordés sur la base d'un « plan local » officiel. Mais comme seule une faible partie (13,9 % en juin 2005) des plans de quartier de Varsovie existent (FABIJANCZUK 2005), il s'ensuit que les autorisations de construire sont accordées selon des négociations avec les autorités sous réserve que le projet s'insère dans la structure urbaine. De cette façon, les autorités municipales ont en principe la possibilité de diriger le développement de la ville même en l'absence de plan local. Dans la pratique, les objectifs du développement urbain sont relégués derrière les objectifs économiques attendus de l'immobilier de bureaux. Il en résulte que des permis de construire sont accordés même sur des localisations contestables urbanistiquement ; le management du marché de l'immobilier de bureaux par les acteurs officiels peut être qualifié de marginal.

Répercussions sur le développement urbain

La ville de Varsovie s'est sans aucun doute transformée à cause du développement dynamique du marché de l'immobilier de bureaux et le grand nombre de nouveaux bâtiments. En l'espace de 10 ans, un CBD est sorti de terre et la skyline de Varsovie autour du Palais de la Culture est marquée de nouvelles tours de bureaux. Cette américanisation de la ville de Varsovie a principalement été introduite par des investisseurs étrangers. Le fort potentiel de développement de la ville qui réside dans les projets de nouveaux bâtiments n'a pas été exploité jusqu'à maintenant. Les nouvelles implantations de bureaux se sont faites sans planification, les réflexions d'ensemble sur l'urbanisme n'ont joué aucun rôle. C'est pourquoi il ne faut pas s'étonner que les implantations de bureaux ne soient pas intégrées dans le contexte de la structure urbaine et produisent une fragmentation de l'espace urbain. La poursuite ou non de la tendance à la décentralisation sera décisive. Si l'implantation des bureaux en périphérie s'impose, cela aura des conséquences sur l'infrastructure des transports, le développement des implantations résidentielles, ou la planification des espaces publics. En même temps se pose la question de savoir quelle fonction pourra encore avoir le *Central Business District*.

Le marché immobilier spécifique des entreprises des TIC

L'importance des TIC sur le développement de la ville contemporaine semble sans aucun doute très grande et ne fera vraisemblablement que croître. Pour les entreprises du secteur tertiaire, l'utilisation de ces TIC est une exigence croissante pour la mise en œuvre des projets commerciaux. Au contraire de l'industrie du secteur secondaire, la localisation de l'entreprise n'est plus déterminée par la disponibilité de matières premières classiques. Des facteurs tels que les réseaux techniques, les réseaux personnels, la disponibilité de travailleurs qualifiés et de liaisons numériques deviennent les exigences des entreprises du XXIe siècle.

La question est ici de savoir si (et si oui, dans quelle forme) ce processus peut influer sur le marché immobilier de Varsovie, et où iront s'installer les entreprises des TIC. Comme il a été décrit plus haut, il n'y avait aucun bureau moderne au début des années 1990 à Varsovie. Les nouveaux bâtiments se sont orientés vers des standards internationaux (des surfaces de classe A) équipés des installations nécessaires aux TIC. Ce développement s'est fait sous la pression du marché et sans que les acteurs publics n'interviennent. C'est pourquoi, alors qu'un CBD avec des bâtiments modernes et leurs équipements TIC s'est créé, on ne peut pas parler d'une implantation volontaire ou bien d'un cluster d'entreprises des TIC. WILK et LISOWSKI (2002) ont montré que, pour les diverses branches de services, un processus de déconcentration s'est produit. Même si on ne dispose pas de données spécifiques pour la branche des TIC, on est amené à inférer que cela les concerne. Jusqu'à maintenant, on ne distingue pas de marché immobilier spécifique des TIC, et la plupart des immeubles de bureaux sont mis indistinctement sur le marché.

Le lien entre nouvelles formes d'habitat et nouvelles formes de travail (par exemple les lofts ou les maisons-ateliers) n'existe pas encore à Varsovie. Le marché pour ces nouveaux types immobiliers est encore considéré par les analystes comme marginal (NORTH 2005). Le marché immobilier de Varsovie est caractérisé par une séparation très nette entre les fonctions habitat et travail, ce qui est atypique pour la « société de la connaissance » urbaine et moderne. Cette situation peut toutefois évoluer prochainement. Quoique la politique urbaine de Varsovie des dernières années soit très passive, un projet de développement urbain a été réalisé avec succès en liaison étroite avec l'université. Il s'agit d'un centre culturel et scientifique (*Biuro Strategii Rozwoju I Integracji Europejskiej 2005*) à proximité de la nouvelle bibliothèque universitaire sur la rive ouest de la Weichsel. Le développement de cette implantation représente un potentiel pour l'installation d'entreprises des TIC qui peuvent profiter de la proximité des établissements universitaires. Cet endroit est attractif pour de nouveaux projets immobiliers reliant travail et habitat, spécifiques de la société de la connaissance. A partir de la situation favorable sur la rive de la Weichsel et la disponibilité de nombreuses surfaces, des opérations immobilières dédiées aux entreprises des TIC pourraient être réalisés ici. Néanmoins, pour l'instant, il n'est pas prévu que les promoteurs développent de tels bâtiments et que naisse un marché spécifique de l'immobilier des TIC.

Le marché du logement

A l'époque du socialisme, la production et l'attribution des logements étaient complètement dirigés par les interventions de l'Etat. Le « logement socialiste » qui se caractérisait par des constructions en panneaux préfabriqués[167] et des implantations en périphérie a marqué de son empreinte la ville de Varsovie. Après la chute du socialisme, l'Etat s'est massivement retiré de toute politique du logement, et ce retrait de la gestion des logements par la privatisation et l'arrêt des lancements d'opérations est particulièrement significatif. Ceci a provoqué la chute du nombre de mise à disposition de logements au début des années 90, et le manque de logements, déjà criant sous le socialisme, s'est accru.

Caractère et structure

Le nombre de création de logements n'a recommencé à croître qu'au milieu des années 90. Une croissance s'est faite jusqu'en 2001, suivie par un tassement, et n'a recommencé qu'en 2005. Au total, plus de 80 000 nouveaux logements ont été livrés entre 2000 et 2005. Les logements initiés par les communes et les habitants ne représentent qu'une très faible part des logements réalisés, les coopératives et les promoteurs sont les maîtres d'ouvrage les plus actifs. Sur la base du manque de logements et de la croissance des revenus à Varsovie, la construction et la vente aux habitants est une affaire très lucrative.

Logements construits à Varsovie 2000 à 2005 (document GUS) :

	2000	2001	2002	2003	2004	2005	2000-2005
Nombre total de logements livrés	14 408	16 278	13 070	12 335	10 300	14 431	80 822
Part réalisée par des promoteurs	40 %	43 %	52 %	64 %	59 %	73 %	55 %
Part réalisée à Biolenka et Ursynow	47 %	38 %	40 %	46 %	29 %	25 %	38 %

L'implantation des nouveaux logements se fait essentiellement dans les quartiers périphériques. A Biolenka et Ursynow en particulier, un grand nombre de logements ont été réalisés depuis le milieu des années 90 : 38 % de ceux construits entre 2000 et 2005 l'ont été dans ces deux quartiers. Les

---

[167] Bâtiments réalisés en préfabrication lourde, surnommés *Plattenbau* ou « bâtiments en plaques » (N.d.T.).

raisons de la concentration des nouveaux logements dans les périphéries sont multiples et ne peuvent ici qu'être esquissées. De nombreux facteurs interviennent comme les embouteillages du centre-ville, les aspects sécuritaires, la disponibilité et le prix du foncier.

nouvelle opération de logements à Ursynow
(Photo F. Koch)

Au regard de leurs prix, du design architectural et des services associés (portier, service de sécurité, infrastructures techniques modernes), ces logements sont prévus pour les hauts revenus. Même si ces nouveaux logements sont dans des bâtiments à nombreux étages et n'ont pas l'air très différent des *Plattenbau* socialistes, ces logements sont commercialisés sur un style de vie moderne et « occidental ». C'est particulièrement visible dans le plus grand projet de Varsovie « Miasteckow Wilanow » dont les références sont Beverly Hills ou Saint-Germain-en-Laye.

Acteurs

Dans les années 1990, le marché du logement à Varsovie était sous la domination des promoteurs locaux. Jusqu'en 2004, les firmes étrangères ne jouèrent qu'un petit rôle. La raison essentielle de cette domination par des acteurs polonais jusqu'à cette date est certainement la complication de la législation du marché immobilier (TÖLLE 2005 ; BILLERT 2004). Le manque de perspective de rentabilité à long terme des logements, par rapport à celle des surfaces de bureaux, conduisit d'abord à une absence des investisseurs étrangers sur ce marché immobilier du logement.

Cette situation s'est profondément transformée. Les firmes étrangères sont également actives sur le marché du logement. L'entrée de la Pologne dans l'Union européenne en 2004 en est la raison la plus souvent invoquée. Les promoteurs de l'Europe de l'Ouest attendent de cette entrée dans l'Europe une stabilité politique et un accroissement continu des revenus de la majorité de la population, et voient ainsi un marché en croissance pour le logement (NORTH 2006). Il s'agit d'une part de promoteurs de logements classiques qui étaient déjà actifs en Europe occidentale, et d'autre part de promoteurs qui ont réalisé des immeubles de bureaux à Varsovie et se diversifient dans le logement. Le *business model* de ces promoteurs est de vendre aussi vite que possible les logements (si possible dès la phase de planification). Naturellement, ce procédé est à court terme et ne vise pas à lier fortement les investisseurs à Varsovie. Depuis que le marché du logement, comme le marché des bureaux, s'est implanté localement, on constate une globalisation croissante du marché du logement. Les nouveaux promoteurs n'ont pas de stratégie locale à long terme, mais considèrent Varsovie comme un lieu d'investissement à court terme, et le développement des logements est délocalisé.

Avec le retrait de la puissance publique vis-à-vis du logement, les acteurs publics ne se sont pas seulement retirés de la construction des logements, mais aussi de la politique du logement. Si les problèmes du marché du logement sont thématisés dans les textes stratégiques du développement de la ville (par exemple « City of Warsaw 1999 »), il n'existe que très peu d'instruments pour régler ces problèmes. Les promoteurs privés sont considérés comme les acteurs essentiels de la réalisation des logements. En conséquence, l'essentiel de la politique du logement à Varsovie réside dans la mise à disposition de conditions optimales d'investissement pour les promoteurs, ce qui se manifeste par une large dérégulation de la législation de la planification. Cette posture néo-libérale se caractérise par la délivrance de permis de construire malgré l'absence de plan d'urbanisme local, ce qui néglige largement les aspects de l'urbanisme général.

Répercussions sur le développement urbain

Les répercussions de ce système sur le marché du logement sont nombreuses et ne seront ici qu'abordées. Le résultat essentiel de la prédominance des promoteurs privés est la croissance de la segmentation sociale de l'espace urbain : comme les prix des nouveaux logements par rapport au revenu moyen sont très élevés, que la construction de nouveaux logements se concentre dans certains quartiers, et qu'il est très peu investi dans la réhabilitation, l'espace urbain se polarise de plus en plus (WECLAWOWICZ 2005 : 230 ff). En outre cette polarisation est augmentée par les éléments typiques de ces nouveaux immeubles de logement : presque tous les nouveaux bâtiments comprennent les éléments architecturaux des *gated communities* (barrières, services de sécurité, surveillance par camera vidéo, etc. MOSTOWSKA 2006). Ainsi, cette polarisation sociale peut s'exprimer aussi à l'intérieur d'un quartier neuf entre nouveaux et anciens bâtiments, riches et pauvres habitants.

Les nouveaux quartiers se développent en l'absence de politique urbaine et indépendamment de la structure de la ville. Ceci peut conduire à une désurbanisation, à la destruction des espaces publics, et à des carences dans les infrastructures techniques et culturelles des nouveaux quartiers. Comme les *business model* de certains investisseurs sont à très court terme, le contexte stratégique de l'ensemble de la ville est négligé. Il ne reste plus qu'à espérer, soit que les acteurs officiels de la ville trouvent les moyens de reprendre en main la direction des constructions de logements, soit que le développement de ces répercussions négatives ne s'imprime pas trop sur la ville.

Conclusion

Le marché de l'immobilier de bureaux et de logement s'est très rapidement développé depuis le début des années 90. Les investissements immobiliers ont eu de grandes répercussions sur le développement urbain de Varsovie. La force qui a poussé ces transformations réside dans les entreprises étrangères de l'immobilier qui ont considéré Varsovie comme un lieu approprié aux investissements. Cette globalisation du marché immobilier a concerné d'abord le seul marché des bureaux, mais elle est visible depuis quelques années sur le marché du logement. Finalement, la délocalisation de la propriété immobilière conduit les investisseurs à une faible relation au local, et les attentes de rentabilité à court terme négligent la cohérence de l'ensemble urbain. Ces espaces publics fragmentés ont été réalisés en combinaison avec la posture néolibérale presque opposée à toute planification des autorités municipales. Les conséquences négatives en termes de suburbanisation, d'éparpillement et de ségrégation en sont déjà visibles. Une nouvelle voie a été ouverte avec la planification d'un nouveau centre culturel et scientifique. Si les investisseurs publics parviennent à attirer dans ce projet les investisseurs privés, alors pourrait être érigé un lieu moderne pour les entreprises des TIC, mais un lieu qui s'intègre dans la ville existante. Ce n'est pas seulement par la réalisation de la société de la connaissance, mais aussi par l'union des intérêts privés et publics que le développement de Varsovie pourrait devenir un exemple positif.

Fin de la contribution de Florian Koch

La stratégie urbaine de Varsovie pour 2020

Dix ans après sa libération du joug soviétique, la ville de Varsovie a présenté (Warsaw City Hall, 1999) son plan de développement à l'horizon 2010. Les investisseurs nationaux, mais surtout étrangers, se sont penchés avec un intérêt gourmand sur ce vaste projet. La Banque Mondiale n'a pas manqué de demander un audit à son *principal urban planner* Alain BERTAUD, déjà mentionné plus haut. Appliquant ses critères habituels de densité et de centralité liés - selon lui - à la liberté du marché foncier et immobilier, BERTAUD (2000) recommande avec force que des plans de zonage soient définis, des plans locaux d'urbanisme élaborés avec précision. Il recommande que toutes autres mesures soient prises pour que cessent enfin la concussion et la corruption, considérées depuis 1989 comme des pratiques essentielles dans les secteurs de l'urbanisme et de l'immobilier. Mais finalement, après des commentaires globalement favorables, BERTAUD émet un reproche fondamental à ce programme de développement : il fustige la volonté de maîtriser la spéculation foncière par l'utilisation des importantes propriétés foncières (près de 30 % du foncier) de la ville de Varsovie, de l'Etat, et de quelques grandes entreprises nationales.

Ce vieux réflexe socialiste (juguler la spéculation) est évidemment « pervers » aux yeux de BERTAUD et constitue à la fois un sacrilège (de lèse-marché-libre-et-non-faussé) et une erreur (anti-capitaliste) :

> « *There are 2 reasons why the municipality should not hold land beyond what is necessary for the services it provides. One is ethical, the other is practical.* »

La raison éthique[168], selon BERTAUD (2000), est que la municipalité ne peut à la fois établir les règles du jeu et intervenir sur le marché immobilier :

> « *The municipality cannot be at the same time a regulator and a player in the land market.* »

Quant à la raison pratique, toujours selon BERTAUD, elle est plus triviale : le marché immobilier est une jungle, avec des perdants et des gagnants, et les fonctionnaires municipaux n'ont jamais, ni nulle part, fait preuve de compétence ni de probité dans ce secteur, ainsi que BERTAUD (2000) l'aurait

---

[168] On note ici, non sans étonnement, que l'éthique serait au cœur de la Banque Mondiale. Sur les effets de l'influence de la Banque mondiale, cf. *Bamako*, film de Abderrahmane SISSAKO (2006).

constaté dans tous les pays sans exception (sic) qu'il a eu l'occasion d'étudier :

> « *Real estate is a subtle trade that is better played by competing professionals with losers and winners. Civil servants have not proven competent in managing large real estate assets. Municipal land assets are typically either under used, or a factor of government corruption, or so inadvertently managed that it has resulted in extreme land shortage and very high land prices. The track record of Municipalities as landlords is very poor, in every country that I know of, without exceptions.* »

La Banque Mondiale disposant de moyens de persuasion très efficaces, la municipalité de Varsovie n'a pas eu d'autre choix que de revoir sa copie, et un nouveau plan de développement à l'horizon 2020 a été publié en 2005 : *Development Strategy for the City of Warsaw until 2020.*

Ce projet pour Varsovie 2020 consiste à faire de la ville une métropole internationale globalisée qui se déterminerait comme l'un des pôles culturel, scientifique et financier de l'Europe. La municipalité fonde son ambition métropolitaine sur la dimension prépondérante de la ville (517 km^2 et 1,7 million d'habitants) au sein d'une aire urbaine de trois millions d'habitants et sur son rôle historique de capitale depuis 1596. Le projet met en avant le potentiel de production et de consommation de sa population : 74 % de la population est en âge de travailler, le solde migratoire de la ville est positif, le taux de chômage n'est que de 6,5 % (avril 2005), un varsovien sur quatre dispose d'un diplôme universitaire, le PNB est de 16 500 euros/personne (contre 10 900 euros/personne pour l'ensemble de la Pologne), et les plus grandes compagnies et instituts sont implantés à Varsovie.

La stratégie de développement de la ville de Varsovie (cf. le tableau récapitulatif en page suivante) s'assigne une *mission* pour une *vision* de 2020 :

- la *mission* est de positionner Varsovie parmi les plus importantes métropoles d'Europe.
- la *vision* pour 2020 est celle d'une métropole moderne et dynamique, une économie basée sur la connaissance, le centre financier de l'Europe centrale, une ville d'un niveau signifiant parmi les plus importantes capitales européennes, une très haute qualité de vie, un centre important de culture européenne, des espaces publics bien organisés, une ville avec une âme.

Stratégie de développement pour Varsovie 2020			
	Objectifs stratégiques		**Objectifs opérationnels**
1	Accroître la qualité de vie et la sécurité des habitants	1	Augmenter le niveau et l'accessibilité aux services publics
		2	Augmenter la sécurité publique
		3	Soutien au développement des logements et modernisation des existants
		4	Valoriser les atouts de l'environnement naturel et les développer
		5	Assurer une haute qualité des infrastructures techniques
		6	Assurer le transport efficace des biens et des personnes dans la ville
2	Consolider le sens identitaire des résidents en préservant la tradition, développant la culture et stimulant l'activité sociale	1	Renforcer la tradition de Varsovie basée sur son héritage culturel et naturel
		2	Créer de nouvelles attractions et événements culturels qui deviendront la « marque » de la ville
		3	Rendre Varsovie plus attractive pour ses habitants et les touristes
		4	Activer les diverses communautés de la ville et les ONG
3	Développer les fonctions métropolitaines, renforcer la position de Varsovie sur les niveaux régional, national, européen	1	Assurer des communications efficaces internes et externes de l'aire métropolitaine
		2	Renforcer la position de Varsovie comme un centre européen économique, financier, scientifique
		3	Etablir les institutions nécessaires pour le fonctionnement efficace de l'aire métropolitaine
4	Développer une économie moderne basée sur la connaissance et la recherche	1	Utiliser le potentiel scientifique pour développer une économie basée sur les technologies avancées
		2	Etendre et moderniser les universités
		3	Créer des conditions favorables pour l'investissement et le business
5	Réaliser un ordre spatial soutenable pour Varsovie	1	Arranger la structure urbaine, préserver les espaces verts naturels
		2	Organiser un espace public représentatif
		3	Organiser un espace public favorisant l'intégration sociale
		4	Intégrer spatialement les 2 rives du fleuve et ouvrir la ville sur le fleuve
		5	Revitaliser les zones dégradées

2 • LES TIC DANS LE REEL

Le projet stratégique fait abstraction de la réalité sociale du pays et de la ville : à Varsovie, le taux de mortalité avant 65 ans des suites de maladies cardiaques ou respiratoires est de 0,9 ‰ (à Berlin 0,68 ‰, à Londres 0,38 ‰), la surface de logement par personne est de 21,6 m² à Varsovie contre 38 m² à Berlin et 35m² à Paris, les très larges écarts de revenus, l'émigration des jeunes diplômés (selon les estimations 1,1 à 2 millions en 2004-2005) vers l'Europe et les Etats-Unis. On reste sceptique devant l'annonce officielle d'un taux de chômage de 6,5 % alors que la région de Mazovie (dont Varsovie est le chef-lieu) présente un taux de chômage de 14,8 % (EUROSTAT 2006).

Varsovie, place Trzech krzyzy (Trois Croix)
(PhF - 19/01/06)

Varsovie (PhF 01/07/05)

Cette grande stratégie de développement est publiée, d'une part en polonais sous la forme d'un ouvrage relié, d'allure très « institutionnelle », et d'autre part en anglais sous la forme d'un DVD qui pourrait être la publicité d'un promoteur ou le support de campagne d'un parti politique. Les nombreuses illustrations photographiques montrent une ville animée sous un ciel bleu (car, comme l'on sait, l'été dure toute l'année à Varsovie), une ville moderne (mais respectant son royal passé architectural) où de jeunes et jolies personnes travaillent devant des ordinateurs (elles sont aussi intelligentes que jolies) ou bien se promènent dans des espaces verts soignés et fleuris, ou encore flânent dans les rues de la vieille ville aux nombreuses terrasses de café. Les bâtiments du CBD sont évidemment des tours de verre, supposément aussi insensibles au climat que leurs clones de Paris-La-Défense, de Singapour, Kampala ou de Nairobi.

Dans ce discours de bateleur, le grand projet stratégique pour Varsovie tient en cinq points : Qualité de vie et Sécurité, Identité, Métropole globalisée, Economie d'une société de la connaissance, Environnement durable.

2 • LES TIC DANS LE REEL

La qualité de vie et la sécurité des habitants est le premier objectif stratégique ; les mesures prévues tiennent en une amélioration des services publics, des infrastructures de transport et des logements, et la mise en œuvre d'une cartographie électronique reliée à la mise en place de milliers de caméras vidéo, notamment dans les quartiers classés dangereux.

Le deuxième objectif stratégique est de consolider le sens identitaire des habitants ; pour cela, on s'attachera à restaurer les façades de la « Route Royale », de reconstruire les édifices royaux, de créer une image de ville de la culture, et de rénover la rive droite et en particulier le quartier Praga.

Troisième objectif : faire de Varsovie une métropole globalisée. On y parviendra avec la construction d'un réseau d'autoroutes urbaines au service du développement de l'activité financière et scientifique.

Le quatrième objectif, développer une économie basée sur la connaissance et la recherche, sera atteint en utilisant le potentiel scientifique de la ville en association avec le monde des affaires, c'est-à-dire en associant les universités, la recherche, le business.

Le dernier objectif stratégique est dans le retour à un ordre spatial soutenable (durable) : préserver les espaces verts naturels, aménager la représentativité du centre-ville avec des commerces haut de gamme et des habitations de standing, aménager les deux rives de la Vistule comme le nouvel « espace chic ».

Le développement des infrastructures est une partie importante du projet, notamment en termes d'investissement financier et en termes de postes de travail. Ce projet d'infratructures fait la part belle aux routes et aux immeubles de parkings en centre-ville, au doublement de l'aéroport, à la création d'espaces pour hélicoptères. Pour ce qui concerne les TIC, le projet de développement repose sur les bienfaits espérés de la privatisation supposée capable d'autofinancer les infrastrucutres :

> « *Telecommunications are highly profitable, which means future growth can be self-financed. The Telekommunikacja Polska SA privatisation could add impetus to the sector's development in Warsaw, especially if it increases competition among current operators. Everything points to Warsaw's telecom system stimulating growth in the city in thez fairly nearly future.* »[169]

---

[169] *Warsaw Development Strategy until the year 2010* (p. 76)

2 • LES TIC DANS LE REEL

Rien d'étonnant dans ce programme, si ce n'est justement que la grande « vision pour 2020 » est finalement celle d'une capitale de l'Europe de l'Ouest. Le rêve de la future nouvelle Varsovie est donc une de ces vieilles capitales chères à BERTAUD, où le libre marché s'est exercé sans contrainte, faisant exploser les prix du foncier et de l'immobilier au centre ville, où les populations les moins riches sont centrifugées vers des périphéries sous-équipées, avec un centre ville plus ou moins ancien dont l'authenticité n'a que l'épaisseur des façades et dans lequel s'imposent et se regroupent les pouvoirs politiques et économiques.

Le nouveau programme pour Varsovie 2020 a reçu l'aval de la Banque mondiale à qui BERTAUD (2005) n'avait cessé de rappeler la prédominance « naturelle » du marché sur la planification et l'organisation :

> « *Market forces cannot and should not be ignored or weakened by overregulation.* »[170]

Une leçon d'humilité qu'il assène volontiers aux urbanistes et aménageurs, notamment à ceux qui travaillent sur la Chine, nouvel eldorado de la promotion immobilière :

> « *Urban planners play only one role, the market plays the most important role in shaping cities.* » [171]

◊

L'urbaniste serait donc une sorte de directeur de supermarché ? Celui qui organise la mise en rayons de produits immobiliers dont le chiffre des ventes sera autant l'indicateur de la qualité des produits que de l'intelligence de la mise en rayons ?

Etonnante leçon, corollaire d'une *Weltanschauung* (et donc d'une *Stadtanschauung*) libérale où la ville est une marchandise, et, comme telle, assujettie aux forces d'un marché « libre et non faussé ». Etonnante leçon, mais aussi étonnante naïveté qui consiste à supposer que les ambitions personnelles des plus forts ne s'imposeront pas aux plus faibles, et que le marché, comme une sorte de force régulatrice supérieure viendrait, dans sa grande sagesse, structurer harmonieusement le territoire urbain pour le bien-être partagé des habitants.

---

[170] International Conference: World Heritage and contemporary architecture – Managing the historic urban Landscape -12 -14 May 2005 Vienna.
[171] http://alain-bertaud.com/AB_China_course_part3_PPT_%20.ppt. in Planning Course for Chinese Urban Planners (English Version) (June 2003, Power point).

2 • LES TIC DANS LE REEL

Etonnante vision aussi, finalement, que ce projet pour Varsovie en 2020 qui prend pour modèle la ville du XIXe siècle ; ou plutôt qui feint d'imaginer ce qu'aurait pu devenir Varsovie en 2020 si le roi Nicolas Ier n'avait pas été déposé par la Diète le 25 janvier 1831 à l'issue de l'insurrection de novembre pour faire place à une série de fragiles républiques, et si l'Histoire n'était pas passée de 1939 à 1989 (y compris en 1989) comme une suite de cyclones sur la ville et le pays.

La *Stratégie urbaine de Varsovie 2020,* s'attachant aux lieux plus qu'aux gens, au rendement locatif de l'investissement plus qu'aux logements et à leurs habitants, à la valorisation du foncier de centre-ville plus qu'à la revitalisaton des quartiers négligés, cette stratégie s'inscrit comme une occasion manquée de mettre en œuvre une stratégie de l'urbanité dans le but de « faire société » selon le mot de DONZELOT (2003) qui précise :

> « Il faut partir de « l'aire urbaine réelle » pour repenser la ville et non pas rafistoler, à la marge, les quartiers où s'entasse la pauvreté. »

Le marché des TIC en Pologne est parfaitement conforme à la *Stratégie urbaine de Varsovie* dont les vecteurs sont le désengagement d'une mission de service public et la rapidité d'exécution des quatre phases du « changement » :

- privatisation,
- développement,
- concentration,
- et enfin partage d'un nouveau monopole entre les deux leaders France Telecom et Deutsche Telekom.

Forts de leur position, ces deux majors des TIC ont enfin procédé durant l'année 2006 à une diminution significative de leurs tarifs, tout en prolongeant la durée des contrats à 39 mois, ce qui n'a pas dégradé la rentabilité des investissements, bien au contraire, comme le précise une note interne de France Telecom :

> « Le chiffre d'affaires de SCP Pologne s'élève à 1,553 milliard d'euros sur les neuf premiers mois de 2007, soit une progression de 8,6 % en données historiques, qui inclut l'effet favorable du taux de change du zloty polonais, et de 6,2 % à base comparable. »

En l'absence de volonté politique d'aménager les TIC comme service public de la société polonaise en reconstruction, la mainmise des compagnies privées sur les TIC trouve son pendant avec l'ouverture « libre et non-faussée » du marché foncier et immobilier de Varsovie.

3 • Réinventer l'urbanité avec les TIC

> « Je me passai fort bien de certitudes dès lors que j'acquis celle-ci, que l'esprit de l'homme ne peut en avoir. Ceci reconnu que reste-t-il à faire ? S'en créer ou en accepter de factices et s'efforcer de ne les point tenir pour mensongères ?... ou apprendre à s'en passer. C'est à quoi je travaillai de tout mon cœur. Je n'admettais point que ce sevrage dût mener l'homme au désespoir. »[172]

Imaginons un instant que les chemins de fer aient été considérés depuis leur création comme un instrument du développement équilibré et durable des territoires. Nous aurions certainement évité de laisser concevoir ce ridicule réseau en étoile[173] prenant Paris pour centre du monde, nous n'aurions pas manqué de développer le ferroutage pour éviter d'accroître le trafic des

---

[172] André GIDE, (1936) *Les nouvelles nourritures*. Paris, Gallimard.
[173] La fameuse « Étoile de Legrand », qui désigne le réseau grandes lignes en étoile centré sur Paris, a été créé en 1838 par Baptiste Alexis Victor Legrand. Conçu dans la logique du réseau routier du XVIIIe siècle, ce réseau influença fondamentalement la géographie économique et sociale du pays.

poids-lourds et la pollution, puis nous n'aurions pas désaffecté toutes ces lignes de desserte locale qui irriguaient les territoires ruraux et périphériques. Il eut fallu pour cela, avoir, dans le temps même où la révolution industrielle s'amorçait, la volonté de répartir l'offre de moyens et services selon un juste équilibre entre tous les points du territoire[174].

Mais revenons au réel des TIC. Les frontières n'ont décidément rien de naturel, les fonds de pensions se promènent à la vitesse de la lumière autour de la planète, le nuage de Tchernobyl ne s'arrête pas sur la rive droite du Rhin, le CO_2 chinois vaut bien celui des Etats-Unis, l'eau et l'air sont un bien commun à tous les êtres vivants. Les communications numériques nous globalisent dans la mesure où les services en sont offerts et où les pouvoirs politiques ou financiers n'opèrent pas de censure. Et pour autant que cela corresponde à notre vision du monde.

La pseudo « révolution » des TIC n'est que la réponse à une nouvelle représentation du monde car « la technique ne commande pas l'usage » ainsi que l'écrivait Bernard MIEGE (1995) :

> « Les techniques de communication ne s'installent pas brutalement dans une société, [...] Ce n'est donc pas l'offre de structure, l'existence du réseau, qui décide du développement d'un usage social, mais une dialectique plus complexe, impliquant l'offre de programme : ce qui est beaucoup plus difficile à réaliser, car où sont les écrivains et les créateurs capables de nous interpeller avec ce langage et cette écriture. »[175]

Gérard CHALIAND[176], dans son journal de voyage sur le Fleuve Amazone, rapporte que chez les Yuhup, les hommes ne peuvent imaginer de rencontrer une femme qu'ils n'ont pas déjà vue depuis l'enfance. Pour cela, lui répond son interlocuteur aborigène,

> « il faudrait aller à la ville ».

Ce « manque de ville », c'est-à-dire ce manque de rencontre potentielle d'un(e) inconnu(e), a fait le succès du mensuel *Le Chasseur Français*[177] auprès des populations provinciales et rurales qui y trouvaient - autant que des chiens, des bottes et des fusils – des centaines de petites annonces

---

[174] On aurait éventuellement explicité cette volonté d'aménagement équilibré du territoire par la triade liberté, égalité, fraternité.
[175] Bernard MIEGE in L'Humanité du 16 novembre 1995.
[176] CHALIAND Gérard, 2006, *Aux confins de l'Eldorado*, Paris, Le Seuil, collection Peuples de l'eau.
[177] *Le Chasseur Français*, mensuel créé en 1885 par la société Manufrance, a changé de propriétaires, mais il vend encore à 500 000 exemplaires.

3 • REINVENTER L'URBANITE AVEC LES TIC

matrimoniales sagement classées selon l'âge des candidat(e)s. En opposition au village où tout le monde se connaît, la ville traditionnelle est bien *le lieu de la rencontre fortuite* selon le mot de l'urbaniste Oriol BOHIGAS[178]:

> « Alors que j'y vais pour acheter une cravate, je rencontre l'amour de ma vie ».

Pour autant, ces possibles rencontres fortuites supposément offertes au citadin ne sont ni aussi fréquentes ni aussi « productives » qu'il le souhaite. Chacun ne connaît de sa ville que quelques espaces à l'intérieur de quelques heures qui correspondent à ses rythmes familiaux, professionnels, et relationnels (FAYETON 2001) et les possibilités sont finalement assez limitées.

Nous avons évoqué les nombreux sites de rencontre qui ont éclos avec le Minitel et se sont développés avec Internet[179] ; en quoi sont-ils différents des célèbres petites annonces « roses » du quotidien Libération, qui souvent tentent de concrétiser par un rendez-vous un regard fortuit saisi dans l'autobus ou dans le métro ? Les annonces du Chasseur Français, de Libé ou de Meetic.fr répondent à la même attente : élargir le champ trop étroit du réseau relationnel quotidien.

La ville traditionnelle, siège des pouvoirs, était le lieu de la confrontation des désirs et des pouvoirs (LAMIZET 2005[180]), et a fortiori le lieu de la mise en scène de ces confrontations. La valeur d'une manifestation se mesurant moins au nombre des participants qu'au nombre des spectateurs et à son impact sur eux (ARENDT 2005[181]), il était nécessaire qu'elle se déroule dans la ville. Au XXIe siècle, les manifestations (représentations du mécontentement ou de l'approbation) peuvent désormais se dérouler hors la ville si elles obtiennent la couverture des médias qui en validera l'importance ; un événement hors du commun et potentiellement dramatique les attirera :

> « ROUEN (Reuters) - Trois militants du réseau "Sortir du nucléaire"

---

[178] Lors d'un colloque à Aix-en-Provence (le 7 mars 1997 à l'Espace Méjanes).
[179] Xavier NIEL, cofondateur d'Iliad (dont Free est une filiale) en 1991, dont il est actionnaire majoritaire (près de 67 % du capital en 2006) débuta son parcours professionnel en 1984 en créant des services de *minitel rose* qui firent sa fortune.
[180] LAMIZET Bernard, 2005, *Temps et Métropole, les significations temporelles du projet urbain*. Paris, Plan Urbanisme Construction Architecture.
[181] « Was en der Französischen Revolution zählte, was sie zu einem weltgeschichtlichen Ereignis, zu einem unvergesslichen Phänomen machte, waren nicht die Taten oder Untaten der Akteure, sondern die Meinungen, der enthusiastische Beifall der Zuschauer, von Personen also, die selbst nicht beteiligt waren. »

ont passé la nuit de samedi à dimanche [15/04/07] sur un pylône à très haute tension situé à proximité de la centrale de Flamanville (Manche), où doit être construit le futur EPR. »

La manifestation s'adresse à un destinataire (telle personne, tel groupe politique, telle instance de pouvoir) et l'on n'a plus besoin pour se faire entendre d'aller crier sous les fenêtres du pouvoir : le relais des médias fera l'affaire, le public sera alors nécessairement interpellé. Cette confrontation au Pouvoir peut maintenant s'exercer simultanément sans connexion avec le lieu.

Les trois types de villes distinguées par URBAN 21[182] ne disent rien de leur possible urbanité. Les cinq formes urbaines repérées par Thierry PAQUOT (2006) connotent en revanche immédiatement la forme de vie sociale dominante :

> « Il est possible de repérer cinq formes d'établissements humains : le bidonville, la mégacité, la ville globale, l'enclave résidentielle et la ville moyenne ou intermédiaire. »

Parmi ces cinq formes de ville, et si l'on ne tient pas compte de la dimension économique (richesse/pauvreté), il est bien difficile de désigner celle qui offre la meilleure qualité de vie. Ce que l'on recherchait dans la ville, c'est-à-dire la rencontre et l'échange, la confrontation et la représentation, tout cela n'est plus l'exclusivité de la forme urbaine. L'urbain ne se définit plus comme un lieu mais comme une potentialité de relations sociales, culturelles, économiques, et politiques. L'urbain, qui n'est qu'une dimension qualitative de vie sociale, s'est dégagé du lieu « ville » pour s'affirmer comme mode de vie. Staffan HELMFRID (1968) a montré qu'en délimitant une partie du pays, nous ne saisissons plus aujourd'hui un certain groupe permanent de population, et qu'avec la délimitation d'un certain groupe de population, nous ne saisissons plus une certaine surface du pays délimitée.

Dans *« l'habitat poly-topique »* généralement binaire (urbain *vs* rural) à la Mathis STOCK (2004), la qualité de vie est dans le possible décrochage (la distanciation) de *l'Homo urbanus* par rapport à la ville qui reste son point d'ancrage. Pour les navetteurs du TGV (Xavière LANEELLE, 2004) l'urbain est constitué de trois espaces/temps : la vie familiale en province, la vie professionnelle dans la tour proche de la gare parisienne, et le TGV devenu un espace de vie sociale et de liberté individuelle où des pratiques sociales et individuelles spécifiques sont mises en œuvre dans un réseau particulier à cet espace.

---

[182] Cf. ci-dessus § Les villes dans la concurrence globale (page 103 et suiv.).

3 • REINVENTER L'URBANITE AVEC LES TIC

La ville n'est plus le lieu unique de la confrontation et de la représentation, de la rencontre fortuite et de la liberté, des pouvoirs et de la socialité. La ville n'est qu'une des formes d'établissement humain qui a pu se constituer dans le temps dans une opposition à son environnement rural. Cette forme est définitivement désuète en tant que matérialisation paradigmatique de l'urbanité. Ce constat implique, comme l'écrit Blaise GALLAND (1999), de repenser et refonder nos lieux de vie selon une nouvelle organisation de nos sociétés :

> « Avec les NTIC, l'urbain est à réinventer, et l'organisation sociopolitique locale est à redéfinir, car la ville – toutes les villes – cessent d'être le centre d'une région agricole pour devenir une partie de périphérie du global. Ainsi, le global devient centre, tandis que le local devient périphérie. »

Ce sont donc bien moins les morphologies de l'urbain qu'il nous faut réinventer qu'une nouvelle urbanité qui tienne compte de notre nouveau rapport (individuel, communautaire, national) au monde globalisé dont les TIC sont à la fois le support, l'instrument et l'expression.

3 • REINVENTER L'URBANITE AVEC LES TIC

3.1 Back to the future

Il est assez commode de dater la fin du XXe siècle au 9 novembre 1989 et le début du XXIe siècle au 11 septembre 2001. Ces grandes dates des futurs manuels d'histoire ont néanmoins avec le recul un peu le goût, la couleur, l'odeur, des occasions manquées. Comme si la soudaineté de l'événement nous avait empêchés de porter un regard critique sur les principes et les fonctionnements des sociétés dites libres de l'Ouest ou dites socialistes-et-démocratiques de l'Est, aussi bien que sur les absurdes rapports de domination économique qui régissent les relations Nord-sud.

Que se serait-il passé si la Pologne avait pris le temps - ou si elle avait eu la volonté politique - de réfléchir sur la direction à prendre pour sortir du joug socialiste soviétique sans se lancer à corps perdu dans le libéralisme ? ou bien si elle avait fait le choix volontaire du libéralisme sans se laisser coloniser par les entreprises occidentales ?

Poser de cette façon la problématique de l'aménagement des territoires de l'Europe reviendrait à tenter de réécrire « *Back to the future* »[183] et risquer de tomber dans l'utopie de « *L'an 01*[184] ».

Pourtant, il faut admettre que la rapidité du déploiement des technologies numériques fut assez grisante pour avoir masqué l'occasion manquée de poser les problématiques nouvelles que les TIC sous-tendent dans nos sociétés globalisées *et* régionalisées.

Les différences qui distinguent les villes et territoires européens les uns des autres, et cela même au sein de pays anciens, qu'ils soient régis sous un modèle centralisé à la française ou fédéral comme en Allemagne, ne sont pas techniques mais culturelles : enfouies sous une stratification historique de procédures coutumières et de textes législatifs et réglementaires dont on finit par penser qu'ils sont intangibles, elles participent de la fondation d'une identité régionale ou nationale.

Les systèmes de remboursement des frais médicaux sont un marqueur de ces différences. En Allemagne comme en France, le financement s'effectue par une cotisation sur les salaires et revenus du travail dans un principe de solidarité. On constate en France une entorse à ce principe de solidarité par le système des mutuelles complémentaires. En Allemagne, c'est carrément

---

[183] Pour reprendre le titre de l'excellent film de Robert ZEMECKIS,1985.
[184] Selon la BD de GEBE (1970) et le film de DOILLON, RESNAIS et ROUCH (1973).

une ségrégation qui est installée : les travailleurs gagnant plus de 3 500 euros par mois ne sont pas obligés de cotiser à la caisse commune car on estime qu'ils ont des revenus suffisants pour ne pas avoir « besoin » de remboursement. Dans cette situation, les plus favorisés ne participent donc pas solidairement aux dépenses. En outre, être affilié à une caisse « de riches » permet de recevoir un service médical de meilleure qualité. Pendant qu'aux Etats-Unis plus de 41 millions d'habitants n'ont pas d'assurance-maladie, les soins sont gratuits au Danemark et les médecins salariés : organisé par les régions depuis plus de trente ans, le système est financé à 80 % par l'impôt. Il garantit à chacun l'accès à la santé et un minimum assuré pour les praticiens. Finalement, les questions sont les mêmes et les mêmes techniques sont disponibles ; seules les réponses politiques sont différentes. Et les effets.

Les questions régionales - ou de régionalisme - ne cessent de ressurgir avec des volontés plus ou moins nettes d'identité sinon d'indépendance. Le mouvement de Libération de la Bretagne né vers 1965 sur un régionalisme « de droite », s'est ancré « à gauche » vers 1970. Assagi depuis 1985, il ne se fondait pas seulement sur un régionalisme idéalisé, mais sur une réalité économique et sociale (le sous-développement de la Bretagne) longtemps ignorée des pouvoirs publics, aussi bien que sur une discrimination salariale (citons, à titre d'exemple, les employés de la société du Joint Français qui gagnaient 20 % de moins en Bretagne que dans le reste du pays[185]).

Si la question Corse n'est toujours pas réellement apaisée, la lutte armée de l'IRA commencée en 1919 semblait s'être éteinte en 1998.

La trêve, annoncée le 22 Mars 2006 par le mouvement séparatiste basque ETA, faisait le tour du monde. L'annonce d'un cessez-le-feu (après 40 années de luttes qui ont fait 800 morts) n'était pas pour autant une reddition mais se voulait un pas significatif vers un règlement politique de la question de l'identité basque, question posée à la fois à l'Espagne et à la France :

> « L'ETA appelle les autorités de l'Espagne et la France à répondre de façon positive à la nouvelle situation et de ne pas placer des obstacles en travers du processus démocratique »[186]

Les réponses n'ont pas dû sembler suffisamment « positives » à ceux qui revendiquent une identité basque, et l'armistice n'a pas tenu plus longtemps que la fin de l'année 2006 :

---

[185] BAUDAIS Pierrick, 2002. Quotidien Ouest-France 19/03/2002.
[186] http://fr.news.yahoo.com/23032006/5

> « Le "processus de paix" avec les séparatistes basques de l'ETA et une part de la crédibilité du président [...] José Luis Rodriguez Zapatero, gisent sous 40 000 tonnes de gravats d'un parking soufflé par l'explosion d'une voiture piégée [...]. »[187]

Le Scotland Act de 1998 donnait à l'Ecosse son Parlement avec 129 députés. Deux langues régionales, le scot et le gaélique, étaient reconnues en Écosse par le gouvernement du Royaume-Uni selon la Charte européenne des langues régionales ou minoritaires ainsi que par le parlement écossais.

En Allemagne, où les régionalismes anciens ont été structurés selon le principe du fédéralisme en 1871 puis confirmés par la Constitution ou Loi Fondamentale (Grundgesetz) de 1949, et exercés par des gouvernements régionaux, ces régionalismes ne semblent pas non plus pleinement satisfaisants, ne serait-ce qu'aux plans de la culture, de l'enseignement[188], de la mobilité[189], de l'égalité des chances.

La relation souvent antagoniste entre local et global est fondée sur l'opposition entre un entre-soi identitaire et une autorité lointaine :

> « Bruxelles fixe la feuille de route de la Bibliothèque numérique européenne » (ZDNet France, 03/03 2006)
>
> « Bruxelles reporte à décembre son verdict sur la fusion VUP/Hachette » (ZDNet France, 03/03 2006)
>
> « Bruxelles décide de prolonger les mesures de protection jusqu'au 31 mai 2006 »[190](Ministère de l'agriculture)
>
> « Suez-GDF : Bruxelles estime la fusion conforme » (L'Express, 28/02/2006)

Ce Bruxelles qui décide pour l'Europe était pourtant au cœur de la fiction diffusée le 13/12/2006 par le RTBF mettant en lumière la possible scission de la Belgique entre Flamands et Wallons, et stigmatisant une déchirure interne à la Belgique.

La décentralisation française, rejetée par référendum en 1969, puis engagée à partir de 1982, tant attendue et tant crainte, fait apparaître nombre

---

[187] LatinReporters.com

[188] les différences de niveau d'un Land à l'autre sont stigmatisées par l'étude de l'OCDE *Programme for International Student Assessment* (PISA). On notera que la centralisation du système français ne permet pas de distinguer les résultats respectifs des différentes régions, ou plutôt elle permet à l'Administration d'en arguer pour masquer les différences régionales.

[189] Le baccalauréat (*Abitur*) obtenu dans un Land ne donne pas automatiquement accès à une université dans un autre Land.

[190] http://www.agriculture.gouv.fr/spip/actualites.grippeaviaire_a5522.html.

d'incohérences et produit une montée des inégalités entre régions riches et régions pauvres.

La France s'est constituée en un millier d'années, d'abord à coup de rapines, d'invasions et de massacres, de guerres de religion et de guerres de conquête, par l'imposition de la langue française[191], par la révolution, puis par l'éducation nationale, et enfin par la constitution d'une histoire unifiée et d'un pouvoir central. Les dimensions de la France métropolitaine ont finalement atteint des limites géographiques dont les manuels d'histoire-et-géographie[192] nous faisaient croire qu'elles étaient « naturelles » : la mer, la montagne, le fleuve. Autant dire que la France, dans sa plénitude, semblait hexagonale par nature. Comme si des ruptures topologiques pouvaient constituer des frontières « naturelles ». Les frontières « naturelles » craquent un peu partout, au niveau national (le pays basque à cheval sur la France et l'Espagne, l'Alsace dont plusieurs lois et règlements sont spécifiques et différents de ceux de la France, etc.) et au niveau départemental ou régional (pour reprendre le cas de l'aire urbaine d'Avignon qui passe le Rhône et la Durance et s'étend sur trois départements et deux régions).

Back to the future, ou reculer pour mieux sauter, n'est peut-être pas si utopique dans la mesure où la lente constitution de l'Europe semble devoir passer par une remontée des identités régionales. Les dimensions ou les formes des découpages territoriaux actuels sont d'un autre temps : c'est un changement d'échelle fondamental qui est en train de s'exercer.

Taille/densité/hétérogénéité vs urbanité

Quelles sont donc aujourd'hui les bonnes valeurs pour les trois critères (taille, densité, hétérogénéité) avec lesquels Louis WIRTH définissait Chicago et plus généralement la ville au XXe siècle ?

Quelle est la bonne taille pour une ville ? Allons-nous compter en superficie administrative stricte, est-ce 105 km^2 comme Paris sans ses couronnes, 244 comme Shanghai, 760 comme Paris avec sa petite couronne, 890 comme Berlin ou 2 942 km^2 comme Jakarta ? ou bien faut-il compter en population de l'aire urbaine avec les 33,4 millions de Tokyo, les 24,1 millions de New York, et les « dérisoires » 11,2 millions de Paris (avec ses couronnes) ?

---

[191] Dès 1539, avec l'ordonnance de Villers-Cotterêts de François 1er qui impose le français comme langue officielle du droit et de l'administration.
[192] Les fameux Demangeon et Malet-Isaac.

3 • REINVENTER L'URBANITE AVEC LES TIC

Quelle est la bonne densité pour la ville ? 6 habitants/hectare comme à Atlanta, 38 comme à Berlin, 202 comme à Paris ou 400 habitants/hectare comme à Bombay ?

Quelle est l'hétérogénéité de ces villes où les ségrégations économiques, sociales et culturelles, sont sans cesse renforcées et où se développe cette tendance des *gated communities* ?

A ces questions, il n'est qu'une réponse sérieuse, celle que faisait l'humoriste Coluche à propos de la taille des gens : la bonne longueur pour les jambes, c'est quand on a les pieds par terre. Avoir les pieds sur terre, pour une ville, c'est assurer des conditions de vie[193] satisfaisantes et équitables (à court, moyen et long terme) à ses habitants et à ses usagers occasionnels.

Dans une recherche supposée de bonne foi pour des « conditions de vie les meilleures », la plupart des conférences et colloques traitant d'urbanisme ou d'aménagement tournent aujourd'hui autour de trois thèmes emmêlés : durabilité, densité, TIC.

- *« Our Future: Sustainable Cities »* pour le «World Urban Forum 3 » du 18 au 23 juin 2006 à Vancouver,
- *« Innovation publique et administration électronique »*, 6 et 7 septembre 2006 à Nantes,
- *« Comment les grands quartiers d'affaires peuvent-ils être durables ? »* aux « Journées mondiales de l'urbanisme », 8 et 9 novembre 2006 à Paris,
- *« Media and urban space »* à la Conference *MediaCity*, 10-12 novembre 2006 à l'université de Weimar,
- *« Colloque DensCité »*, 4 décembre 2006 à Lyon,
- *« Denses Cités : La densité peut-elle enrayer l'étalement urbain ? »*, 20 décembre 2006 à la Grande Arche de La Défense.

La densité est désormais un thème dans le vent, utilisé pour toutes les programmations, pour servir toutes les ambitions.

Revendiquée par les mouvements écologistes, notamment en Allemagne et le nord de l'Europe avec la promotion des « villes compactes », la densité intéresse maintenant l'Amérique du Nord pourtant championne des faibles densités urbaines.

---

[193] durables, soutenables, évidemment.

3 • REINVENTER L'URBANITE AVEC LES TIC

Le Maire de Vancouver Sam SULLIVAN faisait ainsi forte impression en lançant son projet « EcoDensité » :

> « *Mayor Sullivan launches Vancouver EcoDensity Initiative [...] as a way to reduce our ecological footprint and to make home ownership more economical.* »[194]

La densification serait désormais la panacée aux maux urbains. Supposée capable d'agir sur la criminalité, la densité est même convoquée par Nicolas SARKOZY s'adressant le 9 mai 2006 aux préfets :

> « Contrairement à une idée reçue, la densité d'un habitat en maisons de ville contiguës est supérieure à celle des grands ensembles et crée un espace urbain moins criminogène et plus propice à l'accession à la propriété. »[195]

C'est faire peu de cas de la concentration du chômage et de la pauvreté, c'est-à-dire de la densité de misère, dans certains quartiers ou banlieues de relégation. C'est oublier que les « beaux quartiers » parisiens ne comptent guère de maisons de ville ! C'est aussi oublier la forte densité des banlieues parisiennes. C'est enfin oublier que la densité de Clichy-sous-Bois (avec 72 habitants/hectare malgré son vaste parc forestier) est le double de celle de Berlin et que cette banlieue exclue de la capitale (et du monde) comporte 20 % de maisons individuelles !

Nicolas SARKOZY n'est pas le seul à rendre les formes urbaines et architecturales responsables de la misère des habitants ; comme le souligne Claude CHALINE (2003), c'est là un procédé simpliste trop courant :

> « Le débat sur un urbanisme pathogène est l'objet d'un discours répétitif qui conduit à faire l'amalgame entre la forme, l'architecture de certains territoires urbains et la causalité des handicaps cumulatifs de leurs habitants. »

Abandonnant le recours au seul critère de densité, Olivier PIRON (2006) propose de réfléchir sur l'espace urbain global nécessaire au « confort spatial » et il peut ainsi argumenter que :

> « Le thème de la densification en soi n'a pas de sens et que la question clé est : où et comment va-t-on loger les familles avec enfants ? »

Quant à l'hétérogénéité souvent invoquée, elle est partout et constamment battue en brèche. La multiethnicité comme qualité structurante de l'identité française a été mise en avant par les partis de gauche PS et PC en 1981, elle

---

[194] http://www.city.vancouver.bc.ca
[195] http://www.interieur.gouv.fr.

s'est exprimée en 1983 avec le mouvement « black-blanc-beur ». La réalité urbaine est bien éloignée de ce rêve : la multiethnicité n'est acceptée qu'à l'intérieur d'une impérieuse ségrégation économique.

Les lieux du groupe social

Si la densité urbaine était un critère de qualité environnementale (avec la fameuse *footprint* ou empreinte écologique), alors la France, avec ses vastes espaces non bâtis, serait certainement *le* modèle pour l'Europe :
- La population des villes françaises a doublé entre 1936 et 1999, passant de 22 à 44 millions, pendant que la population globale n'augmentait que de 40 % ;
- Aujourd'hui 3 personnes sur 4 vivent dans des zones urbaines qui ne représentent que 18,4 % du territoire ;
- L'aire urbaine de la capitale regroupe 22 % de la population sur 2 % du territoire.

Cette concentration de population dans la région parisienne et les métropoles régionales ne doit pas faire oublier la dispersion des populations rurales : du plus petit village à la grande capitale, ce sont 36 500 communes dont la moyenne s'établit à 1 640 habitants.

Schématiquement, il faut retenir que si 25 % de la population de la France vit dans les villes centres, 50 % dans les banlieues, et 25 % dans des villages, la croissance s'établit maintenant dans les petites communes des zones déjà fortement urbanisées. Il s'ensuit que les nouvelles formes urbaines n'ont plus rien à voir avec les villes d'autrefois (avant le milieu du XXe siècle).

Or, dans cette transformation profonde qui a fait passer la population du rural à l'urbain, l'identification entre la morphologie de l'urbain et la capacité des habitants à produire du lien social a été comprise à l'envers. L'origine (le fondement) de la ville n'est pas dans le bâti mais dans le désir (et/ou le besoin) de vivre ensemble ; la forme urbaine ne crée pas la convivialité (l'urbanité), elle est chargée de lui permettre de se déployer et de s'exercer.

Bien au-delà de ses aspects fonctionnels, la ville est essentiellement un espace scénique en transformation permanente dans lequel se jouent les vies des habitants et autres usagers selon la dramaturgie (FAYETON, 2002) issue de la vision politique des forces au pouvoir.

Les grands aménageurs institutionnels, pourtant, semblent parfois penser qu'il suffit de réaliser les infrastructures et les bâtiments, c'est-à-dire construire le décor, pour que la dramaturgie se conçoive d'elle-même et que les acteurs (les habitants) trouvent leur rôle.

C'est en tout cas ce que voudrait nous faire croire un « grand » spécialiste de la ville[196], Jean-Jacques FOURNIER, nommé au poste éminent de président de l'agglomération nouvelle de Melun-Sénart. A l'occasion de l'ouverture du Carré Sénart, un immense centre commercial (65 000 m^2) de type *fun shopping* situé dans la plaine agricole à l'écart de la ville, il répondait à une question d'un journaliste qui osait s'inquiéter de la possible désurbanité de ce morceau de ville exterritorialisé :

> « Mais on fait de la ville avec du commerce ! »

Bernard BLED, président de l'EPAD (Etablissement Public pour l'Aménagement de la Défense), voit les choses de la même façon :

> « Le slogan que j'utilise le plus souvent est "rapprocher l'urbain de l'humain". Ma préoccupation est donc d'humaniser, au travers de ce projet, le quartier d'affaires. »[197]

Nous ne vivons plus dans la ville industrielle décrite par ENGELS, non plus que dans le Chicago de Louis WIRTH ou dans le quartier de la Croix-Rousse ausculté et analysé par Michel De CERTEAU.

Nous vivons dans les métropoles de Mike DAVIS, dans les villes de Pierre BOURDIEU et les banlieues de Loïc WACQUANT, tous lieux de vie globalisés dans la « société du risque » de Ulrich BECK.

L'échelle du voisinage : le quartier

Le code électoral n'exige pas la présentation d'une carte d'identité lors d'un vote dans les communes de moins de 5 000 habitants : c'est que dans les petites villes et les villages, tout le monde connaît tout le monde. La ville, en revanche, est donnée comme le lieu de l'anonymat et l'adage allemand rappelle que « l'air de la ville rend libre »[198].

Dans cet anonymat urbain, une demande de relation de proximité se fait jour dans la ville. Chaque année, la « fête des voisins »[199], née en 1999 d'une initiative isolée dans un quartier parisien, se développe de plus en plus loin, atteignant la Turquie et le Canada. En 2006, ce sont 6 millions de personnes

---

[196] On retiendra à sa décharge que Jean-Jacques FOURNIER avait précédemment exercé la profession d'entrepreneur de Travaux Publics.
[197] http://www.linternaute.com/savoir/grands-chantiers/06/dossier/la-defense-2015/bernard-bled-interview.shtml.
[198] *Stadtluft macht frei.*
[199] http://www.immeublesenfete.com.

3 • REINVENTER L'URBANITE AVEC LES TIC

qui ont organisé une fête de la proximité dans leur quartier. La progression est constante[200] :

1999	2000	2001	2002	2003	2004	2005	2006
1 quartier à Paris	France	France	France	France + Belgique	France + 7 pays	France + 16 pays	France + 18 pays
							Canada Suisse Turquie
	0,5 Mio	1 Mio	2 Mio	3 Mio	3,4 Mio	4,5 Mio	6 Mio

Il y a dans ces manifestations une attente d'identification au quartier que l'on habite et une demande de relation de proximité qui ne sont pas indemnes du désir de définir un entre-soi pas vraiment éloigné de l'esprit communautaire.

Nous commençons à reconnaître que les *gated communities* s'inscrivent dans la durée, et se développent au-delà d'une mode suscitée et soutenue par le marketing immobilier. La tendance des quartiers fermés se confirme en Europe et elle trouve des supporters enthousiastes chez les professionnels de l'habitat individuel qui ne font, disent-ils, que répondre à la demande.

Mais il y a aussi une demande de relations sociales largement ouverte à l'échelle du quartier qui s'exprime au travers d'associations de tous types, et depuis les années 80 dans les associations de type SEL où l'on échange son savoir-faire sur la base d'une monnaie symbolique.

La capacité des TIC à relier et surtout à créer du lien entre des inconnus voit son application dans la constitution de réseaux de quartiers, ainsi le nouveau site www.peuplade.fr créé en 2003 à Paris puis en 2007 à Grenoble :

> Peuplade est une expérience débutée à Paris, en 2003, dans le quartier des Epinettes (XVII°). Grâce à l'engagement enthousiaste et à la forte implication des premiers inscrits, dont certains ont largement contribué à faire de Peuplade ce qu'il est aujourd'hui, grâce aussi au soutien de divers partenaires, l'initiative a connu un succès qui a donné envie à ses fondateurs de l'étendre sous une forme nouvelle. [...] un projet social exprimé par la Charte Peuplade et mis en oeuvre par "Les Ingénieurs Sociaux", une entreprise engagée qui conçoit et développe des outils destinés à offrir aux personnes, aux associations, aux entreprises et aux institutions les moyens de donner aux rapports interpersonnels, à la société et à l'économie un visage plus humain. [...] un site gratuit d'accès : son financement s'effectue grâce aux partenaires - villes, associations ou entreprises - qui adhèrent à la démarche initiée. [...] un espace de rencontre, d'échange, d'invention et d'initiative offert aux habitants d'une même rue, d'un même quartier, d'une même ville.

---

[200] La manifestation 2007 aurait rassemblé 7,5 millions de personnes en Europe.

> Aujourd'hui, toute personne qui le souhaite peut désormais s'inscrire et créer une peuplade dans son quartier, partout dans le monde !
>
> Á l'origine de Peuplade, il y a des co-fondateurs : Stéphane Legouffe, 28 ans, informaticien, le développeur de Peuplade, Jérémie Chouraqui, 29 ans, avocat, le stratège de Peuplade, Sarah Hirschmuller, 32 ans, artiste, l'écrivain de Peuplade, réunis autour d'un fondateur : Nathan Stern, 33 ans, sociologue, le concepteur de Peuplade.

L'échelle des réseaux

Les réseaux ne sont pas une nouveauté : familles, amis, relations professionnelles ou ludiques, politiques ou religieuses, ont toujours constitué des réseaux vivifiés par des communications. Ces réseaux fonctionnent dans les limites géographiques que leur proposent les technologies : c'est-à-dire aux échelles du piéton, du cheval, du train et de l'automobile, de l'avion, de la lumière. Ils s'étendent aussi en réponse aux transformations de la société, de notre représentation du monde, et de notre mobilité physique et culturelle.

L'habitat s'inscrit dans l'échelle de réseau. On ne communique plus par l'intermédiaire de la boîte à lettre vissée à la porte de la maison : notre adresse est désormais celle de notre téléphone portable et de notre courriel.

Bi-résidentialité et transhumance

Sans qu'un véritable nomadisme s'installe, c'est toutefois un rapport différent au logement comme lieu unique de référence qui semble devoir être pris sérieusement en compte dans l'aménagement des territoires.

Non seulement les nouvelles structures familiales posent aux bailleurs la question de la taille des logements (le nombre de chambres), mais la famille recomposée, en passe de devenir la norme[201], induit une pratique nouvelle du réseau familial, distendant et élargissant les liens de la famille, et accroissant la mobilité avec la garde parentale partagée (pour 10 % des enfants dont les parents divorcent) et les deux adresses alternées[202].

Aujourd'hui, l'Hexagone compte plus de trois millions de résidences secondaires, soit 10 % du parc immobilier total, et environ 800 000 de plus qu'il y a dix ans. Le besoin de résidence secondaire semble fonction de la taille du logement principal : 45 % des Parisiens sont propriétaires d'une résidence secondaire[203] contre 37 % des habitants de la Petite couronne et

---

[201] Le taux de divorces s'établit depuis quelques années autour de 45 %.
[202] La nouvelle loi sur la résidence alternée et l'autorité parentale du 4 mars 2002.
[203] Mais seulement 32 % des Parisiens sont propriétaires de leur résidence principale.

30 % de la grande couronne[204]. Plus important encore, le Français passe en moyenne 44 nuitées par an dans sa résidence secondaire et le temps moyen pour atteindre cette résidence est de trois heures pour les provinciaux et de six heures pour les franciliens.

La clientèle étrangère représente 15 % des achats de résidences secondaires (en 2003/04) avec en première place les Britanniques (70 %), loin devant les Néerlandais, les Belges et les Allemands[205]. La raison de cet afflux d'étrangers est à trouver naturellement dans la beauté des paysages, dans la douceur du climat, dans l'image de la France, mais aussi dans la relative modération des prix de l'immobilier par rapport aux pays d'origine et dans la quantité d'offres dans les différentes régions. Les Britanniques installés en France ne manquent pas de mentionner la qualité des services publics et tout spécialement l'accès aux services médicaux. Qu'ils soient français ou étrangers, de plus en plus de résidents secondaires vivent leur second logement comme une deuxième résidence, alternante, non plus secondaire mais alternative.

C'est bien comme une sorte de nouvelle transhumance qu'il faut prendre en compte « l'habitat polytopique » (Mathis STOCK 2004) dans une société en voie de post-sédentarisation.

Communautés, tribus, clubs

Des communautés d'un type nouveau se sont créées grâce aux TIC, associant des personnes ou des organisations qui peuvent rester cachées derrière un pseudonyme. Pour autant, il ne s'agit pas de société secrètes dont les membres se connaissent mais ne divulguent pas à l'extérieur leur appartenance à l'extérieur. Ces communautés ont la particularité d'accueillir quiconque sans engagement autre que de respecter quelques règles simples de fonctionnement.

Créé en 2001, né de la rencontre à Strasbourg d'étudiants de diverses origines européennes, *café babel*[206] est un webzine de réflexion sur les grands thèmes d'actualité européenne, et cherche à favoriser l'émergence d'une opinion publique européenne.

Le programme Wikipedia, actif dans 171 langues, s'impose peu à peu comme expression communautaire autorégulée alors même que les contributeurs restent anonymes.

---

[204] IAURIF n° 376 de juillet 2006.
[205] http://www.residence-secondaire.fr/residence_secondaire/index.php.
[206] www.cafebabel.com.

3 • REINVENTER L'URBANITE AVEC LES TIC

Le désir de renouer des liens anciens fait le large succès des sites de retrouvailles[207] : copainsdavant.linternaute.com revendique plus de quatre millions d'inscrits en avril 2007 et trombi.com annonce trois millions d'adhérents.

Le terme de tribu a échappé aux ethnologues pour entrer dans le langage courant et désigner le diaspora des familles recomposées à laquelle sont associés les copains. Ce terme, évoluant vers l'identification de liens sociaux souples et exterritorialisés, est repris maintenant par des activités multiples parmi lesquelles on citera les sites de rencontre, de covoiturage, les associations de professionnels ou les bureaux d'études, les sites institutionnels en direction des jeunes, les sites commerciaux :

    http://www.tribudenuit.com/
    http://www.tribu-covoiturage.com/
    http://www.tributribu.com/,
    http://www.tribu-architecture.com/
    http://www.latribu-lr.fr/
    http://www.mactribu.fr/

Autrement fondés que ces tribus fluctuantes, les liens généalogiques donnent lieu à des recherches qui se sont rapidement développées grâce aux TIC ; des recherches nécessairement globalisées tant les migrations humaines ont été et restent transnationales, transcontinentales. La vogue de ces recherches a fait le succès de nombreux sites de généalogie et en particulier celle du site de Ellis Island[208] qui répertorie les immigrants aux Etats-Unis. Cet engouement se traduit par l'organisation de « cousinades », grands rassemblements festifs de personnes rattachées, de près ou de loin, à une lignée cognatique, et de nouveaux liens se tissent.

Les réseaux numériques installent une nouvelle échelle relationnelle sous un mode souple d'adhésion, de participation, et d'abandon du groupe, mais aussi, sous l'autorité de quelque webmaster invisible, de possible exclusion dénommée « bannissement ».

---

[207] Très relayés par les sites ciblant les retraités.
[208] www.ellisisland.org.

3.2 Du cheval à la lumière

Lors de la création des 83 départements français (février 1790), le Pouvoir se collait à une réalité géographique en dérogeant à la proposition intellectuelle (virtuelle ?) d'un découpage du territoire en 80 carrés égaux. Il s'agissait d'une mise en réseau du Pouvoir sur le territoire : les départements offraient ainsi un accès unifié (une journée de cheval) à la représentation locale de l'Etat central, et, inversement, lui assuraient la possibilité d'une intervention locale. Le découpage de 1789 correspondait à la vitesse du cheval chargé de porter le message ou la force.

Depuis 1790, l'organisation territoriale de la France métropolitaine s'est complexifiée régulièrement : nos 36 616 communes (plus 162 communes dans les DOM-TOM) sont regroupées en 3 079 cantons (le canton n'étant qu'un espace électoral) inscrits dans 329 arrondissements (qui ne sont que des circonscriptions administratives) dépendants de 96 départements subordonnés à 22 régions.

A cet échafaudage pyramidal se sont surajoutées - pour d'évidentes raisons d'efficacité sur le terrain - des structures d'associations : 2 380 communautés de communes rurales, 158 communautés d'agglomérations et 14 communautés urbaines. Et comme cela ne suffisait pas, la notion de Pays s'est ensuite imposée à côté (ou parfois par dessus) des Syndicats à vocation multiple (SIVOM), des syndicats mixtes, et des Syndicats à vocation unique (SIVU).

On fait souvent l'éloge de la richesse du tissu administratif et politique communal (près d'un élu pour 100 habitants !) du territoire français par opposition aux structures beaucoup plus étendues des autres pays d'Europe. Malheureusement, les dimensions (géographique, économique, humaine) et les contenus de nos structures d'associations sont en majorité obsolètes : elles sont restées à l'échelle du cheval et à l'époque des féodalités de village et/ou de clocher. Francis GODARD (2006) ne manque pas de relever cet anachronisme :

> « Or, la France du point de vue de sa structure territoriale est un pays fortement marqué par un système de représentation hérité du monde rural. Le problème réside moins dans l'éclatement communal qui résulterait de l'existence de 36 672 communes (les 600 000 élus doivent être considérés comme une richesse pour notre pays !) que dans l'inégalité de répartition de la représentation républicaine. On sait que 21 577 communes comptent moins de 500 habitants. Mais

combien de tours ou de grands ensembles comportant plus de 500 occupants sont sans un conseil municipal ni même un élu ? »

Il n'est pas inutile de mettre en regard ces 500 habitants (150 à 200 logements) d'une « barre » de taille moyenne, ignorés de la ville, et ceux des petits villages organisés administrativement et représentés par des élus. Les différences ne sont pas seulement dans la morphologie du bâti, le paysage, les activités : c'est l'échelle du monde qui y est différente.

Féodalités territoriales

La Communauté de communes de la Vallée du Toulourenc, avec 172 habitants (environ 75 logements), la plus petite du département de Vaucluse, regroupe trois villages (chacun doté de son conseil municipal) égrenés sur la route départementale 40 au pied du Mont Ventoux : Saint Léger du Ventoux (25 habitants[209]) est à six kilomètres de Brantes (67 habitants) qui est à quatre kilomètres de Savoillan (80 habitants). Que peut-on espérer d'un tel regroupement ? Pourquoi cet isolement entre-soi ? Doit-on y voir la crainte d'un phagocytage par la petite ville proche (30 kilomètres) de Vaison-la-Romaine qui, avec 6 000 habitants, n'a pourtant rien d'un monstre urbain ?

Marseille et Aix-en-Provence, constituant bon gré mal gré la potentielle aire urbaine d'Aix-Marseille (reconnue par l'INSEE mais encore ignorée par les responsables politiques locaux), perpétuent ce genre de luttes archaïques pour le pouvoir territorial.

Aix-en-Provence, avec 134 222 habitants (4ème ville de France en termes de progression : + 10 000 habitants en 10 ans) est la ville-pilote de la Communauté d'agglomérations du Pays d'Aix (CPA) qui rassemble 333 000 habitants sur 34 communes, et s'étend sur 1 300 km^2 dont 2 500 ha de zones d'activités.

Marseille (826 700 habitants) a constitué autour d'elle en juillet 2000 une communauté d'agglomérations avec 18 communes (pour 991 953 habitants soit 53 % de la population des Bouches-du-Rhône) sur 605 km^2 et lui a donné le nom de MPM (Marseille-Provence-Métropole), laissant ainsi s'installer l'équivoque quant à sa possible emprise sur Aix-en-Provence.

Ni Aix ni même la CPA (communauté d'agglomérations du pays d'Aix) ne présentent les caractéristiques de taille, de diversité, de dynamique de mises en réseaux (LACOUR et PUISSANT 1999 ou CASTELLS 1998) pour laisser

---

[209] Selon le recensement de 1999.

inférer qu'un tel processus de métropolisation serait en cours ou à venir à cette échelle.

Si un regard distancé (parisien, voire européen) laisse imaginer une unique réalité métropolitaine réunissant Aix et Marseille, c'est dans la négation de la concurrence historique qui oppose les deux villes et fait que la métropole Aix-Marseille n'existe pas encore comme institution. C'est en effet à l'intérieur de la métropolisation sous-jacente de l'ensemble urbain Aix-Marseille (1 349 772 habitants) que se situe Aix-en-Provence (134 222 habitants) dans son combat pour préserver et/ou gagner une identité revendiquée par rapport à la puissance de la ville-pilote. L'argument s'appuie sur la valeur historique et culturelle d'Aix, mais aussi sur la superficie d'emprise de la CPA, double de celle de la MPM. L'enjeu explicitement proclamé par la municipalité est de faire d'Aix-en-Provence *l'autre* pôle de la nouvelle métropole régionale :

> « Le projet d'agglomération intègre cette ambition métropolitaine et prévoit, pour ce faire, le renforcement des fonctions supérieures du Pays d'Aix (enseignement supérieur, sport, culture, tourisme et patrimoine) et l'implication de la CPA dans les chantiers permettant d'accroître la compétitivité globale de l'aire métropolitaine (réalisation d'un réseau de transports de type RER, mise en réseau de certains hôpitaux…). »[210]

Dans cette ambition, la ville d'Aix-en-Provence avance sur trois niveaux géographiques :

- marquer son territoire en donnant son nom à la communauté d'agglomération (34 communes et 333 000 habitants) et par la maîtrise de l'institution locale : la Communauté du Pays d'Aix est présidée par le maire d'Aix et cinq vice-présidents sur 28 sont des élus de la ville d'Aix ;
- s'inscrire à l'échelle de la métropole : en réaffirmant régulièrement une identité particulière, historique et culturelle qui la place (au moins) à la hauteur de Marseille

> « … le statut de « capitale de la Provence » - auquel Aix doit plus que jamais prétendre … [211] […] cette ville qui se veut capitale artistique régionale […] répondre à la demande d'un large public métropolitain et de servir une ambition nationale. »[212]

---

[210] http://agglo-paysdaix.fr/nosprojets_projet_agglomeration.htm.
[211] Magazine Municipal "Aix en Dialogue" n°9 oct-nov 2003.
[212] Interventions de madame le maire et de M. F-X De Peretti, adjoint à la culture, conseil municipal d'Aix du 20 Décembre 2001 et conseil de communauté du 15 Juillet 2002.

et par l'implantation d'équipements structurants de niveau régional (centre chorégraphique national, salle de spectacles du Pays d'Aix, gare TGV, aéroport de Marignane) ;

- revendiquer et valider un relationnel national et une image internationale en trouvant des appuis et financements au-delà de la métropole régionale

« […] L'Etat est à ses côtés. La Région et le Département sont ou seront parties prenantes. »[213]

en choisissant pour ces opérations des architectes dont la renommée internationale est chargée de donner à la ville une dimension supra régionale, en menant une politique dynamique des relations internationales faite de réceptions, de voyages et de jumelages.

Cet affichage d'une volonté d'identité territoriale s'efface pourtant lorsqu'il s'agit de réaliser un équipement important. La nouvelle gare routière multimodale[214] d'Aix-en-Provence (mise en service prévue en 2011), d'un coût de 35 millions d'euros, est nécessairement cofinancée par la Région PACA et le Département des Bouches-du-Rhône. Cette gare, dont l'initiative est revendiquée par la CPA, répond aux besoins de liaison entre le pôle principal de la métropole (Marseille) et le « quartier » excentré qu'est Aix : la moitié des 40 000 étudiants de l'université ne résident pas à Aix.

Au bout du compte, il apparaît que le découpage et le fonctionnement administratif et politique de l'aire urbaine d'Aix-Marseille sont totalement obsolètes.

Nouveaux repères

Ces luttes pour le pouvoir local (régional) ne sont pas seulement dérisoires et ridicules, elles inhibent toute réflexion d'ensemble sur la réalité de l'aire urbaine dans son environnement. Le « nécessaire » développement des réseaux et systèmes de transports dans les grandes agglomérations s'apparente en fait à des soins palliatifs : comment moins souffrir dans les transports pendulaires quotidiens. En France, les plans de déplacements urbains (PDU) ont été initiés par la Loi d'Orientation sur les Transports Intérieurs (LOTI) en 1982. Ils sont devenus obligatoires avec la Loi sur l'Air et l'Utilisation Rationnelle de l'Energie (LAURE) en 1996, et renforcés par

---

[213] Magazine municipal "Aix en Dialogue" n°9 oct-nov 2003.
[214] Il suffit qu'une gare routière proche d'une gare SNCF soit dotée d'un parking à vélos, pour qu'on l'affuble du qualificatif très valorisant de « multimodale ».

la Loi relative à la Solidarité et au Renouvellement Urbains (SRU), votée en décembre 2000. Ces plans déterminent, dans le cadre d'un périmètre des transports urbains (PTU), l'organisation du transport des personnes et des marchandises, la circulation et le stationnement. Les PDU permettent, comme si c'était inévitable, de conserver et de renforcer la ségrégation territoriale des logements et des activités, des beaux quartiers et des « quartiers ».

Il est grand temps d'effectuer la mise à jour : non seulement les informations transitent maintenant à la vitesse de la lumière (ou presque) mais le local, le régional, le national et le global sont entrés dans un processus général de recomposition.

La production d'énergie centralisée a été la marque du XXe siècle avec des centrales thermiques (dont le renouvellement est en cours[215]) ou nucléaires distribuant l'électricité par un réseau complexe. Des installations centralisées de chauffage urbain (375 réseaux urbains d'une puissance installée supérieure à 3,5 MW) alimentent des quartiers entiers. Avec le XXIe siècle, on constate la montée en puissance et en nombre des installations de productions « alternatives », locales ou individuelles, qui trouvent leur énergie sur place avec le solaire thermique ou photovoltaïque, la géothermie et l'éolien. Dans le temps où le « local » est valorisé par son indépendance énergétique, l'utilisateur se positionne globalement avec son mobile et son GPS.

Les *huccs*[216] (habitants-usagers-citoyens-consommateurs) ne se situent plus par rapport à des points fixes comme les clochers des villages, repères fixes signifiants d'identités, mais par rapport à des réseaux eux-mêmes dynamiques et mobiles.

---

[215] La centrale EDF de Gennevilliers (216MW), construite en 1920 a été désaffectée en 1985 et détruite en 2005, la centrale thermique de Westerholt (300 MW), avec sa cheminée de 337 mètres de hauteur, a été détruite en 2006.
[216] La définition des *huccs* a été donnée plus haut, (p. 28). Cf. Emmanuel EVENO, in http://www.oui.net/fac/reflexion/socurbdecom/texte4.htm.

3.3 L'actualité du projet Gutkind

Bien avant que Françoise CHOAY ne proclame « la mort de la ville et l'avènement du règne de l'urbain » en 1994, Erwin Anton GUTKIND (1886-1968) publiait en 1962 *The twilight of cities* (édition française : *Le crépuscule des villes*, 1966, Paris, Stock), un court texte que l'on peut considérer comme ses dernières volontés. Rédigé à l'issue d'une longue vie professionnelle[217], d'abord comme architecte, puis comme urbaniste et théoricien, il adresse cet ouvrage au grand public.
Stigmatisant l'extension anarchique des villes, la pratique bureaucratique de l'urbanisme et l'abdication de l'Etat dans le domaine de l'urbanisme, son projet est délibérément placé sous le signe d'une pensée libre et critique, se dégageant des habitudes et des traditions, des lobbies et des corporatismes.
GUTKIND, dont la compétence est à cette date largement reconnue, s'élève avec force contre

> « la surestimation aveugle de l'expert ».

Il fustige la concurrence entre les villes qui rend impossible tout aménagement régional, et dénonce

> « cette conviction désuète qu'une grande ville ou une métropole ont pour mission de croître, et que toute décroissance équivaut à un déclin et entraîne une stagnation ».

C'est un projet social, un projet de société, qui fonde sa réflexion sur l'aménagement urbain :

> « ...tant qu'un grand nombre d'individus devront vivre dans des taudis [...] aucun fonctionnaire chargé de l'aménagement urbain n'a le droit de songer à faire du centre de sa ville un objet de vitrine »

GUTKIND brocarde au passage ceux qui, alors au faîte de leur célébrité[218], cherchent à rendre « lisible » l'image de la ville, et qu'il nomme les « chasseurs d'image ».
Malgré son âge avancé (il a 76 ans en 1962), il s'insurge contre les inégalités sociales mises en scène par les urbanistes et il prône

> « la révolte contre les idées prédigérées ».

Le crépuscule des villes est aussi, dix ans avant le *Rapport Meadows* du Club de Rome, un projet d'aménagement durable :

---

[217] Cf. ci-dessous § Biographie de Erwin Anton GUTKIND (page 206).
[218] *The Image of the City*, de Kevin Lynch a été publié en juin 1960.

> « ...il faudra supprimer tout gaspillage de ressources, de temps et d'espace... »

Son projet lui semble d'ailleurs tellement éloigné de « l'urbanistiquement correct » de l'époque qu'il ne ménage pas les précautions auprès de ses lecteurs :

> « Je ne songe pas à prétendre que la solution que je préconise est définitive et qu'elle ne prête aucunement à la critique. Je souhaite au contraire qu'elle serve de stimulant à la discussion, de tremplin pour une remise en question. »

En réaction au chaos urbanistique des mégapoles nord-américaines, GUTKIND propose un projet quelque peu utopique visant à lutter à la fois contre l'étalement des banlieues, la concentration dans les pôles urbains principaux, et la discrimination imposée entre urbains, banlieusards, et ruraux :

> « Il s'agit de transformer le milieu urbain et rural en redistribuant largement les besoins fondamentaux d'habitat, de travail, de répartition et de circulation, de loisirs et de récréations, de rapports sociaux et de stimulants culturels. »

Partant du développement historique des villes pendant 180 générations (soit environ 5 000 ans), GUTKIND observe que depuis seulement quatre ou cinq générations, les villes changent sous une double transformation :
- Notre relation au temps et à l'espace,
- L'explosion démographique[219],

et il bâtit son projet sur deux concepts interdépendants :
- La région idéale,
- La nouvelle échelle et la nouvelle mobilité.

« La région idéale »

GUTKIND commence par poser la question de la raison d'être de la ville : qu'est-ce qui attire les gens dans les villes ? Ce sont le travail, les salaires, les contacts sociaux et les distractions.

Il explore la ville dans une large réflexion, s'appuyant sur de nombreux auteurs aussi divers que les philosophes George Boas et Teilhard de Chardin, les urbanistes Oswald Spengler et Patrick Geddes, l'anthropologue Malinowski ou encore l'écrivain André Gide.

---

[219] GUTKIND écrit à cette époque déjà lointaine (1962) où la Chine comptait 650 millions d'habitants, soit exactement la moitié de sa population actuelle.

3 • REINVENTER L'URBANITE AVEC LES TIC

La ville, écrit-il, se caractérise par le stress d'une agitation superficielle, et malgré la concentration humaine, l'isolement n'y est pas moindre que dans les communautés rurales qui, elles, souffrent de « rigidité ». Au bout du compte, quelles sont les activités et fonctions traditionnellement implantées en ville qui ne pourraient être situées ailleurs ? La ville, en tant que centre polarisant les fonctions supérieures d'une région, n'est plus adaptée aux conditions actuelles de population, de mode de vie, et il faut admettre, conclut-il, que dès à présent :

> « le concept de « ville » est un anachronisme. »

GUTKIND engage alors à reconsidérer fondamentalement le trio ville/périphérie/campagne. Sa thèse principale imagine :

> « une région dépourvue de centre, envisagée comme la prochaine étape de l'évolution de la structure du milieu. »

Il imagine une région qui offrirait une répartition égale des opportunités et des activités entre les nouvelles unités communautaires : l'agglomération urbaine perdant ainsi sa prépondérance au profit du rééquilibrage de l'ensemble de la région incluant zones urbaines et zones rurales.

L'organisation de cette région « dépourvue de centre » serait faite dans une double action – « décentralisation et dispersion » - afin de créer « de nouveaux rapports mentaux et matériels vis-à-vis d'un milieu nouveau. »

GUTKIND propose de dédensifier les centres-villes en récupérant le foncier occupé par des bâtiments vétustes, voire inutilisables, d'y aménager des espaces publics, de répartir les services culturels et sociaux de manière « organique » entre les « unités communautaires ».

> « La « région idéale » a pour caractéristiques principales une proximité sociale et culturelle authentique, et une grande mobilité qui rend tous les lieux facilement accessibles ; il s'ensuit un élargissement de l'horizon mental et de la gamme des possibilités. »

« La nouvelle échelle et la nouvelle mobilité »

L'élargissement de l'échelle des observations humaines, écrit GUTKIND, est permanent depuis que l'humain réfléchit à sa place dans l'univers. Dans cet univers en expansion, l'Homme est un « centre mobile », élément constitutif d'unités sociales dont ni les dimensions ni les localisations « ne devraient dépendre en premier lieu de considérations économiques ».

Pour GUTKIND, l'échelle de l'univers humain n'est pas dans la dimension de l'espace, mais dans celle du temps : elle est passée du rythme des fêtes et des foires qui réglait la vie rurale, au rythme des déplacements pendulaires qui règle la vie des urbains. La nouvelle échelle est celle de communautés interdépendantes sans qu'aucune ne soit pilote ou « sphère d'absorption », des communautés dont l'unité se fonde sur « la coopération et sur l'homogénéité régionale de tous leurs aspects sociaux et culturels ».

Ce que GUTKIND nomme « nouvelle mobilité » ne signifie pas des déplacements fébriles, mais « une nouvelle attitude, […] une libération émotionnelle et intellectuelle », c'est-à-dire une nouvelle façon de penser transversale, ouverte, « en processus », supposée source de créativité.

Les limites du projet Gutkind

Le *Crépuscule des villes* n'a pas pour ambition d'exposer une théorie sur l'aménagement des territoires. C'est un texte rapide, teinté par instants d'une sorte de désespoir positif[220], et dont la structure un peu confuse l'apparente plutôt à une réflexion personnelle qu'il souhaite faire partager au grand public.

C'est aussi un texte très daté : dans sa nouvelle organisation de l'espace, GUTKIND met en œuvre les seuls moyens de communication alors envisageables (le téléphone et les automobiles) au service d'une vision de la forme architecturale issue de la *Cité Radieuse,* dans le cadre d'un zonage spatial empreint du mouvement moderne.

C'est ainsi qu'il est amené à regrouper les activités tertiaires dans un quartier réservé aux bureaux nommé *Desk City* qui ne servirait que pendant le jour et serait désert la nuit. GUTKIND s'adresse aux villes nord-américaines et une transposition est évidemment nécessaire pour traiter des villes européennes.

Nous connaissons pourtant aussi ces quartiers d'affaires, engorgés le jour et inhabités la nuit, tels que l'archétypale City de Londres, le « Mainhattan » de Frankfurt/Main, le 9ᵉ arrondissement de Paris, quartier d'habitations bourgeoises sous Haussmann devenu quartier des banques et des assurances, ou encore le quartier de La Défense dont les quelques logements (20 000 habitants) ont été implantés en périphérie, entre le centre « chic et cher » réservé aux sièges sociaux (150 000 salariés) et l'autoroute urbaine de ceinture. Outre l'absurdité économique que représente une infrastructure (routes, métro, espaces publics, énergies) utilisée pendant les seules heures de bureaux, cette ségrégation temporelle et spatiale produit un espace dont la

---

[220] Une attitude qui rappelle le *Et si je suis désespéré, que voulez-vous que j'y fasse ?* de Günther ANDERS (2001).

« monoculture d'urbanité » est aussi désagréable et frustrante pour ceux qui y travaillent que pour ceux qui y habitent.

Dans cet improbable projet, la *Desk City* qui polarise les postes de travail est nécessairement desservie par :

> « un réseau de parcs et avenues [...], condition première d'un réaménagement rationnel de l'ensemble amorphe de la masse urbaine. »[221]

Nous savons aujourd'hui que ce réseau routier ne peut que drainer péniblement un important trafic de voitures particulières en raison de l'impossibilité de mettre en œuvre un réseau de transport en commun dans un tissu urbain dispersé. En imaginant même que les constructeurs automobiles arrivent à produire des véhicules non polluants, ce système induit à la fois la congestion des routes et des centres, une extension des espaces de parking et du temps passé/perdu en transports.

Ce projet n'est en fait qu'une esquisse d'utopie, mais il fait sens aujourd'hui, après un demi-siècle, en raison du constat de l'apparition d'une « nouvelle échelle » et d'une « nouvelle mobilité ».

◊

Le concept de communauté sous-tendait les utopies du XIXe siècle, et leurs modèles urbains étaient organisés dans l'échelle et la dimension - le rythme - de la marche à pied.

Un demi-siècle plus tard, autant avec la *Broadacre City* de F.L.WRIGHT (1932) qu'avec la *Charte d'Athènes* (1934), l'automobile semblait devoir donner à l'urbain sa dimension et son échelle.

Le XXIe siècle réalise enfin que l'automobile n'est pas la solution et se raccroche soudain à la densification. Pourtant, avant de « passer à l'action » en redensifiant la ville comme le proclame le maire de Vancouver Sam SULLIVAN, on doit se demander :

- Dans quelle mesure une politique de densification de la ville n'aura pas pour conséquence la spéculation foncière, ou même dans quelle mesure une volonté de spéculation ne sous-tendrait pas une telle politique ; c'est-à-dire qu'une politique de densification devrait être accompagnée de mesures de maîtrise des coûts du foncier.

---

[221] GUTKIND, p. 154.

3 • REINVENTER L'URBANITE AVEC LES TIC

- Quelles qualités d'urbanité pourra offrir une opération de densification et comment améliorer l'urbanité des périphéries ; en d'autres termes, ne convient-il pas de réorganiser les territoires urbains et ruraux dans un objectif de qualité à définir.
- Quelle est donc la densité vers laquelle il faudrait tendre ? ou encore y a-t-il une densité optimale pour une ville, ou bien faut-il définir pour chaque ville une « bonne » densité ?

La politique de densification, proposée pour tenter de résoudre les problèmes de rationalisation des transports (automobiles, réseaux d'énergies et d'effluents) et plus largement de l'empreinte écologique, ne semble pas s'intéresser au manque d'urbanité de la majorité des espaces urbanisés. Pourtant, la ville compacte, dont on voit les premières tentatives outre-Rhin, n'est pas la ville dense et grouillante, mais la ville de la proximité, de la mixité et de la convivialité, c'est-à-dire une nouvelle proposition d'organisation pour vivre ensemble mieux qu'isolément.

3.4 TIC et urbanité

L'urbanité est faite de la richesse de l'interaction entre les individus, nous rappelle Thierry PAQUOT (2006), et, dans ce sens, les TIC, interfaces relationnelles, en sont indéniablement un instrument efficace. Avec les TIC, « l'urbanité entre dans le champ de la médiation culturelle et acquiert, par conséquent, une consistance symbolique » (LAMIZET 2002) et se sépare de son enveloppe bâtie. Les réseaux des TIC élargissent l'espace public d'HABERMAS et le déconnectent de l'espace physique. Ils constituent les nouveaux lieux de l'urbanité et structurent les *huccs* (habitants-usagers-citoyens-consommateurs) bien plus que les territoires.

Un équipement structurant

A la fin des années 1960, on a commencé de parler des « équipements structurants ». Pour qu'un projet d'équipement soit pris au sérieux, il fallait qu'il soit « structurant ». Tous les projets d'importance (piscine, gymnase, médiathèque, zoo, etc.) sont alors soudainement devenus structurants :

> « Créé en 1966 par un particulier, le zoo a été racheté en 2003 par le département, avec l'intention d'en faire un équipement structurant du tourisme costarmoricain. »[222]

> « Le pôle d'aqualoisirs de la station touristique d'Ornans : un projet structurant inscrit à la charte de pays. »[223]

> « C'est ainsi que le Comité Cité des Savoirs souhaite voir réaliser un équipement structurant faisant partie d'une démarche globale d'aménagement de la ZAC Seguin-Rives de Seine : un pôle attractif d'un nouveau genre pour faire, créer, découvrir et comprendre le XXIe siècle. »[224]

Lorsqu'un équipement structurant est envisagé, deux questions préalables sont convoquées : qu'est-ce que structurer et que veut-on structurer ? Si structurer est organiser, composer, mettre en forme, alors, structurer c'est donner du sens.

Aujourd'hui, l'équipement structurant qu'il faut avoir n'est plus un centre de loisirs ou une technopole (technopôle ?) : une ville qui se respecte doit avoir son tramway et son réseau numérique. Mais souvent il s'agit moins de

---

[222] www.refairelafrance.org/article-3094228.html.
[223] www.ornans.com/Ornans/Musee-Gustave-Courbet-a-Ornans.
[224] http://fcpebb.canalblog.com/archives/2006/02/index.html.

donner du sens que de donner l'image et l'identité nécessaire au marketing urbain.

L'aménagement du tramway parisien, équipement structurant dit-on, conçu en réponse à la volonté de diminuer le trafic automobile dû à la concentration d'emplois dans Paris, vient finalement valider cette concentration et risque, en outre, de favoriser l'augmentation de ladite concentration. On n'oubliera pas que l'installation récente de lignes de tramways (Lyon, Le Mans, Bordeaux, etc.) a induit une hausse des prix du foncier et de l'immobilier sur la zone urbaine concernée[225], une hausse qui n'est pas sans effet centrifuge/centripète sur les populations et les activités selon leurs niveaux économiques. Il n'y a guère de raison pour que le tramway parisien n'ait pas une action identique sur la hausse des prix de l'immobilier.

Au fond, le tramway parisien structure (accompagne, renforce et pérennise) la suprématie de la capitale sur la banlieue et la grande couronne, et assujettie la banlieue à son rôle vassal. Ce processus n'est pas nouveau. Mike DAVIS (2000), dans sa généalogie de Los Angeles, évoquait le projet structurant d'un *Rail Rapid Transit* et il notait :

> « L'objectif de la chambre de commerce était de préserver la valeur de l'immobilier de Downtown en renforçant la centralité du quartier des affaires traditionnel. »

On observera néanmoins que le « tramway des Maréchaux », plus francilien que parisien (au moins par son financement)[226], ne vise pas à la réduction de l'exclusion des populations pauvres des banlieues que nous avons évoquée plus haut[227] mais à améliorer le fonctionnement de la ville centre. C'est un choix de société que ce tramway met en scène.

L'ensemble des transports publics franciliens, gigantesque équipement, a nécessité un budget de 7,22 milliards d'euros (fonctionnement et investissement) pour la seule année 2004.

Deux questions se posent alors, l'une raisonnable et l'autre prospective :

- pourquoi ne pas organiser la gratuité totale, alors que 25 % seulement est financé par la billetterie et que la billetterie ne couvre

---

[225] Comme on l'avait constaté autrefois lors de la mise en service du RER remplaçant les trains de banlieue SNCF.

[226] Et, à ce titre, cofinancé par l'Etat (16,5 %), la Région (26 %), la RATP (27,5 %), et la ville de Paris (30 %).

[227] Cf. ci-dessus § Quartiers, « Parias urbains », sans-logement (p. 98 et suiv.).

- pas ses propres frais ? Ce point, il est vrai, est amplement débattu depuis des années, mais il semble qu'un blocage idéologique ou psychologique ait gelé les négociations.
- Passons maintenant à la question prospective. Imaginons une Ile de France improbable où la majorité de ces déplacements pendulaires ne seraient plus nécessaires grâce à une judicieuse mixité de l'habitat, des emplois et des services. Le budget de 7,22 milliards d'euros rapporté aux 12 millions de Franciliens, représenterait 20 places de théâtre à 30 euros par personne et par an. Ou bien 72 200 logements. Ou encore 300 000 emplois à 1 500 euros net par mois. Quant au temps passé en transports en commun, de l'ordre de 90 minutes par jour pour les banlieusards, son élimination procurerait une disponibilité pour des activités sociales, culturelles, politiques, ludiques. Sans parler de l'économie nationale en pétrole, de l'amélioration de la qualité de l'air, du CO_2 évité…

C'est évidemment cette seconde question qui nous intéressera pour observer ce qu'il y a de structurant dans cet équipement. Jusqu'à présent, les transports en commun ont été rendus nécessaires pour gérer une ségrégation territoriale des emplois et des logements. Cette ségrégation est-elle bien raisonnable ? Le réseau actuel ne répond pas à la mobilité de l'emploi, mais à la centrifugation des logements. Au bout du compte, cet équipement vient conforter une organisation du territoire insatisfaisante[228].

Après tant d'expériences récentes en tramways nouveaux, et au moment de l'installation des TIC dans nos vies (et dans nos territoires), nous pouvons nous interroger sur la qualité structurante de ces équipements.

L'installation d'un réseau Ethernet dans une cinquantaine de logements et son raccordement sur un backbone ne fait pas d'un coup de baguette magique un équipement structurant. Les réhabilitations de Crickhowell Televillage[229], au Pays de Galles, ou de Colletta di Castelbianco[230], en Ligurie, ne sont que des opérations immobilières basées sur l'idée marketing du télétravailleur aisé à qui l'on peut vendre l'image charmante d'un bourg

---

[228] Cf. Christophe JEMELIN, Vincent KAUFMANN, Julie BARBEY et Géraldine PFLIEGER, « Inégalités sociales d'accès : quels impacts des politiques locales de transport ? » 08.05.2007 http://espacestemps.net/document2263.html.
Cf. Vincent KAUFMANN et Luca PATTARONI, « Mobilités », 25.04.2007 http://espacestemps.net/document2244.html
[229] Lancé en 1997, et vanté comme le premier *télévillage* au monde.
[230] A partir de 1999.

médiéval équipé en haut débit. On est loin de l'équipement structurant supposé donner du sens à des espaces et des fonctions (existantes ou espérées).

Le XXe siècle a été celui de la concentration d'immeubles de bureaux dans des proportions considérables[231] en quartiers d'affaires ou CBD (*Central Business District*). Hormis la dimension que l'image de la « bonne adresse » donne à l'entreprise, et sans oublier la spéculation foncière espérée, ces quartiers étaient pertinents en raison des possibilités de relations inter-entreprises offertes par la proximité.

On a voulu donner plus de sens, d'efficacité et d'attrait à des quartiers spécialisés en les dédiant à des technologies de pointe : les technopôles sont nés dans les années 1970. Le plus célèbre en France reste Sophia-Antipolis dont on a vanté avec fierté l'analogie avec la *Silicon Valley*.

Puis l'arrivée des TIC au XXIe siècle a transformé cette notion de proximité avec le *Cluster* et le *clustering*, c'est-à-dire la mise en réseaux de compétences et de services dans le cadre d'une activité ou d'une production. La formation de ces *clusters* répond à deux dynamiques différentes d'interactions que Jérôme VICENTE (2005) nomme « effet pingouin » (des entreprises concurrentes s'installent par mimétisme dans un quartier) et « effet réseau » (des entreprises complémentaires font interagir leurs propres réseaux externes).

La seule proximité géographique immédiate d'entreprises des TIC ne suffit pas pour pérenniser l'activité, comme on l'a vu avec les déboires des entreprises de la Net-économie regroupées en *cluster* dans le quartier du Sentier, au centre de Paris. Créée en juillet 2000, l'association « Silicon Sentier » regroupait des sociétés parisiennes high-tech qui s'y étaient agglomérées (en bénéficiant de l'offre immobilière favorable et de la présence de l'infrastructure numérique), développant des techniques innovantes et/ou utilisant les réseaux et techniques web ou mobile, et dont un grand nombre se sont écroulées entre 2001 et 2003 lors de l'éclatement de la bulle Internet. Renaissante en 2005, soutenue par la Ville de Paris et la Région Ile de France, l'association « Silicon Sentier » a étendu son action à l'ensemble de Paris intra-muros, puis à l'Ile de France, et tente ainsi de

---

[231] Lorsque l'on parle du quartier de Paris-La-Défense (avec 3 500 000m^2 de bureaux, c'est le plus gros CBD d'Europe), il ne faut pas oublier que ce quartier jouxte les CBD de Levallois-Perret (150 000m^2 de bureaux) et de Neuilly-sur-Seine (550 000m^2 de bureaux).

« coupler l'effet réseau à l'effet pingouin » (VICENTE 2005) comme a su le faire la « Silicon Valley ».

Le regroupement territorial ne suffit donc pas à pérenniser les entreprises : les réseaux externes sont impératifs. Comme les autoroutes, comme les lignes de chemins de fer, comme les réseaux de distribution d'eau, non seulement les TIC structurent les territoires, mais elles structurent et influencent les logiques d'acteurs. C'est sur le point particulier des logiques d'usagers que se concentrent toutes les incertitudes et interrogations des acteurs techniques et financiers.

La FING (Fondation Internet Nouvelle Génération)[232] a élaboré en mars 2006 une note d'orientation pour la DIACT (délégation interministérielle à l'aménagement et à la compétitivité des territoires) intitulée *Enrichir la dimension TIC de la prospective territoriale*. La FING, devant les TIC, est comme le chimpanzé qui devant une clé à molette se demande ce qu'il pourrait bien en faire. La réponse de la FING consiste à décliner en six tableaux plusieurs nouvelles applications supposées bénéfiques pour la « prospective territoriale ».

Le rapport de la FING semble moins confiant dans son dernier chapitre : « Relation de la société au progrès ». Il note que si la population de la France adopte assez rapidement les TIC, elle exprime

> « Une inquiétude générale face à l'avenir [...] Une rupture, dans l'esprit public, de la croyance selon laquelle progrès technique et progrès humain vont de pair »,

ce qui l'empêcherait d'avancer à grand pas dans le monde merveilleux des TIC que nous promet PORTNOFF.

Cette morosité se traduit selon la FING par :

> « un refus de plus en plus généralisé des antennes, ainsi que des dispositifs d'identification biométriques ou sans contact ; d'autre part, par une demande de contrôle a priori sur la recherche, par exemple dans des domaines tels que la biométrie, la bioinformatique ou les nanotechnologies ».

La FING qui propose au gouvernement des solutions TIC à la prospective territoriale ne dit rien sur une solution TIC qui sauverait de la précarité les 4 450 000 demandeurs d'emploi (en comptant les huit catégories de chômeurs selon les dispositions du Bureau International du Travail) et

---

[232] On portera au crédit de ce document (http://www.fing.org) sa présentation ergonomique adaptée au format de l'écran d'ordinateur.

pourrait efficacement contribuer à contrer cette « inquiétude générale face à l'avenir ».

Ce document très pédagogique n'est pas issu de la réflexion de chercheurs de haut vol, philosophes ou techniciens, sociologues ou urbanistes, économistes ou ergonomes, mais de ce que l'on peut appeler un *lobby*[233] des TIC. On ne saurait reprocher à la FING de vouloir promouvoir l'utilisation des TIC : c'est sa raison d'être. Il faut néanmoins relativiser et mesurer sa compétence à porter conseil au gouvernement à la hauteur de sa dépendance vis-à-vis des fabricants et fournisseurs de TIC. Il est logique de lui demander un avis, il reste du rôle et de la responsabilité des pouvoirs publics de définir en toute indépendance la politique du vivre ensemble.

Les TIC structurent de nouvelles pratiques sociales, elles structurent également les pratiques de production de l'urbain (Smail KHAINNAR, 2007)[234], en particulier dans une démarche de coproduction et de participation.

Les TIC s'imposent comme la marque du XXIe siècle, à la fois technologique et culturelle. Il s'agit en retour d'imposer aux TIC de rester dans leur rôle d'instrument au service d'une vision du monde.

L'urbain, de l'archipel au fractal ?

L'économie mondiale est aujourd'hui répartie entre un petit nombre de métropoles reliées entre elles par les TIC, selon un système que le géographe Pierre VELTZ nomme une « économie d'archipel ».

L'image de ces métropoles, comme un archipel d'îles isolées sur une mer, pourrait être remplacée par celle d'un réseau d'oasis dans le désert tant les territoires qui les entourent semblent partout négligés. Cette négligence et ce mépris s'étendent aux plans culturel, humain, économique, écologique, pendant que tous les efforts, les moyens et les ressources sont réservés aux métropoles.

---

[233] Les membres fondateur de la FING sont : Bouygues Télécom (Philippe KERIGNARD, responsable Business Développement Hors Portail), Caisse des Dépôts et Consignations (Serge BERGAMELLI, directeur de la Stratégie et du Développement des NTIC), CCIP (Frédéric DESCLOS, responsable du département Opérations TIC pour les entreprises), Orange (Christiane SCHWARTZ, directrice de l'Innovation), LaSer (Philippe LEMOINE, P-DG).

[234] gdrtics.u-paris10.fr/pdf/doctorants/2007/papiers/KHAINNAR_S.pdf.

3 • REINVENTER L'URBANITE AVEC LES TIC

Fragmentations urbaines

Au niveau local, à l'échelle du quotidien, l'archipélisation est concrétisée par l'éclatement des périphéries en villes isolées, sous-équipées, sans relations entre elles, mais qui dépendent toujours de la ville-centre : des « périphéries aphones, trop éloignées pour que le centre entende encore leurs « voix »[235].

Cette fragmentation trouve son accomplissement avec ces *gated communities* nées aux Etats-Unis et dont la mode s'étend désormais à toute la planète et pénètre l'Europe. Il y aurait deux motifs au développement de ces quartiers fermés (Olivier LAMALICE, 2007) : d'une part, la demande de sécurité devant une criminalité redoutée (réelle ou imaginée) et, d'autre part, la volonté d'une autogestion communautaire plus efficace des services publics. A ces deux motifs fondés sur l'absence ou la carence des pouvoirs publics (Mike DAVIS 2000) viennent s'ajouter l'effet de mode et le prestige qui étendent le phénomène aux classes moyennes supérieures sous la pression du marketing des promoteurs.

Ces *gated communities* où l'on s'inclut volontairement (sous réserve d'y être admis) dans une communauté fermée et où il n'est plus question de cette rencontre fortuite qui est l'un des caractères de la ville, produisent une exclusion volontaire hors la ville et de ses règlements.

La demande de sécurité et de gestion efficace des services communs est pertinente et légitime ; devant l'incapacité des pouvoirs publics à répondre à ces demandes, les *gated communities* se présentent comme la meilleure offre à court terme. Au risque incontrôlé de détruire la vie sociale.

Ruralités et villes en décroissance

Urbains et ruraux vivent les uns par les autres et sont interdépendants. Si leurs modes de vie et leurs environnements sont différents, le principe d'une parfaite équité quant à l'accès aux services publics est fondamental et non négociable dans le cadre d'une société de la connaissance. De la même façon, il n'est pas acceptable que des villes, au motif de la concurrence que se livrent les régions, déclinent et se vident, forçant les uns à l'exode et réduisant les autres à la misère économique, sociale, culturelle.

Les transformations politiques et économiques ont en effet initié des bouleversements rémanents et profonds (Benno BRANDSTETTER 2004) dans les structures urbaines et régionales, entraînant des décroissances urbaines

---

[235] RUFFIN François, 2007. « Penser la ville pour que les riches y vivent heureux » in Le Monde Diplomatique janvier 2007.

brutales. La partie orientale de l'Allemagne (Cottbus, Halle, Leipzig) n'est d'ailleurs pas la seule région européenne gravement touchée (Thomas KNORR-SIEDOW 2006) :

> « La situation en Allemagne de l'Est n'est que la partie visible de l'iceberg européen. Si les pays du Nord et de l'Ouest de l'Europe conserveront leurs populations ou ne connaîtront qu'une légère croissance jusqu'en 2030 ou 2050, la plupart des nouveaux Etats membres et des pays candidats ou potentiellement candidats seront confrontés à un déclin plus ou moins important de leur population. »

Ainsi, par l'effet des délocalisations des sous-traitants du groupe LVMH, l'entreprise ECCE[236] a perdu 147 emplois à fin 2007, ce qui représente le quart des foyers de la petite ville de Poix-du-Nord, dans l'Avesnois. Dans le silence courtois des médias. Plusieurs villes françaises connaissent ce problème de décroissance (notamment depuis les années 1975 dans le Nord et l'Est de la France) alors que d'autres se gonflent[237] et s'étendent dans la nouvelle concurrence intervilles et interrégions.

L'archipélisation des métropoles isole les territoires par la concurrence et sépare les couches sociales par dispersion centrifuge. L'organisation en archipel suscitée par le développement « libre » des TIC ne permet pas, et s'oppose même, en raison de son caractère quasi féodal, à une équité entre les *huccs* que nous sommes tous et MORISET (2005) souligne :

> « les politiques d'urbanisme numérique constituent une forme d'élitisme territorial ».

De nouvelles formes d'établissements humains sont à élaborer sur la base des nouvelles échelles et nouvelles mobilités que les TIC permettent et/ou imposent aussi. Plus que de nouvelles formes urbaines, ce sont de nouvelles structures d'urbanité qu'il faut organiser, fonctionnant selon la double échelle du voisinage et des réseaux.

Nouvelles structures d'urbanité

Les villes européennes, de Brest à Brest et d'Athènes à Helsinki, sont diverses en forme, en taille et en densité, mais aussi dans leur proportion de logements sociaux ou dans la part relative des propriétaires et des locataires.

---

[236] ECCE, (ex-Bidermann) est la dernière entreprise de prêt-à-porter de luxe pour hommes en France, elle fournit en particulier Kenzo, Givenchy, Yves Saint Laurent du groupe LVMH.
[237] Depuis 1990, on observe une stagnation et/ou décroissance de Rouen, Clermont-Ferrand, Metz, Lille, Nancy, mais en revanche une forte croissance de Toulouse, Nantes, Montpellier, Rennes.

3 • REINVENTER L'URBANITE AVEC LES TIC

Ni le « gradient urbain » de John WEEKS[238] (qui donne des informations très précises sur l'emprise au sol et son utilisation, mais ne peut rien dire sur l'urbanité), ni l'indicateur BERTAUD, ne permettent de définir clairement une identité ou une typologie spécifique de la ville européenne.

Les villes sont faites de *hard* (bâtiments, réseaux, énergies, espaces publics, etc.) et de *soft* (services publics, relations personnelles et/ou commerciales, représentations individuelles et collectives de la ville, et le fameux *Stadtluft*), selon une répartition entre « perceptible » et « non perceptible » dont le tableau ci-dessous donne quelques exemples :

	visible (perceptible)	invisible (imperceptible)
hard	façades des bâtiments arrêt de bus/tram et bus/tram station de métro réseau de tramways boîte à lettres	fondations réseaux eau potable/égoûts réseau métro pollution air/eau réseau télécommunications
soft	qualité de l'accueil le langage, l'accent "l'esprit" "le bruit et l'odeur" discrimination socio-géographique	service postal réseau de bus fréquence, prix, horaire des TC services publics pouvoirs publics

Ces organisations de *hard* et de *soft* matérialisent des systèmes relationnels spécifiques (législatifs, réglementaires, coutumiers) et subtils entre « espace privé » et « espace public » qui déterminent (FAYETON 1999) le caractère de chaque ville.

Le rapport privé/public s'exprime également par les procédures des acteurs qui interviennent sur la ville dans sa reconstruction permanente. Des pouvoirs publics agissant seuls ont produit par exemple ce que l'on nomme « urbanisme soviétique » et qui n'était que la caricature bureaucratique des principes de la Charte d'Athènes. L'alliance des pouvoirs publics aux élites socio-économiques, pendant que le petit peuple est cantonné dans un rôle passif, s'est développée en Amérique du Nord selon un mode très « second Empire » que la *Regime Theory* tente depuis les années 1980 de présenter comme un modèle progressiste.

La privatisation de l'espace public s'avance par petites touches : suppression des logements de fonction, privatisation des espaces marchands, marchandisation des espaces publics. Avec le début de ce siècle, les TIC se sont insérées entre « public » et « privé » comme nouveau système relationnel dans le réel des sociétés, dans les territoires et les villes.

---

[238] Chercheur à la San Diego State University.

3 • REINVENTER L'URBANITE AVEC LES TIC

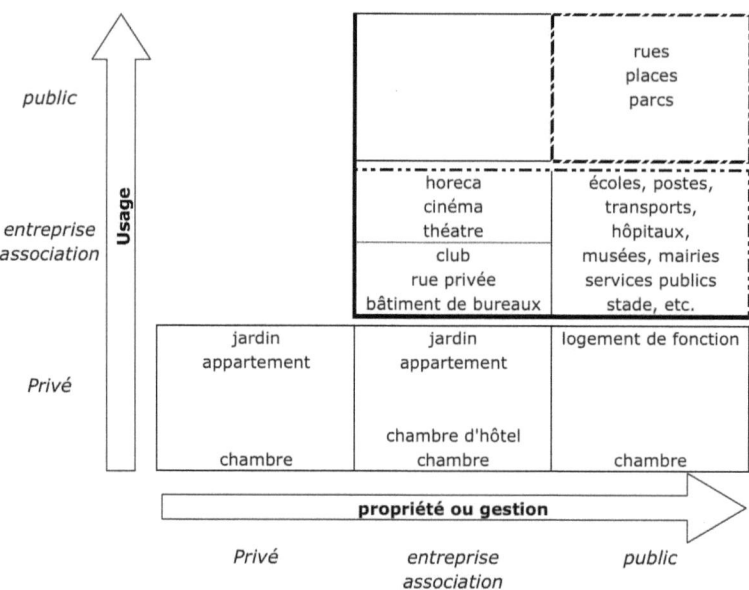

On observe que, dans le même temps, c'est vers un modèle unique que les grandes villes semblent se diriger : un centre ancien (la ville médiévale ou préindustrielle) gentrifié, un ou plusieurs CBD hérissés de tours vitrées et dont l'accès automobile est réglé par un péage vidéo, des quartiers résidentiels socio-économiquement différenciés, des autoroutes urbaines à péage, des banlieues dédiées à l'habitat collectif, des périphéries plus lointaines d'habitat individuel diffus, et maintenant des *gated communities*.

Dans le grand bouleversement civilisationnel de la naissance du XXIe siècle, nous avons montré comment Varsovie se lance dans une course à l'image et au statut de capitale globalisée. Varsovie l'européenne a oublié que la spécificité « européenne » n'est pas tant dans la forme des villes (Peter MARCUSE 2004) que dans un mode de gouvernance :

> « …dans la tradition politique basée sur le rôle historique de l'Etat, ce qui est radicalement contraire à ce que l'on constate dans les nouvelles villes globalisées. »[239]

La Pologne, à l'instar de la plupart des pays de l'Europe, s'est livrée naïvement aux (en)jeux des marchés comme si ses habitants n'étaient que des consommateurs potentiels, des consommateurs de téléphone et de TIC,

---

[239] « *In europäischen Ländern basiert die politische Tradition auf eine historische Rolle des Staates, die völlig konträr zu der in neueren globalisierten Städten steht.* »

3 • REINVENTER L'URBANITE AVEC LES TIC

d'automobile et de voyage, de logement et de ville. La Pologne est ainsi passée soudain « de la lutte des classes à la lutte des lieux » (MONGIN 2005). Une lutte des lieux qui se concrétise par le béton, l'acier et le verre, et s'impose à la vie de ces consommateurs dont on aurait oublié qu'ils sont aussi des habitants, des usagers, des citoyens, c'est-à-dire des êtres sociaux.

L'installation des caméras vidéos dans les villes ne change pas la perception que les habitants ont de la ville, elle l'exprime. Exploitant cette crainte, des compagnies de télésurveillance offrent à chaque londonien[240], par abonnement, de surveiller les rues de son quartier pour un éventuel *citizen's arrest*[241]. Les modifications profondes des paysages urbains observés en Pologne depuis 1989 sont la conséquence du changement politique et social.

La ville se met lentement à jour des transformations de la société, reflétant avec un temps de retard l'image du groupe humain qui l'habite et la re-fabrique. Elle finit toujours, dans sa forme et dans son organisation, par s'adapter à la société qui l'habite. La ville est un miroir où nous nous voyons. Il est vain de vouloir changer le miroir lorsqu'il renvoie une image inopportune et désagréable. Si nous refusons que se mette en place une vie urbaine nouvelle où la convivialité fait place à la défiance mutuelle, alors, plus que sur la forme de la ville, c'est sur un mode nouveau d'urbanité des lieux habités qu'il nous faut travailler.

Ce n'est plus aux structures des villes que nous devons travailler, mais, plus largement, à refonder les structures de l'urbanité. Ces structures sont celles qui, faites de *hard* et de *soft*, organisent la vie publique, la vie du public, mettent en relation la population avec ceux qui sont en charge de cette organisation et offrent aux *huccs* les potentialités de vie sociale. Il s'agit bien, à la fois, des structures politiques et des structures territoriales.

Le célèbre article de Christopher ALEXANDER « *A city is not a tree* », publié en 1965 dans *Architectural Forum*[242], s'est imposé comme une critique structurée des dogmes urbanistiques classiques jusqu'à la Charte d'Athènes. ALEXANDER a ensuite développé le concept des *patterns* en 1977, un

---

[240] Les 400 000 caméras vidéo de Londres (et 4 millions en Grande-Bretagne) ne font qu'exprimer la crainte d'attentats de l'IRA, de Al Quaida, ou d'autres encore.
[241] Selon la section 24A de la loi « Police and Criminal Evidence Act » de 1984 modifiée en 2005 par le Serious Organised Crime and Police Act. Ces procédures en flagrant délit menées par de simples citoyens ne sont pas limitées au Royaume-Uni (en France article L73 du Code de procédure pénale, en Allemagne §127 du Strafprozessordnung).
[242] Publié en France en novembre 1967 : « Une ville n'est pas un arbre » in *Architecture, Mouvement et Continuité*.

concept d'aménagement des territoires qui n'est pas sans lien avec la théorie mathématique (publiée en 1973) de l'ensemble fractal de Benoît MANDELBROT[243].

La modélisation fractale[244] des tissus urbains est un procédé utilisé depuis les années 1980 par de nombreux chercheurs (dont Pierre FRANKHAUSER, Denise PUMAIN, Dominique BADARIOTTI) urbanistes et géographes qui étudient les formes de l'image de l'emprise au sol des bâtiments. Le procédé, intéressant même s'il néglige les surfaces bâties empilées des étages, permet de prendre en compte la répartition relative des activités, de services, des espaces, et leurs interrelations.

La nouvelle échelle et la nouvelle mobilité nécessitent une mise à jour de nos structures territoriales de pouvoir. Il n'est plus possible de concevoir et mettre en œuvre une politique d'aménagement du territoire d'une ville sans inclure la totalité de son bassin de vie. Il s'ensuit que la structure de pouvoir pertinente n'est plus la municipalité mais une nouvelle structure, plus directement démocratique que la communauté d'agglomération, qui n'est qu'un établissement public de coopération intercommunale[245] souvent dirigé par les tenants de la plus grande ville. La nouvelle échelle de l'urbain est celle d'une communauté territorialisée par un bassin de vie, une communauté dont les élus sont directement issus du suffrage universel. De la même façon, la nouvelle échelle de la Région n'est plus dans une pluralité de structures départementales concurrentes coiffées par une structure régionale, mais dans une assemblée élue directement et dont la compétence est régionale.

---

[243] MANDELBROT, français originaire de Varsovie, né en 1924, fait partie de ces scientifiques qui ont fait leur carrière aux Etats-Unis dont l'Etat français tente de récupérer la célébrité par la remise d'une Légion d'Honneur.

[244] Les objets fractals possèdent une propriété géométrique particulière : la similitude interne. En grossissant n'importe quelle partie, on retrouve une structure similaire à la structure globale. Le chou-fleur est un objet fractal naturel.

[245] « Etablissement public de coopération intercommunale regroupant plusieurs communes d'un seul tenant et sans enclave qui forment, à la date de sa création, un ensemble de plus de 500 000 habitants et qui s'associent au sein d'un espace de solidarité, pour élaborer et conduire ensemble un projet commun de développement urbain et d'aménagement de leur territoire. » Code général des collectivités territoriales, art. L5215-1.

4 • Les TIC pour « faire société »

> « Les prospectivistes qui croyaient que la micro-informatique et la numérisation des communications allaient engendrer une nouvelle société n'avaient pas analysé les TIC comme des « constructions sociales » ; ils les avaient en quelque sorte considérées comme des changements venant de l'extérieur de la société et susceptibles de la changer. C'est l'inverse qui s'est passé. »[246]

Les prospectivistes André-Yves PORTNOFF[247], Jean-Michel BILLAUT[248] ou Gilles BERHAULT[249] voient dans les TIC la chance du siècle.

Quelle est donc la capacité des TIC à « faire société » ?

Pour le dire autrement, les TIC sont-elles ontologiquement capable de rendre « durables » nos sociétés et nos territoires[250] (Bernd HAMM 2001) : induire

---

[246] ASCHER François, 2008, « Effet de serre, changement climatique et capitalisme cleantech » in Esprit, n° 342.
[247] Ouvrage cité (p. 15 et suiv.).
[248] Economiste, conseiller du maire de Pau pour les TIC, conseiller au département internet de BNP Paribas
[249] Président de l'association ACIDD http://acidd.com.
[250] « Die Überlebenschance und gleichzeitig die globale Verantwortung der Europäischen Stadt ist die Nachhaltige Stadt. Die Nachhaltige Stadt ist ressourceschonend, sie sucht eine sichere ökonomische Existenz, sozialen Ausgleich und demokratische Selbstbestimmung. »

ou même soutenir un développement économique, constituer une ressource au service de l'écologie, contribuer à l'équilibre social, et enfin favoriser le fonctionnement démocratique ?

Existence économique

Les infrastructures des TIC, les machines et les logiciels, ont un coût et supposent d'abord un investissement. Le fonctionnement, la maintenance, et la mise en ligne sont un ensemble de services qui représente nécessairement un coût. Les TIC sont donc d'abord une dépense nouvelle pour un service nouveau.

Le développement des TIC produit certes un développement économique interne au secteur, mais les TIC peuvent-elles induire ou soutenir un développement économique au delà de leur propre activité ?

Les TIC permettent aux entreprises et aux administrations d'améliorer leur performances, leur productivité, c'est-à-dire de réduire leurs coûts de fonctionnement. Elles permettent également d'élargir leurs marchés. Au bout du compte, le solde est positif : la dépense en TIC est moins importante que l'avantage produit par les TIC.

Le seul commerce en ligne aurait drainé 12 milliards d'euros en France en 2006. L'achat en ligne a un coût, il se finance soit sur la marge des fournisseurs, soit sur l'acheteur, soit par la publicité, elle-même répercutée sur l'acheteur. Cette nouvelle activité crée effectivement des emplois et des richesses dans la mesure d'un accroissement du pouvoir d'achat des *huccs*. En fait, on assiste à un transfert des dépenses à l'intérieur du budget familial : pour financer internet, on rogne sur les autres postes de dépenses.

Pour l'instant, les TIC n'ont fait qu'accroître l'écart entre les populations qui y ont accès et celles qui en sont exclues. L'exclusion n'est pas seulement technologique et infrastructurelle, elle est aussi économique et sociale comme le montre Loïc WACQUANT (2006) :

> « ...pour ceux qui sont pris dans les étages inférieurs d'une structure des classes dualisée et pour les quartiers populaires en déclin des anciennes villes industrielles où ils se retrouvent consignés, la prospérité de la « nouvelle économie » se fait toujours attendre et la promesse dorée de l' « âge de l'information » demeure un amer conte de fée. »

Installer le gaz à tous les étages n'assure pas pour autant aux habitants les revenus nécessaires pour payer l'abonnement et les consommations. Installer les infrastructures des TIC ne va pas soudain assurer la survie ou le

4 • LES TIC POUR « FAIRE SOCIETE »

développement des quartiers et des communes en perdition : la « fracture numérique » est d'abord en réalité une « facture économique ».[251]

Peut-on « laisser faire » le secteur des TIC pour assurer un développement économique ? Dans son rapport pour la Banque Mondiale traitant de l'amélioration de la compétitivité de la Pologne, Itzhak GOLDBERG (2004) note que la mise en œuvre d'une concurrence « libre et non faussée » en Pologne n'a pas permis de baisse substantielle des tarifs de télécommunication. Observant le partage dipolistique du marché intervenu en 2006 entre les deux opérateurs dominants (Deutsche Telekom et Orange) selon le principe de la « prédation économique moderne » (James GALBRAITH, 2006), on constate que ce « darwinisme social » (Michel VOLLE 2008) n'avait pas d'autre objectif que le développement économique de ses actionnaires.

Les TIC répondent à une demande et maintenant à une nécessité pour les utilisateurs, les entreprises (faire évoluer l'activité, améliorer les performances, ouvrir un marché plus large) et les particuliers (information et communication). Pour autant, le développement du secteur des TIC est plus motivé par sa propre volonté de développement que par la satisfaction des besoins des usagers. Il n'est pas du rôle de l'entreprise (dans sa forme actuelle) de contribuer au développement économique de ses clients ou d'un territoire. On ne saurait d'ailleurs attendre de l'entreprise qu'elle y contribue de façon désintéressée, ce serait la dévoyer de son objet social.

Dans ces conditions, le développement économique d'une région ne peut être embrayé que par la mise en œuvre de la volonté politique.

Ecologie (métabolisme urbain)

Les TIC peuvent-elles être une ressource au service de l'écologie ?

La FING[252] propose de mettre en place une « intelligence ambiante » : une multitude de capteurs pour mesurer la qualité physico-chimique de l'environnement urbain et réguler le trafic. Sachant déjà que deux tiers des déplacements quotidiens se font en automobile, que la distance moyenne domicile/travail est de 15 kilomètres, et que le temps moyen de transport des périurbains est de 90 minutes par jour, les capteurs pourront ainsi mesurer précisément et *on line* la quantité de CO_2 diffusé lors des déplacements. On pourra également, par un jeu de vidéocaméras « intelligentes », comme à

---

[251] Cf. ci-dessus § La fracture numérique (p. 75 et suiv.).
[252] Fondation Internet Nouvelle Generation (http://www.fing.org), cf. ci-dessus p. 177.

4 • LES TIC POUR « FAIRE SOCIETE »

Londres, Singapour, Stockholm (peut-être bientôt à Lyon) réserver l'accès de la ville aux classes aisées, ce qui n'est pas sans rappeler « le bon vieux temps » du suffrage censitaire où seuls les propriétaires fonciers étaient électeurs.

Alors que les PDU (Plan de Déplacements Urbains) sont désormais obligatoires (depuis 1996), on s'étonne de voir encore accorder des autorisations de construire à des multiplexes et à des centres commerciaux situés à plusieurs kilomètres du centre de la ville, au droit d'une sortie d'autoroute, dans un no man's land de parkings bitumés.

Le *monitoring* et le *controlling* des capteurs de la FING n'y pourront rien. La question des transports quotidiens reste au cœur de la vie des *huccs* et marque la planète et ses habitants : pour ce qui concerne le budget des ménages (15 %), pour la pollution engendrée, pour l'absurdité des infrastructures routières rendues nécessaires et pour le temps gâché.

Depuis un demi-siècle, les mesures quotidiennement enregistrées confirment l'urgence de la situation. Le constat est avéré que la survie de l'espèce humaine dépend de notre intelligence à gérer la planète et la stratosphère. Nombreuses sont maintenant les associations, institutions et entreprises qui, s'appuyant sur les TIC, proposent au particulier, à la collectivité locale ou à l'entreprise de calculer son empreinte écologique :

- http://www.earthday.net/Footprint/index.asp
- http://www.footprintnetwork.org/index.php
- http://www.empreinte-ecologique.com/

Tous les partis politiques européens en conviennent. Lors de la campagne pour les élections présidentielles de 2007, les partis français ont signé à grand renfort télévisuel la charte pour l'écologie de Nicolas HULOT. La nomination d'une sorte de super ministre en charge de l'écologie et du développement durable voulait être un signe fort du premier gouvernement du président SARKOZY.

Le fameux « Grenelle de l'Environnement » initié par Alain JUPPE, puis mené par Jean-Louis BORLOO, a rapidement provoqué de fortes réactions de la part des associations écologistes, appelant à animer un « Contre-Grenelle de l'environnement » pendant que le Canard Enchaîné titrait :

> « Et si le Grenelle de l'environnement constituait une pure et simple supercherie ? »[253]

---

[253] Le Canard enchaîné, n° 4537, 10 octobre 2007, p. 5.

4 • LES TIC POUR « FAIRE SOCIETE »

Dès le 29 octobre 2007, l'association ATTAC précisait pour sa part[254] :

> « Qui peut croire que tout le monde sera gagnant lorsqu'une loi prétendra organiser la cohabitation entre les cultures d'OGM et les cultures sans OGM ? […] Une France vraiment convertie à l'écologie devrait exiger de l'Union européenne l'annulation des Accords de partenariat qu'elle va signer avec les pays d'Afrique, des Caraïbes et du Pacifique et qui, au nom du libre-échange et de la mise en concurrence, conformes aux règles de l'OMC, vont organiser dans ces pays la disparition de l'agriculture vivrière, la déforestation et le pillage des ressources naturelles. […]
> Il n'est pas question que le processus du Grenelle de l'environnement entérine ce que M. Sarkozy et le MEDEF en attendent : une dépolitisation de l'écologie politique et une instrumentalisation de l'environnemental contre le social. »

Finalement, le 6 décembre 2007, 80 associations (regroupées dans *L'Alliance pour la planète*), dont WWF et Greenpeace, ont suspendu leur participation :

> « L'Alliance demande au ministre d'État Jean-Louis Borloo d'organiser en urgence une réunion du groupe de contact inter collèges et de stopper un processus opaque et unilatéral qui sape les résultats du Grenelle. »

Ce fiasco était prévisible dès l'été 2007 dans la mesure où la maîtrise d'un environnement durable ne se fait pas indépendamment d'une conception solidaire globale de la société. Il ne reste plus qu'à imaginer comment faire, ou plutôt adapter et refaire, le milieu urbain en utilisant les TIC.

Les TIC peuvent permettre de mesurer les pollutions, de supprimer quelques déplacements, d'améliorer la gestion des effluents, des pollutions et des déchets. Les TIC sont en réalité prêt à tout faire pour se vendre. Sachons les impliquer dans une démarche vers l'écologie.

Equilibre social

Les TIC peuvent-elles contribuer à l'équilibre social ?

La notion d'équilibre social n'a de sens que datée et située, et il faudrait déjà nous entendre sur le concept d'équilibre social.

Equilibre n'est pas stabilité. On se rappelle, évidemment, que l'apartheid a tenu 40 ans dans une relative stabilité : mis en place en 1948 en Afrique du Sud par le Parti National Afrikaner, il n'a été aboli que le 30 juin 1991. La dictature de Franco a tenu 36 années, et celle, bien différente, de Fidel

---

[254] http://www.france.attac.org/spip.php?article7670.

Castro a déjà cinquante ans. La fracture nord-sud dure depuis tellement longtemps que certains sont enclins à la considérer comme l'expression d'un certain équilibre social international.

Comme le gyroscope, l'équilibre social ne se maintient que dans le libre mouvement permanent des forces de la société pour un partage solidaire toujours à réinstaller.

Lorsque Jacques DONZELOT (2004) distingue les trois vitesses de la ville (relégation, périurbanisation, gentrification), il traite de la ville « d'avant », c'est-à-dire de la ville du XXe siècle coupée des ruralités. Il semble ne pas tenir compte de la nouvelle donne dans laquelle, non seulement les rurbains, mais aussi les ruraux revendiquent l'accès aux services jusque-là réservés aux urbains, tels que l'enseignement, l'information, les relations aux administrations, le diagnostic et les soins médicaux. Les ruraux vivent actuellement la quatrième vitesse, celle de l'isolement.

Les TIC sont-elles de nature à rompre cet isolement et faire que la vitesse soit la même pour tous ? Les nouvelles technologies ont toujours été accessibles en premier lieu aux classes favorisées ; on l'a observé avec l'électricité, le téléphone, l'automobile et aussi avec l'imprimerie. Pourquoi en serait-il autrement avec les TIC ?

Les TIC ne peuvent contribuer à l'équilibre social que dans la mesure où elles sont un service accessible à tous aux mêmes conditions, et sur l'ensemble du territoire.

Autodétermination démocratique

Les TIC peuvent-elles aider à la mise en place d'une démocratie moderne ?

Elles peuvent, certes, constituer un outil efficace de communication, mais ne comptons pas sur les technologies elles-mêmes ni sur les compagnies qui les exploitent. L'exemple actuel est dans l'assujettissement de Google à la volonté de contrôle exercée par le gouvernement chinois ; il est aussi dans les dispositifs de surveillance du Réseau Echelon, dans le système GUID de Microsoft, dans les caméras de surveillance.

L'espace public (privé, mais public) des TIC et de leurs applications est évidemment une proie tentante, sinon facile, pour les pouvoirs de toutes natures. Cet espace ne sera véritablement public que si le public (les *huccs*) sait s'en emparer, ou, du moins, sait s'emparer de son contrôle.

4 • LES TIC POUR « FAIRE SOCIETE »

Les TIC, service public par nature

L'architecture, expression de la culture[255], n'est pas la conception de murs, de fenêtres et de toitures ; ce ne sont là que les éléments nécessaires à l'architecture. L'architecture ne fait pas des pleins, mais des creux. L'objectif de l'architecture est la réalisation de lieux de vie (privé, public, travail, loisirs, etc.), c'est-à-dire de biotopes humains durables, dont les parois ne sont que les définitions formelles auxquelles sont assignées les fonctions de stabilité, d'isolation (froid, chaud, intrusion, air, eau) et de lisibilité (esthétique[256], fonctionnelle, historique, sociale).

Solidement ancrées dans les territoires, les TIC et l'architecture ont ceci en commun qu'elles relèvent moins de la matière avec laquelle elles sont faites que de la société qui les produit et qu'elles servent : elles font sens.

Les TIC, dont la fonction première est la mise en relation et le partage des connaissances, relèvent *par nature* du domaine des services publics[257]. Penser une politique des TIC dans l'aménagement de la société – parce que si l'on aménage les territoires, c'est bien pour aménager la société - suppose d'avoir préalablement pris en compte leur rôle et leur nature de service public[258].

Les TIC, à la fois produits et servantes de notre société du XXIe siècle, représentent la modernité du nouvel équipement qu'il faut avoir (une sorte d'appareil ménager[259] supplémentaire) pour s'informer, communiquer, acheter. C'est aussi un nouveau marché (à la fois objet et lieu du marché). Et c'est enfin l'ensemble des instruments essentiels à la globalisation des marchés. C'est d'ailleurs généralement dans ces trois termes qu'elles sont aujourd'hui prises en compte. L'histoire récente des TIC leur donne a priori cette image : les quatre chevaux du quadrige TIC, (*hard*, *soft*, *huccs*,

---

[255] L'architecture, expression de la culture, est d'intérêt public, selon les termes de la loi du 3 janvier 1977 sur l'architecture.
[256] Une fonction esthétique qui inclut la *Gemütlichkeit* d'Adolf Loos.
[257] Le juriste Léon DUGUIT (cité in Bouquillon 2006) définissait ainsi le service public au début du XXe siècle : « Toute activité dont l'accomplissement doit être assuré, réglé et contrôlé par les gouvernants, parce que l'accomplissement de cette activité est indispensable à la réalisation et au développement de l'interdépendance sociale et qu'elle est de telle nature qu'elle ne peut être réalisée complètement que par l'intervention de la force gouvernementale. »
[258] Une définition plus simple du service public est donnée par Martine LOMBARD (2007) : ce sont des missions « définies et contrôlées par les représentants de la collectivité publique afin qu'elles bénéficient effectivement à tous les citoyens ».
[259] On pourra réécouter *La complainte du progrès* de Boris Vian.

business) ne semblent pas avoir attendu qu'on les conduise pour se mettre en route et caracoler au gré des marchés financiers : le cheval *business* est assez puissant pour gérer le *hard* et le *soft*, et assez malin pour maîtriser les *huccs*.

Nous reconnaissons les TIC comme l'instrument potentiel de la civilisation nouvelle qui s'installe et dans laquelle une autre occupation de l'espace est nécessaire, impliquant une autre utilisation des ressources et des milieux.

Cette urbanité vers laquelle on voudrait tendre n'est pas du ressort de l'urbaniste, elle est du domaine du politique, c'est-à-dire qu'elle est consubstantielle d'un projet de vie *ensemble* en tant qu'expression cohérente d'une vision du monde.

Lieu de l'urbanité, la ville[260], nous l'avons montré (FAYETON 2001), n'est pas le discours que pensait Roland BARTHES. Elle s'écrit dans un cycle sémiotique sur quatre « calques » successifs (la politique de la ville, l'urbanisme et l'architecture, la ville réelle, la ville vécue) selon quatre « langages » différents, chaque passage d'un « calque » au suivant opérant une transformation du contenu et de la forme.

Dans cette ré-écriture, les trois phases vitruviennes ou heideggeriennes successives Penser/Bâtir/Habiter sous-entendent une ville statique, édifiée une fois pour toutes et qu'il ne s'agit plus que d'habiter. RICŒUR, venu plus tard, à une époque où la ville est reconnue à la fois comme palimpseste et comme milieu en expansion, intègre l'habiter dans une phase productive qu'il nomme refiguration, créant malheureusement une confusion entre des phases de natures et de temporalités différentes.

Les trois phases Concevoir/Aménager/Habiter sont en effet suivies par la phase « désirer » qui fonde la prochaine préfiguration et le prochain cycle de transformation. Car le projet de ville naît du désir :

> « Désirer, c'est construire un agencement, c'est construire un ensemble. [...] Le désir, c'est du constructivisme. » *(DELEUZE 2004).*

Les documents d'urbanisme viennent écrire - traduire - dans leur langage spécifique une préfiguration de la ville que les aménageurs, promoteurs, architectes matérialisent dans la configuration de la ville réelle.

Cette ville réelle, faite de matériel et d'immatériel, constitue par la refiguration de l'habiter la base de la représentation mentale de la ville.

C'est cette ville vécue qui fournira à son tour la substance du rêve et du désir qui fondera la prochaine reconception.

---

[260] Continuons à appeler « ville » cette chose urbaine nouvelle qui n'a pas encore de nom.

4 • LES TIC POUR « FAIRE SOCIETE »

La politique de la ville - ou de l'aménagement des territoires - est l'interface entre le désir (d'urbanité) et la conception (par les urbanistes).

VITRUVE	HEIDEGGER	RICŒUR	Le cycle sémiotique
Projeter	Penser	Préfigurer	Concevoir
Construire	Bâtir	Configurer	Aménager
Habiter	Habiter	Refigurer	Habiter
			Désirer

Après un siècle d'urbanisation puissante et au moment où le langage courant nomme « quartiers » et « cités » ce qui n'a jamais été que des ensembles de logements sociaux accédant rarement au vécu de véritables quartiers, il convient de reconnaître que l'on n'est pas passé de l'îlot à la barre selon un développement génétique, ou technique, ou darwinien de l'architecture urbaine[261], mais par la mise en scène de visions successives de la société dans ses structures, ses valeurs, et son fonctionnement.

Si l'étalement de l'urbanisation qui a suivi dans la seconde moitié du XXe siècle a été le fait des urbanistes et des édiles, il a aussi été le résultat d'une double demande des utilisateurs : pour des raisons économiques (échapper au renchérissement du foncier et des logements en ville), pour des raisons de qualité de vie (une maison avec jardin) et dans un désir de statut social et de patrimonialisation. Avant de fustiger les lotissements périphériques, il faut reconnaître que les pouvoirs publics n'ont pas su - ou pas voulu - maîtriser la spéculation foncière urbaine qui a aiguillonné le mitage des périphéries.

Comme l'architecture, les TIC participent à l'organisation et au fonctionnement du biotope social humain. C'est à ce titre qu'elles doivent relever des services publics et non pas de ces nouveaux « services d'intérêt généraux »[262] dont s'empare le marché libéral.

---

[261] Contrairement à ce que tentent de démontrer Philippe PANERAI, Jean CASTEX, Jean-Charles DEPAULE, dans leur ouvrage *Formes urbaines, de l'îlot à la barre*. 1997 (réédition) Marseille, Parenthèses.
[262] Selon les termes du projet de traité constitutionnel pour l'Europe de 2005 devenu Traité de Lisbonne en 2008.

4 • LES TIC POUR « FAIRE SOCIETE »

Les TIC, instruments de la politique

L'instrument TIC répond aux nouvelles demandes sociales de notre civilisation dont il devient un élément structurant.

En conséquence, les TIC ne peuvent rester ignorées de la politique.

Dès 1995, le petit Etat estonien (avec 1,4 million d'habitants) mettait en place un vaste programme baptisé *Tiger Leap* (le saut du tigre), visant notamment à équiper l'ensemble des écoles du pays de points d'accès Internet[263]. Peu de temps après, en 1996, le président Jacques Chirac ne savait toujours pas ce qu'était une souris d'ordinateur :

> « En 1996, le Président Jacques Chirac, inaugurant la toute nouvelle Bibliothèque François Mitterrand, demandait à son Ministre de la Culture de l'époque, Jacques Toubon, ce qu'était une souris. Les journalistes en rirent et les Guignols de l'Info (Canal+) reprirent l'histoire en brocardant un Jacques Chirac qui ne savait pas ce qu'était une souris et bientôt l'appelait le mulot. »[264]

Au-delà de sa valeur humoristique, l'anecdote permet de comprendre pourquoi le CISI (Conseil Interministériel pour la Société de l'Information) n'a été mis en place qu'en 1998 : le numérique n'était encore considéré que comme un nouveau marché de matériels et de services, avec, en prime, un nouveau champ d'action pour la bourse. Mais il ne faut pas croire que les TIC soient alors devenues la préoccupation des aménageurs :

> « Le Premier Ministre, Jean-Pierre RAFFARIN, a réuni, pour la première fois depuis la constitution de son Gouvernement, le Comité Interministériel pour la Société de l'Information (CISI) le jeudi 10 juillet 2003 à 16h30. Ce Comité n'avait pas été réuni depuis trois ans. »[265]

---

[263] « En moins de quinze ans, l'Estonie, pays balte de 1,4 million d'habitants est passé à l'informatisation la plus sophistiquée. […] Depuis 2000, le pays consacre 1 % de son budget au développement de ce secteur stratégique, soit 200 millions de couronnes (12 500 000 euros) : l'équivalent du budget consacré à la culture en France. […] Le développement d'Internet s'est accompagné d'une évolution du cadre juridique. […], la signature numérique, entrée en vigueur en août 2000 […] la quasi-totalité des fonctionnaires du secteur public (95 %) disposent d'un ordinateur connecté à Internet… » http://www.adele.gouv.fr.
[264] http://www.mulot-declic.com/actu/?cat=4.
[265] Source : http://www.recherche.gouv.fr/cisi/2003/index.htm. On note que J.P. RAFFARIN, après une carrière dans le marketing et la communication, a été nommé Premier ministre le 6 mai 2002, soit plus d'un an avant d'organiser cette réunion. C'est dire le sentiment d'urgence qui prévalait.

4 • LES TIC POUR « FAIRE SOCIETE »

L'analogie avec l'attitude du gouvernement français vis-à-vis du développement des chemins de fer est frappante. En 1840, avec seulement 319 kilomètres en exploitation, la France présentait un énorme retard dans la construction de son réseau ferré par rapport aux autres pays industrialisés. Ce retard était dû à l'absence de politique claire sur la consistance du réseau à construire et sur le mode d'exploitation. Il aura fallu attendre un quart de siècle d'atermoiements gouvernementaux pour qu'enfin, le 11 juin 1842, soit promulguée la loi relative à l'établissement des grandes lignes de chemin de fer. L'Etat créa alors les infrastructures (terrassements, ouvrages d'art) selon le fameux schéma de l'Etoile de Legrand et contrôla l'exploitation pendant que les compagnies créaient les superstructures (rails, matériels roulants) après avoir obtenu des concessions d'exploitation.

Ce réseau en étoile répondait à sa propre logique : il n'avait pas pour objectif d'offrir une nouvelle mobilité aux populations provinciales, mais de renforcer la position centrale et polarisante de la capitale. Cette vision du territoire, avec la concentration de tous les pouvoirs à Paris, s'est régulièrement renforcée au point que des lignes ont été supprimées les unes après les autres au motif de la rentabilité, oubliant qu'elles étaient d'abord un instrument de cohésion sociale. La SNCF a pu ainsi supprimer en 1973 tout le trafic ferroviaire de voyageurs en Ardèche.

C'est seulement en 2010 que sera rétabli le trafic (avec, pour commencer, sept aller-et-retours quotidiens) entre Avignon et Valence par la rive droite du Rhône grâce à la volonté conjointe des trois Régions concernées et à un investissement de 50 millions d'euros (réhabilitation des infrastructures et nouveau matériel roulant). Le désenclavement de l'Ardèche par le transport ferré, c'est d'abord la réinsertion de ses populations dans la nation. Ce lien technique fabrique du lien social. Il est l'instrument de la volonté politique.

De la même façon, le logement est politique. Nous avons vu plus haut[266] que la propriété privée du logement est diversement distribuée dans les pays européens (10 % de propriétaires-habitants de leur logement à Berlin et à Varsovie, 80 % à Madrid et Vilnius) et ne constitue pas un critère de bien-être et de qualité de vie urbaine.

On peut bien vanter, comme Nicolas SARKOZY[267], la forte proportion de propriétaires à Madrid. Mais il faut alors reconnaître que le très étroit parc

---

[266] Cf. ci-dessus § Privé (propriétaires) vs Public (p. 96 et suiv.).
[267] *« Que peut-on rêver de mieux que de voir tous les français devenir propriétaires ? »* demandait Nicolas SARKOZY pendant sa campagne électorale de 2007.

locatif de Madrid constitue un handicap insurmontable pour les jeunes qui y cherchent un logement, aussi bien qu'un frein à la mobilité pourtant considérée comme un vecteur de développement économique. Quant à la sécurité du propriétaire (la certitude de ne pas être expulsé pour défaut de paiement), elle n'est acquise qu'après avoir terminé de rembourser l'emprunt généralement nécessaire, souvent contracté sur une très longue durée (de 15 à 30 ans, et maintenant jusqu'à 50 ans). Pendant cette longue période, le logement (le bâtiment) s'use et nécessite un entretien, des réfections et des mises aux normes. Ce sont de lourdes dépenses qui viennent s'ajouter au remboursement du prêt, fragilisant la situation de l'accédant. Etre propriétaire de son logement ne devient véritablement un avantage que lorsque le prêt est remboursé et dans la mesure d'une hausse conséquente des prix du foncier et de l'immobilier. Dans cette perspective, chaque propriétaire de son logement devient ainsi malgré lui un potentiel acteur d'une spéculation inflationniste. Quitte à rêver, que peut-on rêver de mieux que de voir tous les SDF et les mal-logés enfin installés dans des appartements décents ? Finalement, peu importe qu'ils soient locataires ou propriétaires.

De cet autre rêve (un marché locatif très large et très ouvert) pourrait naître une autre politique du logement, assurant à la fois la sécurité (la certitude de ne pas être expulsé) et la mobilité (la possibilité de changer de domicile pour un nouvel emploi, pour s'adapter à de nouvelles conditions familiales, ou tout simplement pour changer d'air).

Parce qu'ils sont structurants de la société plus que des territoires, les grands équipements nécessitent l'implication des pouvoirs publics. Dans le cas particulier des TIC, Jérôme VICENTE (2005) pointe une apparente ambigüité :

> « Si d'un point de vue technologique, les vertus géographiquement décentralisatrices de la technologie numérique sont bien réelles, les aspects économiques plaident en faveur d'une logique polarisante. Face à une telle contradiction, c'est du côté des logiques institutionnelles que sont à rechercher les conditions d'un aménagement du territoire fondé sur les réseaux. »

L'ambigüité tombe dès que l'on considère les TIC comme un moyen de communiquer, c'est-à-dire de constituer une nouvelle agora, un nouvel espace public. C'est le rôle des pouvoirs publics de proposer l'espace public dont se saisiront les populations. C'est par conséquent aux pouvoirs publics de définir les TIC dans leurs structures, leurs rôles et leurs limites.

4 • LES TIC POUR « FAIRE SOCIETE »

Les TIC, instruments de projet

On peut opter pour la position de la Banque Mondiale et de son *principal urban planner* Alain BERTAUD pour qui la loi du marché fait l'essentiel de l'urbanisme. Dans ce néo-rousseauisme libéral où l'urbaniste n'est que le serviteur du marché, on trouvera « bon, juste, et nécessaire » la gentrification spéculative des centres historiques des villes et la centrifugation des classes moyennes, l'exclusion des plus pauvres, *outwalled* dans les quartiers périphériques pendant que les plus chanceux sont murés, *inwalled,* derrière les clôtures de leurs *gated communities*, si possible à distance convenable des déserts ruraux et des bidonvilles. Les TIC, dans ce merveilleux monde libéral, sont alors un ensemble de produits et de services soumis aux lois de la jungle des marchés, et malheur à ceux qui, trop pauvres ou trop éloignés des réseaux, ne sont ni équipés, ni abonnés, ni raccordés et sont comme perdus en mer entre les archipels de la globalisation.

Une autre vision du monde inciterait à se saisir ensemble des TIC pour relier les populations et organiser « l'équité et la participation » (DONZELOT 2003) afin de « faire société ».

Cette autre vision du monde articulerait les objectifs suivants :
- l'établissement de la démocratie participative la plus large, étendue aux travailleurs immigrés ;
- la pleine liberté de pensée, de conscience et d'expression ;
- l'indépendance de la presse et des TIC à l'égard de l'Etat et des puissances financières ;
- l'inviolabilité du domicile et le secret de la correspondance ;
- l'égalité absolue de tous les citoyens devant la loi.

Ces objectifs sollicitent la mise en œuvre de stratégies économiques et sociales visant à promouvoir dans le même temps :

a) Sur le plan économique :
- l'instauration d'une véritable démocratie économique et sociale, impliquant la disparition des nouvelles féodalités économiques et financières exercées par les multinationales ;
- la définition et le contrôle par l'Etat des missions de services publics concernant les énergies, les services bancaires et d'assurances, l'eau, les transports, les TIC, l'éducation, et la santé ;
- le développement des petites entreprises (TPE et PME) ;
- la gestion écologique des ressources, de la production, des déchets et des milieux.

4 • LES TIC POUR « FAIRE SOCIETE »

b) Sur le plan social :
- le droit au travail opposable ;
- le droit au logement opposable ;
- la garantie d'un pouvoir d'achat qui assure à chacun la sécurité, la dignité et la possibilité d'une vie pleinement humaine ;
- la reconstitution d'un syndicalisme indépendant, doté de larges pouvoirs dans l'organisation de la vie économique et sociale ;
- un plan complet de sécurité sociale, visant à assurer à tous les citoyens des moyens d'existence, dans tous les cas où ils sont incapables de se le procurer par le travail, avec gestion appartenant aux représentants des citoyens et de l'État.

c) Une extension des droits politiques, sociaux et économiques aux populations immigrées.

d) La possibilité effective pour tous les enfants vivant sur le territoire français de bénéficier de l'instruction et d'accéder à la culture la plus développée, quelle que soit la situation de fortune de leurs parents, afin que les fonctions les plus hautes soient réellement accessibles à tous ceux qui auront les capacités requises pour les exercer et que soit ainsi promue une élite véritable, non de naissance mais de mérite, et constamment renouvelée par les apports populaires.

Le lecteur aura reconnu que ce projet pour « faire société » reprend l'essentiel du programme du CNR (Conseil National de la Résistance)[268], adapté au monde aujourd'hui globalisé.

Car à quoi peuvent servir les TIC sinon à faire du lien social ? Ce peut être du lien qui ouvre et relie ou du lien qui ligote[269]. A supposer que l'on opte pour des TIC qui ouvrent et relient, et dans le cadre d'une démocratie durable, l'aménagement de la « société de la connaissance » et de ses nécessaires territoires présuppose une redistribution des rôles et des responsabilités dans cet « engagement partagé » que Thierry PAQUOT (2006) définit comme fondateur de l'urbanisme :

« L'urbanisme est un « bien commun », sachant que « commun » ne

---

[268] Le projet du CNR (15 mars 1944) est ouvertement contesté par Denis KESSLER, ancien n°2 et idéologue du MEDEF (au côté d'Ernest-Antoine SEILLIERES) de 1994 à 1998, dans un éditorial du journal Challenge (04/10/2007) sous le titre « Défaire méthodiquement le programme du Conseil National de la Résistance »

[269] Ce qui soulève un paradoxe dramatique lorsque le gouvernement chinois impose à Google des limitations sur les contenus et des contrôles sur les internautes, ou lorsque la junte Birmane interrompt les communications.

désigne pas ce qu'on partage, mais ce qui engage les uns vis-à-vis des autres. »

Cet engagement partagé était déjà au cœur du projet de GUTKIND qui imaginait une double action menée selon deux vecteurs complémentaires, un vecteur descendant qui « envisage la région comme une unité fonctionnelle » et un vecteur ascendant, qui « correspond en gros à la répartition des diverses fonctions entre les communautés et les districts de la région ».

L'engagement partagé de la société des TIC implique de concevoir non plus deux mais trois vecteurs :

- Le vecteur descendant : l'action des pouvoirs publics,
- Le vecteur ascendant : la (nouvelle) participation des *huccs* à la vie publique,
- Le vecteur transversal : la mise en commun des problématiques et des moyens, tant au niveau des groupes de populations que des services publics.

Vecteur descendant

La prise en compte de la *nouvelle échelle* et de la *nouvelle mobilité* nécessite une mise à jour des structures et des pratiques :

• Réorganiser les structures territoriales de pouvoir et de démocratie selon la nouvelle échelle des aires urbaines réelles ;

• Réaliser des infrastructures selon un schéma de service public qui ne dépendra pas du bon vouloir des compagnies mais de la volonté politique d'assurer les conditions d'équité pour l'ensemble de la population ;

• Implanter égalitairement des points d'accès aux services publics. Tous les villages et les quartiers pourraient se voir doter d'un lieu d'accueil TIC où des opérateurs seraient habilités à traiter (ou transmettre) les procédures : poste, banque postale, transports en commun, ANPE et ASSEDIC (enfin réunifiés, ce qui n'implique pas une réduction du nombre des agents) ; tribunaux d'instance et tribunaux de Prud'hommes dans leur mission de règlement des conflits du quotidien, sécurité sociale et allocations familiales ; service départemental ou régional de l'équipement, etc. Les 32 000 communes de moins de 2 000 habitants seraient à équiper en première urgence si l'on veut assurer l'égalité des droits et des moyens. Nous pourrions appeler cela un service public, c'est-à-dire au service du public et non enfermé dans le pré-carré de chaque service ou de chaque ministère ;

4 • LES TIC POUR « FAIRE SOCIETE »

- Mettre en place des procédures de transparence afin de créer la confiance dans les services publics et leurs agents. Il ne s'agit pas seulement de faire connaître les salaires et frais des élus[270], mais de rendre « visibles » les responsables, les acteurs, les prises de décision. Le contrôle informatisé des *huccs* n'est acceptable que s'il est lui-même contrôlé par eux ;
- Concevoir des interfaces ergonomiques d'accès aux services publics. On pense évidemment à l'ergonomie des matériels et équipements spécifique aux divers handicaps, mais il s'agit plus fondamentalement de l'ergonomie générale de l'interface des services ;
- Former et informer les *huccs*, notamment par le soutien logistique et financier des pouvoirs publics nationaux et locaux aux associations qui s'engagent dans une action auprès des populations des quartiers et des villages. Outre la nécessaire formation aux TIC, il s'agit d'une formation à la vie publique, au fonctionnement structurel de l'Etat, des gouvernements, et des entreprises.

Vecteur ascendant

La participation à la vie publique est dans le vent, mais elle est rarement mise en œuvre. Ce ne sont pas les TIC qui y changeront quoi que ce soit, et elles ne sont même pas nécessaires : on connaît la remarquable expérience (Débora NUNES, 2001) menée au Brésil à Vila Verde auprès d'une population très pauvre et très peu scolarisée (avec une forte proportion d'analphabètes fonctionnels) qui a su prendre en main son quartier, concevoir et réaliser ensemble des aménagements structurels fondamentaux (routes, réseaux, espaces communs et privés). La participation des habitants, officiellement engagée dans l'aménagement des territoires et des quartiers, est à la mesure de la volonté de mise en œuvre : les TIC n'en sont que le support technique.

- La participation est d'abord une mise en relation. Pourquoi ne pas l'étendre largement à la mise en relation des professeurs des écoles avec les familles et les élèves, à un contact plus étroit des élus avec les administrés, au dialogue client/fournisseur, dans un contact « virtuel » si l'on veut l'appeler ainsi, mais confiant, fréquent, et très certainement productif ;

---

[270] Depuis le 12 décembre 2003, une page Web intitulée *« divulgation des frais de voyage et d'accueil »* fournit des renseignements précis sur les frais de voyage et d'accueil engagés au Secrétariat du Conseil du Trésor du Canada par le ministre, le secrétaire parlementaire et le personnel exonéré, ainsi que par des cadres supérieurs des niveaux de sous ministre, de sous ministre délégué, de sous-ministre adjoint et de niveau équivalent.

4 • LES TIC POUR « FAIRE SOCIETE »

- La demande de participation à la vie publique est aussi dans le désir de participer à la production d'information par la diffusion de photos et de clips saisis souvent grâce aux téléphones portables. Ces informations issues du public viennent maintenant contrebalancer, voire contredire, les informations officielles ;
- Seule la volonté exigeante des *huccs* et des acteurs sociaux, soutenue par les pouvoirs publics, peut promouvoir la participation et en faire le mode courant de gouvernance.

Vecteur transversal

Il s'agit de la mise en commun des problématiques, des compétences et des moyens :

- Mutualisation des compétences. Nous voyons déjà se constituer ici et là des groupements territoriaux de partenaires (collectivités et administrations, entreprises, associations et syndicats) pour le développement économique et social. Les TIC permettent d'aller plus avant dans la cohérence des services et des efforts pour autant que l'on accepte le décloisonnement des services. Depuis 2007, par le miracle des TIC, les services fiscaux adressent directement aux Allocations Familiales les informations sur le revenu des allocataires facilitant à la fois le contrôle et les déclarations. Profitons alors des TIC pour regrouper les services au public et les redistribuer là où on en a besoin, dans les quartiers, les villages ;
- Mutualisation des moyens. L'implication financière des collectivités locales est régulièrement rendue nécessaire lorsque les compagnies des TIC négligent un territoire (des populations) trop peu dense ou trop pauvre pour laisser espérer une rentabilité suffisante des investissements. Ce qui revient à dire que les départements riches se voient offrir leurs infrastructures et que les départements pauvres doivent les financer. Sauf à entériner et accepter les différences de niveau de vie d'une région à l'autre, la mutualisation suppose une volonté politique globale et l'engagement des pouvoirs publics de rang national ou européen pour intervenir afin d'effectuer les nécessaires péréquations entre régions. Hormis la mutualisation des financements, c'est une transformation des services publics que l'on pourrait, grâce aux TIC, mettre en œuvre par une mutualisation des moyens humains et logistiques : en plaçant l'usager au fondement du service offert, et non plus l'activité ou l'emprise d'un ministère ;
- Mutualisation des problématiques. Les syndicats n'ont pas attendu les TIC pour s'internationaliser, au moins dans leurs réflexions fondamentales et

4 • LES TIC POUR « FAIRE SOCIETE »

dans l'attention apportée aux événements à l'étranger et des structures internationales importantes existent depuis 1945 : syndicats de travailleurs, syndicats d'investisseurs, organisations internationales gouvernementales ou non. La globalisation des problématiques sectorielles, facilitée par les TIC, se fait, certes lentement, mais elle apparaît inéluctable. La « Conférence Mondiale des travailleurs sociaux »[271] se tenait à Munich du 30 juillet au 3 août 2006. Sous le thème *« Pour un nouvel équilibre social dans un monde inéquitable »,* elle réunissait dans le « réel » 1 500 travailleurs sociaux venus du monde entier après s'être rencontrés dans le « virtuel » des TIC. On a vu également une « Confédération syndicale internationale » naître au congrès de Vienne du 1er au 3 novembre 2006 et qui rassemble 166 millions de salariés dans 156 pays. On a même vu la mise en relation de salariés indépendamment des structures d'entreprises et des frontières, avec ce qui fut appelé un « syndicat virtuel » dans le groupe Ubisoft[272].

La même problématique est au cœur des luttes des ouvriers du secteur automobile et les syndicats commencent d'en prendre conscience. Ainsi, les ouvriers de Renault en France s'associent aux luttes des ouvriers roumains de l'usine Dacia (groupe Renault) à Mioveni :

> « Euromanifestation le 5 avril 2008
> A l'offensive pour des salaires équitables.
> Les salaires et le pouvoir d'achat sont une des préoccupations majeures des citoyens européens. Actuellement, les salaires en Europe sont pris dans une spirale vers le bas : en effet la part des salaires dans le produit intérieur brut (PIB) ne cesse de diminuer alors que les profits des entreprises augmentent continuellement. Les conséquences les plus immédiates sont la baisse du pouvoir d'achat et une augmentation des inégalités. La Confédération européenne des syndicats a décidé d'organiser une Euro-manifestation le 5 avril prochain à Llubljana (Slovénie) pour demander une augmentation des salaires. La CGT y sera présente. »[273]

Cette syndication globalisée renouvelle les règles du jeu entre partenaires sociaux et prend en compte des politiques glocalisées.

---

[271] http://www.socialwork2006.de.
[272] C'est ainsi que le 15 décembre 1998, tous les employés de la société UbiSoft France et ceux de ses filiales du Québec, du Maroc, de Roumanie et de Chine reçoivent par e-mail (via la messagerie électronique interne) un message annonçant le lancement d'Ubi Free, « syndicat virtuel » des salariés de l'entreprise.
[273] http://www.cgt.fr/internet.

4 • LES TIC POUR « FAIRE SOCIETE »

Feuille de route pour le quadrige numérique

De toute évidence, une nouvelle civilisation se met en place avec les TIC, une civilisation où le « durable » est au temps ce que le « global » est à l'espace. Le Conseil Européen de Lisbonne (23 et 24 mars 2000) entérinait cette transformation et se fixait l'objectif stratégique de créer une « économie de la connaissance » en laissant sous-entendre que la société de la connaissance pourrait s'apparenter à la société de la sagesse.

Pour l'instant, il apparaît que les TIC, impactant moins le réel « physique » des territoires que le réel du « sociétal », s'installent en Europe comme l'instrument d'une société libérale où la concurrence et le marché remplacent la solidarité et la mutualisation qui fondaient la reconstruction de la France selon les valeurs du Conseil National de la Résistance en 1944.

Avec la civilisation de l'information et de la communication que les TIC permettent, ce n'est pas tant de rénover l'urbain (le *hard*) qu'il s'agit, que de réinventer l'urbanité (le *soft*). Poser une nouvelle urbanité, c'est proposer une nouvelle dramaturgie du vivre ensemble dans une scène globale et multiculturelle, multilingue et multiethnique, multiconfessionnelle mais aussi laïque et agnostique. Les infrastructures, les logiciels et le business des TIC n'y pourront rien, sauf à servir une nouvelle vision du monde à construire encore, ce qui reste du ressort des *huccs*, c'est-à-dire de la politique.

Les TIC, mises en œuvre en tant que service public, offrent une possibilité de structuration d'une civilisation solidaire et responsable en posant les termes fondateurs du développement durable : Existence économique, Ecologie, Equilibre social, Autodétermination démocratique.

Il ne manque plus que le projet politique pour écrire la feuille de route du quadrige numérique.

> « Il s'agit donc de faire une société,
> après quoi nous ferons peut-être du bon théâtre. »
> *Jean VILAR (1955)*

Annexes

ANNEXES

Erwin Anton Gutkind

Né le 20/05/1886 à Berlin (RFA),

Allemand (jusqu'en 1945) puis britannique,

1905-1909 : études d'architecture, d'urbanisme, d'histoire de l'art et de sociologie à la Technische Hochschule de l'université de Berlin

1910 : mariage avec la designerin Margarete Jaffé

1914 : doctorat à la Technische Hochschule de l'université de Berlin

1914-1918 : urbaniste pour la reconstruction

1920-1923 : responsable du service du logement et de l'urbanisme

1923-1933 : architecte et urbaniste, il réalise quelques projets importants dans le courant du modernisme (lotissement Neu-Jerusalem à Berlin Staaken, ensemble d'habitations Am Eschengraben, ensemble d'habitations Sonnenhof à Berlin-Lichtenberg)

1933 : exproprié de tous ses biens en raison de son ascendance juive, s'exile à Paris (avril 1933), puis retourne à Berlin (1934) pour organiser l'exil de ses proches

1935 : avec l'aide de Sir George Pepler et Ewart G. Culpin réussit à s'exiler à Hampstead (London)

1935-1939 : conseiller du service d'urbanisme de Londres

1940-1942 : directeur du projet de recherche « Demographic Survey of the 1940 Council »

1942-1945 : conseiller pour l'industrie britannique du charbon

1945-1947 : membre de la commission de contrôle britannique pour l'Allemagne, conseiller pour la reconstruction dans le quartier principal de la zone britannique.

1947 : démissionne de la commission de contrôle pour protester contre les procédures bureaucratiques

1947-1956 : se consacre à l'écriture et notamment pour les revues Urbanistica et Architectural Design

1948 : reçu à la Royal Geographic Society

1956 : mariage avec la sinologue Dr. Anneliese Bulling à Londres

1956-1968 : Professeur, Université de Pennsylvanie

7/08/1968 mort à Philadelphie (USA)

Index des lieux cités

Aachen, 83
Afrique du Sud, 21
Aix-en-Provence, 45, 163, 164
Allemagne, 16, 41, 42, 55, 60, 80, 102, 119, 152, 180
Amiens, 83
Anting, 80, 84
Asie, 19
Athènes, 96
Auroville, 71
Avignon, 61, 93
Baltique, 90
Barcelone, 86
Beddington, 55
Bélarus, 31, 83
Berlin, 44, 87, 90, 93, 101, 103
Beverly Hills, 135
Biolenka, 134
Bondy, 65
Brasilia, 87
Bratislava, 96
Braunschweig, 83
Brest, 83
Bretagne, 151
Broadacre City, 171
Bruxelles, 83, 89, 90
Bucarest, 96
Budapest, 86, 90, 96
Bulgarie, 110
Casablanca, 47
Castelnau-le-Lez, 92
Champigny-sur-Marne, 45
Chateaurenard, 93
Chicago, 157
Chine, 20, 22, 26, 75, 80
Clichy-sous-Bois, 99
Copenhague, 55, 96
Corse, 151
Cracovie, 86, 113, 119, 122
Danemark, 55

Dong Tan, 80
Dortmund, 83
Düsseldorf, 83
Ecosse, 152
Erlangen, 60
Espagne, 151
Europe, 16, 17, 22, 23, 31, 39, 40, 79, 83, 110, 120, 135
France, 31, 45, 52, 150
Frankfurt/Oder, 41, 42, 83
Freibourg/Breisgau, 55
Gdansk, 113, 122
Gdynia, 119
Grande-Bretagne, 55, 152
Grenoble, 24
Hamburg, 84
Hanovre, 55, 83
Haute-Silésie, 110, 113, 117, 118, 119, 120, 121, 122
Huis-ten-Bosch, 80
Ile Maurice, 21
Inde, 21, 43
Issy-les-Moulineaux, 51
Japon, 43
Karow, 87
Katowice, 117, 118, 119, 121
Kenya, 46
La Courneuve, 87
Las Vegas, 80
Letchworth, 70
Liège, 83
Ljubljana, 96
Lodève, 92
Lodz, 113, 114
Loiret, 24
Londres, 86, 101
Luxembourg, 101
Lyon, 24
Madrid, 96
Magdeburg, 83

Maghreb, 45
Malaisie, 21
Malmö, 55
Maroc, 47
Marseille, 24, 44, 45, 86, 87, 94, 163
Méditerranée, 84, 90
Melun-Sénart, 157
Monteux, 93
Montpellier, 92
Moscou, 86
Mouans-Sartoux, 50
Munich, 202
Nagasaki, 80
Nanterre, 45
Nantes, 44, 75
Noisy-le-Grand, 45
Paris, 24, 35, 45, 51, 86, 87, 89, 90, 96
Paris-La-Défense, 157
Parthenay, 36, 50, 51, 72
Pas-de-Calais, 121
Pékin, 75
Pologne, 31, 34, 41, 83, 106, 110, 111, 112, 116, 118, 150
Pondichery, 71
Portugal, 21
Poznan, 83, 113
Prague, 129
Provence-Alpes-Côte d'Azur, 62, 63
Prusse, 118
Québec, 38
Riga, 96
Rognonas, 93
Rotterdam, 68

Rouen, 83
Roumanie, 110
Ruhr, 121
Saint-Germain-en-Laye, 135
Saint-Jean-de-Védas, 92
Saint-Petersbourg, 86
Shanghai, 75, 80
Silésie, 119, 120
Slubfurt, 41, 43
Slubice, 41, 42
Sofia, 86
Song Jiang, 80
Stockholm, 55
Suède, 55
Tanger, 47
Tübingen, 88
Union Européenne, 52, 135
Ursynow, 134
Varsovie, 83, 86, 88, 89, 96, 110, 114, 115, 117, 122, 127, 129, 130, 131, 132, 133, 138
Vaucluse, 61, 62, 63
Verdun, 45
Villeneuve-les-Avignon, 93
Vilnius, 96
Warka (Uruk), 85
Weimar, 15
Welwyn Garden City, 70
Wilanow, 135
Wola, 130
Wroclaw, 113, 122
Yerevan, 86

ANNEXES

Index des personnes citées

Adair, 128
Agoumi Fadel, 47
Alexander Christophe, 183
Alfassa Mirra ("la mère"), 71
Amberg Michael, 60
Amossy Ruth, 35
André jean-Louis, 81
Anger Roger, 71
Arendt Hannah, 147
Ascher François, 44, 185
Aschieri André, 50
Badariotti Dominique, 184
Barberis Jeanne-Marie, 99
Baudais Pierrick, 151
Baudreu Dominique, 85
Baumann Zygmunt, 99
Beauregard, 128
Beck Ulrich, 99, 106, 157
Bederke Jeanette, 42
Beech Hannah, 80
Benevolo Leonardo, 83
Benke Carsten, 103
Benmansour Saâd, 47
Bentolila Alain, 76
Berhault Gilles, 185
Bertaud Alain, 86, 87, 89, 95, 98, 138, 143, 197
Besançon Alain, 35
Bijak Jakub, 113
Billaut Jean-Michel, 185
Billert, 135
Biro & Fernier, 70
Bled Bernard, 157
Bofill Ricardo, 81
Bohigas Oriol, 147
Bouchaala Youcef, 61
Bourdeau-Lepage Lise, 106
Bourdieu Pierre, 157
Brandstetter Benno, 179
Brousse Cécile, 101

Castells Manuel, 163
Chaliand Gérard, 146
Chaline Claude, 155
Choay Françoise, 69, 79, 167
Colliers, 129, 131
Cotta Jacques, 99
D'Iribarne Alain, 51
Davis Mike, 157, 174, 179
De Certeau Michel, 157
De Villepin Dominique, 52
Donzelot Jacques, 99, 144, 190, 197
Drozdowski, 114
Dumout Estelle, 41
Ecochard Janine, 73
Enhai Wang, 26
Fabijanczuk, 132
Falco Hubert, 93
Fayeton Philippe, 29, 89, 147, 156, 192
Fourier Charles, 69
Fournier Jean-Jacques, 157
Frankhauser Pierre, 184
Galland Blaise, 44, 149
Gehri Frank, 56
Ghose Aravind, dit Sri Aurobindo, 71
Gierek Edward, 120
Godard Francis, 162
Godin jean-Baptiste, 69
Goldberg Itzhak, 187
Gorzelak, 111
Greimas Algirdas, 27, 38
Grossmann Lev, 21
Guichard Eric, 36, 75, 76
Gutkind Erwin, 32, 167, 168, 169, 170, 199
Gutry-Korycka Malgorzata, 89
Haila, 128
Hamm Bernd, 107, 185
Helmfrid Staffan, 148
Hervé Michel, 36, 50, 72
Howard Ebenezer, 70
Huber, 130

Jałowiecki Bohdan, 113, 115, 121
Jamjama Mohamed, 61
Khainnar Smail, 178
Knorr-Siedow Thomas, 103, 180
Kohler Dorothée, 87
Krätke Stefan, 128
Kupiszewski Marek, 113
Lacour Claude & Puissant Sylvette, 163
Lamalice Olivier, 179
Lamizet Bernard, 173
Lanéelle Xavière, 148
Laurini Robert, 30
Le Corbusier, 70
Le Gleau, 84
Mandelbrot Benoît, 184
Marcuse Peter, 182
Markowski Tadeusz, 106
Mathon Jean-Baptiste, 83
Maymont Paul, 70
Maynadier Boris, 56
Michel Serge, 65
Miège Bernard, 146
Millet Damien, 46
Mongin Olivier, 183
Moriset Bruno, 17, 38, 180
Mostowska, 136
North, 133, 135
Nunes Débora, 200
Owen Robert, 69
Paquot Thierry, 39, 148, 173, 198
Parysek, 110
Pawlowski Krzystof, 85
Pinson Daniel, 84
Piron Olivier, 155

Portnoff André-Yves, 17, 185
Pumain Denise, 84, 184
Pütz, 128, 129
Quéau Philippe, 68
Ricœur Paul, 192
Robert Pierre, 93
Roncayolo Marcel, 84
Rosemberg Muriel, 56
Saint-Julien, 84
Sarkozy Nicolas, 155
Sauper Hubert, 46
Seriot Patrick, 35
Sifry David, 20
Smith Craig S., 103
Stephens, 130
Stock Mathis, 148, 160
Sullivan Sam, 155, 171
Tassin Etienne, 34
Thom Françoise, 35
Tölle, 135
Tomasiewicz, 119
Torre Roxana, 68
Veltz Pierre, 105, 178
Verne Jules, 69
Vicente Jérôme, 176, 177, 196
Wacquant Loïc, 101, 186
Węcławowicz, 111, 113, 136
Weeks John, 181
Wilk, 133
Wirth louis, 153, 157
Wright Frank Lloyd, 171
Wyler William, 19
Yongjie Cai, 84

Bibliographie

1. ANDERS Günther, 2001, *Et si je suis désespéré, que voulez-vous que j'y fasse ?* Paris, éditions Allia.
2. ARENDT Hannah, 2005, *Denken ohne Geländer, Texte und Briefe.* (eds. Heidi Bohnet et Klaus Stadler) München, Piper.
3. ARENE-IMBE, 2005, *Quartiers durables, guide d'expériences européennes.* Paris, Avril 2005, http://www.areneidf.com/HQE-urbanisme/pdf/qde3-BO01_BDder.pdf.
4. ASCHER François (et alli), 1993, *Les territoires du futur.* Paris, DATAR et Editions de l'Aube.
5. BAUDREU Dominique, 2002, « la naissance d'une fiction historique » in Mémoires de Lieux, n° 4 printemps 2002 Centre d'Etudes et de Recherches Comparatives en Ethnologie, univ. de Montpellier 3.
6. BECK Ulrich, 2001, *La société du risque.* Paris, Flammarion.
7. BECK Ulrich, 2003, *Pouvoir et contre-pouvoir à l'heure de la mondialisation.* Paris, Flammarion.
8. BENKE Carsten, 2004, Historische Umbrüche, Schrumpfungen und städtische Krisen in Mitteleuropa seit dem Mittelalter. http://www.schrumpfende-stadt.de.
9. BERTAUD Alain et RENAUD Bertrand, 1995, *Cities without land markets : location and land use in the socialist city,* Policy Research Working paper n° 1477, The World Bank, http://alain-bertaud.com.
10. BERTAUD Alain et BERTAUD Marie-Agnes, 2000, *The spatial development of Warsaw Metropolitan Area, Comments on "Warsaw Development Strategy until the year 2010 »* for the World Bank, http://alain-bertaud.com.
11. BERTAUD Alain (2003, revised May 2004) *The spatial organization of cities* http://alain-bertaud.com.
12. BIERZYNSKI Adam, 2005, *Large Housing Estates in Poland, Success and fail factors of policies,* RESTATE report WP8, Utrecht, Faculty of Geosciences, Utrecht University (http://www.restate.georg.uu.nl).
13. BITTNER Regina, HACKENBROICH Wilfried, VÖCKLER Kai (Hsg), 2006, *Transiträume.* Berlin, Jovis Verlag.
14. BLUME Thorsten & LANGENBRINCK Gregor, 2004, *Dot.City.* Berlin, Jovis Verlag GmbH.
15. BOUQUILLON Philippe & PAILLIART Isabelle, 2006. *Le déploiement des Tic dans les territoires, le rôle des collectivités territoriales.* Grenoble, PUG.
16. BÖTTGER Gottfried (et alli),1997, *Stadt mit Zukunft : energiebewusst und urban.* Bad Urach/Stuttgart, Landeszentrale für politische Bildung Baden-Württemberg.

ANNEXES

17. BOURDEAU-LEPAGE Lise, 2003, *Varsovie, une nouvelle métropole*. Dijon, LATEC CNRS 5118 et MSH, Université de Bourgogne.
18. BRANDSTETTER Benno (et alli), 2004, *Städte im Umbruch*, http://www.schrumpfende-stadt.de.
19. BRUNET R., REY V. »Europes orientales, Russie, Asie centrale », in BRUNET R. (dir.), Géographie universelle, vol. 10 Belin/Reclus, 1996.
20. BROUSSE Cécile, 2004, *The production of data on homelessness and housing deprivation in the European Union, survey and proposals*. Eurostat.
21. BURDACK Joachim, HERFERT Günther, RUDOLPH Robert, 2005. *Europäische metropolitane Peripherien*. Leipzig, Leibniz Institut für Landeskunde.
22. CASTELLS (Manuel), *La société en réseaux : l'ère de l'information*, Paris, Editions Fayard, 1998.
23. CHALINE Claude, 2003, *Les politiques de la ville*. Paris, PUF.
24. CHARBONNEAU François & DO HAU (eds.), 2002, *Hanoï, Enjeux modernes d'une ville millénaire*. Montréal, PGU-Vietnam, Editions Trames.
25. CHOAY Françoise, (1965). *L'urbanisme, utopies et réalités*. Paris, Editions du Seuil.
26. CIVITO, 2001, *Analyse de la politique de la ville en Bretagne et Pays de la Loire*. www.resoville.com.
27. COTTA Jacques, 2006, *7 millions de travailleurs pauvres - La face cachée des temps modernes*. Paris, Fayard.
28. COUDROY DE LILLE Lydia, 1997, « Varsovie : la croissance contrariée ». In Mappemonde 4/97 http://mappemonde.mgm.fr.
29. DANG NGUYEN Godefroy, 2005, *Entreprises et hauts débits, le rôle des collectivités territoriales*. Rapport pour l'Observatoire des télécommunications dans la ville et le ministère de l'industrie, DGI. www.telecomp.gouv.fr/documents/hd/enthd.pdf.
30. DAVID Albert & SAÏDI-KABECHE Doudja, 2006, *L'impact des TIC, Logistique, transport, relation de service, organisation*. Paris, PREDIT, La Documentation Française.
31. DAVIS Mike, 2000, *City of Quartz, Los Angeles, capitale du futur*. Paris La Découverte. (édition originale 1990).
32. DOMBROVSKI Katja, 2006, « Stadtentwicklung auf dem Rücken der Armen in Phnom-Penh », in Neue Zürcher Zeitung 21-23/7/2006.
33. DONZELOT Jacques, MEVEL Catherine, WIVEKENS Anne, 2003. *Faire société, la politique de la ville aux Etats-Unis et en France*. Paris, Seuil.
34. DONZELOT Jacques, 2004, « La ville à trois vitesses : gentrification, relégation, périurbanisation » in Esprit, Mars-Avril 2004.

ANNEXES

35. DUMONT Marc et DEVISME Laurent, 2006. *Les métamorphoses du marketing urbain* in EspacesTemps.net, Mensuelles, http://espacestemps.net/document1831.html.

36. ECKARDT Frank, 2001, *Rotterdam, Konturen einer globalisierten Stadt.* Münster, LIT Verlag.

37. ERNST & YOUNG, 2005, *Doing Business in Warsaw.* Ernst & Young and City of Warsaw.

38. GALLAND Blaise, 1995, *De l'urbanisation à la « glocalisation » : l'impact des technologies de l'information et de la communication sur la vie et la forme urbaine.* http://diwww.epfl.ch/~galland/articles/arti10.html.

39. GALLAND Blaise, 1999, « Espace virtuel : la fin des territoires ? » publié 2005 in Techniques, territoires et sociétés n° 37, p. 40, Paris, Ministère des Transports, de l'Équipement, du Tourisme et de la Mer.

40. GASSOT Yves, 2005. Interview with Prof. Eli Noam, professor of Economics and Finance, Director of Columbia institute of tele-Information (CITI), Graduate school of business, Columbia University, New York. in Communications & Strategies, N° 60.

41. GOLDBERG Itzhak, 2004. *Poland and the knowledge economy - enhancing Poland's competitiveness in the European Union.* The World Bank.

42. GREGAU (Groupe de recherches en géographie, aménagement, urbanisme), 2004, *Varsovie : vers une métropolisation sauvage*, Recherches n° 16, Montpellier, Université Paul Valéry-Montpellier III.

43. GUICHARD Éric, 2003, « La fracture numérique existe-t-elle ? » in http://barthes.ens.fr/atelier/geo/Tilburg.html#tthFrefABI.

44. GUTKIND Erwin Anton, 1944, *Creative demobilization,* New York, Oxford University Press.

45. GUTKIND Erwin Anton, 1952, *Our world from the air, an international survey of man and his environment*, New York, Doubleday & Co.

46. GUTKIND Erwin Anton, 1953, *Community and environment, a discourse on social ecology,* London, Watts.

47. GUTKIND Erwin Anton, 1953, *The expanding environment : the end of cities, the rise of communities.* London Freedom Press.

48. GUTKIND Erwin Anton, 1962 *The Twilight of cities.* New York, The Free Press of Glencoe. Edition française : 1966, Le crépuscule des villes. Paris, Editions Stock.

49. GUTKIND Erwin Anton, 1964, *International history of city development,* New York, The Free Press of Glencoe.

50. GUTRY-KORYCKA Małgorzata, 2003, *Urbs-Pandens – EC Project, annual report 2002, Warsaw case study*, Warsaw, Faculty of geography and Regional Studies.

ANNEXES

51. GUTRY-KORYCKA Małgorzata (Dir.), 2002, EU Project: „URBS PANDENS – *European Patterns, Environmental Degradation and Sustainability*, Faculty of Geography and Regional Studies, University of Warsaw.

52. HAMM Bernd 2001, *Die europäische Stadt aus der Sicht des Sozialforschers, in Auslaufmodell europäische Stadt ? Neue Herausforderungen und Fragestellungen am Beginn des 21. Jahrhundert.* Berlin, Verlag für Wissenschaft und Forschung.

53. HANNEMANN Christine, 2004, *Marginalisierte Städte : Probleme, Differenzierungen und Chancen ostdeutscher Kleinstädte im Schrumpfungsprozess.* Berlin, BWV.

54. HANDKE, Peter, 1988. *A l'heure où nous ne savions rien de l'autre*. Paris, L'Arche, (éd. allemande 1992, Die Stunde da wir nichts von einander wussten. Frankfurt/ Main, Suhrkamp).

55. HASSENPFLUG Dieter (Hsg.) 2004, *Die aufgeschlossene Stadt*. Weimar, VDG Verlag für Daten und Geisteswissenschaft.

56. HELMFRID Staffan, 1968, "Zur Geographie einer mobilen Gesellschaft. Gedanken zur Entwicklung in Schweden", Geographische Rundschau, vol. 20, n°12, 1968, pp. 445-451.

57. HERVE M., D'IRIBARNE A, 2002. « Parthenay ou les infortunes de la vertu. » Séminaire Entrepreneurs, Villes et Territoires de l'Ecole de Management de Paris, www.ecole.org/2/EV060202.pdf.

58. HUSSHERR François-Xavier, HUSSHERR Cécile, CARRASCO Marie-Estelle, 2006, *Le nouveau pouvoir des internautes*. Boulogne, Timée Editions.

59. HÖHL Wolfgang, 2000, *MedienStädte, Stadtplanung und Kommunikationstheorie*. Wien, Passagen Verlag.

60. KNORR-SIEDOW Thomas 13/06/06, *Le défi de la décroissance urbaine – Nécessité de recherches globales sur le logement*. Postdam, IRS ; http://urbact.eu.

61. KOLHER Dorothée, (2000) *Berlin, Karow-Nord : faire la ville ou la banlieue ?* Centre Marc Bloch, Association Für Europäische Cooperation (AECO) in Raumplanung und Städtebau (Berlin).

62. LACOUR (Claude) coord., PUISSANT (Sylvette) coord. 1999, *La métropolisation : Croissance, diversité, fractures*, Paris, Anthropos, Coll. Villes.

63. LAMALICE Olivier, 2007, *Communautés privées, communautés clôturées : la dimension sécuritaire du phénomène des gated communities*. Québec, Ministère de la sécurité publique du Québec.

64. LAMIZET Bernard, 1999, *La médiation culturelle*, Paris, L'Harmattan.

65. LAMIZET Bernard, 2002, *Le sens de la ville*, Paris, L'Harmattan.

66. LAMPUGNANI Vittorio Magnano, 2002, *Verhaltene Geschwindigkeit, die Zukunft der telematischen Stadt*. Berlin, Verlag Klaus Wagenba.

67. LANEELLE Xavière, 2004, « Va et vient », EspacesTemps.net, Textuel,

ANNEXES

68. LE GLEAU Jean-Pierre, PUMAIN Denise, SAINT-JULIEN Thérèse, 1997, *Towns of Europe : to each country its definition*. Paris, INSEE studies N° 6.

69. LOMBARD Martine, 2007, *L'état schizo*. Paris, éd. J.Cl. Lattès.

70. MAGERAND Jean et MORTAMAIS Elizabeth, 2003, *Vers la Cité hypermédiate. Du modernisme–fossile à l'hypercité immédiate*. Paris, L'Harmattan, collection Villes et Entreprises.

71. MARCUSE Peter, 2004, « Verschwindet die europäische Stadt ? » in SIEBEL Walter (Hsg), 2004, *Die europäische Stadt*. Frankfurt/M, Suhrkamp Insel.

72. MARKOWSKI Tadeusz, 1997. *Major tendencies and structural problems of major polish cities in the new economic context*. nsl.ethz.ch/index.php/content/view/full/217/.pdf.

73. MEYRONIN Benoit, 2001, « Activités informationnelles, TIC et processus de métropolisation ». Colloque III° journées de la proximité, « Nouvelles croissances et territoires » - Paris, 13-14/12/2001. www.millenaire3.com/contenus/textes/meyronin.pdf.

74. MICHEL Serge, 2006. *Bondy Blog : Des journalistes suisses s'installent dans le 9.3* Paris, Seuil.

75. MITCHELL William, 1996, *Leben in der Stadt des 21. Jahrhunderts*. Basel, Birkhäuser Verlag (City of bits, 1995).

76. MONGIN Olivier, 2005, « De la lutte des classes à la lutte des lieux, le projet local d'Alberto Magnaghi et la renovatio urbanis de Bernardo Secchi » in L'architecture et l'esprit de l'urbanisme européen, Paris, Esprit n° 318 octobre 2005.

77. MONGIN Olivier, 2005, *La condition urbaine, la ville à l'heure de la mondialisation*, Paris, Le Seuil.

78. MORISET Bruno, 2004, « Teletravail, travail nomade : le territoire et les territorialités face aux nouvelles flexibilités spatio-temporelles du travail et de la production ». Revue Cybergeo n° 257 du 6 février 2004 www.cybergeo.presse.fr.

79. MORISET Bruno, 2005, *Regard géographique sur le paradigme numérique, Technologies de l'information et de la communication, espace, territoires*. Mémoire HDR, université Jean Moulin Lyon 3.

80. MTETM (Ministère des Transports, de l'Equipement, du Tourisme et de la Mer), 2005, *Des Tic et des territoires, Quelles conséquences des nouvelles technologies de l'information et de la communication sur la vie urbaine et la mobilité ?* Paris, MTETM.

81. NUNES Debora, 2001, *La citoyenneté à travers la participation, Projet pilote à Vila Verde, Brésil. Méthode d'intervention participative dans les quartiers populaires*. Paris, UNESCO.

82. PAQUOT Thierry, 2006, *Terre urbaine, cinq défis pour le devenir urbain de la planète*. Paris, Editions La Découverte.

ANNEXES

83. PAWLOWSKI Krzysztof, 2002 (1992), « Circulades languedociennes de l'an mille, naissance de l'urbanisme européen », Montpellier, Presses du Languedoc.
84. PEILLON Pierre (2001), *Utopie et désordre urbains, essai sur les grands ensembles d'habitation*. La Tour d'Aigues, L'Aube éditions.
85. PETIT Olivier, 2003, *Note de synthèse sur la métropolisation*. Paris, Centre de documentation sur l'urbanisme, DGUHC.
86. PINÇON Michel & PINÇON-CHARLOT Monique, 2007, *Les ghettos du Gotha*. Paris, Le Seuil.
87. PIRON, Olivier, 2006, « La densification acceptée ». In Revue Etudes foncières. No 119, janv.-fév. 2006.
88. PINSON Daniel (1996). «Fès et Aix, contact et spectacle, ou les conditions culturelles de la forme et de la pratique des espaces urbains», 2° Colloque International de la ville méditeranéenne, Architecture et modernité. Paris, Dominos, Flammarion.
89. RIETDORF Werner (hsg.), 2001, *Auslaufmodell europäische Stadt ? Neue Herausforderungen und Fragestellungen am Beginn des 21. Jahrhundert*. Berlin, Verlag für Wissenschaft und Forschung.
90. RONCAYOLO Marcel,1996. *Les grammaires d'une ville : essai sur la genèse des structures de Marseille*. Paris, EHESS.
91. RONCAYOLO Marcel,1997, *La ville et ses territoires*. Paris, Folio, Essais.
92. RONCAYOLO Marcel,1999. « Fragen einer Hafenstadt : Marseille » In Hamburg und seine Partnerstädte (Festschrift zum 52. Deutschen Geographentag, Hamburg, 4-9 Oktober 1999).
93. ROSEMBERG Muriel, 2000. *Le marketing urbain en question. Production d'espace et de discours dans quatre projets de villes*. Paris, Economica.
94. RÖTZER Florian, 1995, *Die Telepolis, Urbanität im digitalen Zeitalter*. Mannheim, Bollmann Verlag.
95. SCHWARZ Ullrich (hsg.), 1995, *Risiko Stadt, Perspektiven der Urbanität*. Hamburg, Junius Verlag.
96. TREUNER P. & GIGOU J.L. (eds.), 1992, *Perspektiven einer europaisches Raumordnung*, Akademie für Raumforschung und Landesplanung, Hannover-Paris.
97. SIEBEL Walter (Hsg), 2004, *Die europäische Stadt*. Frankfurt/M, Suhrkamp Insel.
98. SIEVERTS Thomas, 1997, *Zwischenstadt, zwischen Ort und Welt, Raum und Zeit, Stadt und Land*. Braunschweig, Vieweg.
99. SIMMEL Georg, 1999 (1903), *Sociologie*, Paris, PUF.
100. STEINFÜHRER Annett, HAASE Annegret, KABISCH Sigrun, 2005, *Soziale und räumliche Konsequenzen des demographischen Wandels für ostmitteleuropäische Großstädte, Potentiale und Grenzen eines Erfahrungstransfers*

aus Westeuropa und Ostdeutschland (Ergänzung zum Projektantrag), Leipzig, UFZ – Umweltforschungs-zentrum Leipzig-Halle GmbH.

101. STOCK Mathis, 2004, *L'habiter comme pratique des lieux géographiques.*, EspacesTemps.net, http://espacestemps.net/document1138.html.

102. TASSIN Etienne, 1994. « Identités nationales et citoyenneté politique » in Esprit n° 198, janvier 1994.

103. VICENTE Jérôme, 2005. *Les espaces de la Net-Economie, clusters TIC et aménagement numérique des territoires*. Paris, Economica.

104. VILAR Jean, 1963 (1955). *De la tradition théâtrale*. Paris, Gallimard.

105. VIRILIO Paul, 2004, *Ville panique, ailleurs commence içi*. Paris, Galilée.

106. VOLLE Michel, 2008. *Prédation et prédateurs*. Paris, Economica.

107. WACQUANT Loïc, 2006, *Parias urbains, Ghetto – Banlieues – Etat*. Paris, La découverte.

108. WARSAW CITY HALL, 1999. *Warsaw development strategy until the year 2010*, Synthesis. Warsaw, Ellipsa.

109. WARSAW CITY HALL, 2005. *Development strategy for the city of Warsaw until 2020* (DVD presentation).

110. WIEL Marc, 2005. *Quelle organisation de la mobilité est-elle compatible avec un développement plus durable de la ville ?* Conférence 23/09/ 2005 à Rennes. www.gir-maralpin.org.

Références de la contribution d'Agnieszka Ciesla

111. DROZDOWSKI M.M., ZAHORSKI A., 2004, *'Historia Warszawy'* Warszawa: Jeden Świat.

112. ESPON, 2004, *'1.1.1 Potentials for polycentric development in Europe. Project report"*.

113. GORZELAK G., 2006, 'Poland's Regional Policy and Disparities in the Polish Space', *Regional and Local Studies,* pp. 40-70.

114. GUS, 2004, *Prognoza ludności do 2030 roku.*

115. HESKA-KWAŚNIEWICZ K. 2005, 'Dramat zerwanych ogniw', *Śląsk*, No. 3, pp. 30-34.

116. IBnGR, 2005, *Atrakcyjność inwestycyjna województw I poregionów Polski 2005.*

117. JALOWIECKI B., 2006, 'Polish Cities and Metropolisation Processes', *Regional and Local Studies,* pp. 75-84.

118. JAŁOWIECKI B., 2004, *'Uwarunkowania i szanse rozwoju polskich metropolii'* Ekspertyza dla Departamentu Koordynacji Polityki Strukturalnej w MGPiPS.

119.KUPISZEWSKI M., BIJAK J., 2006 *'Ocena prognozy ludności GUS z perpektywy aglomeracji warszawskiej'* CEFRM Working Paper, No. 1.
120.LISOWSKI A., 2002, 'Urban sprawl: definitions, trends, processes and causes (the agglomeration Warsaw)', *URBS PANDENS – EC Project, Annual Report 2002.*
121.OSTROWSKI W., 1975. *Urbanistyka współczesna.* Warszawa: Arkady.
122.PARYSEK J.J., 2005, *'Development of Polish Towns and Cities and Factors Affecting This Process at the Turn of the Century'* Geographia Polonica, Cities in the transforming post-communist countries: ten years of economic, social and spatial experience.
123.RZĄDOWE CENTRUM STUDIÓW STRATEGICZNYCH, 2002, *Transformacja społeczno – gospodarcza w Polsce.*
124.TOMASIEWICZ J., 2005 'Polska na Śląsku, Śląsk w Polsce', *Śląsk,* No. 1, pp. 36-39.
125.WĘCŁAWOWICZ G., 2002, *'Przestrzeń i społeczeństwo współczesnej Polski'* Warszawa: Wydawnictwo Naukowe PWN.
126.WĘCŁAWOWICZ G., 2003, *'Geografia społeczna miast'* Warszawa: Wydawnictwo Naukowe PWN.

Références de la contribution de Florian Koch

127.ADAIR, A.; BERRY, J.; MCGREAL, S.; SÝKORA, L.; PARSA, A.G.; REDDING, B. 1999: Globalisation of Real Estate Markets in Central Europe. In: European Planning Studies 7 (3), 295-305.
128.BEAUREGARD, R.; HAILA, A. 2000: The unavoidable Continuities of the city. In: Marcuse, P.; van Kempen, R. (Hrsg.) 2000: Globalizing Cities. *A new spatial order?* Oxford.
129.BILLERT, A. 2004: Stadterneuerungsprobleme in Polen als Folge fehlender Marktstrukturen im Wohnungswesen und ungenügendem Planungsrecht - Praxisbericht und Ausblick. In: Internetmagazin www.schrumpfende-stadt.de Ausgabe 2/2004.
130.Biuro Strategii Rozwoju I Integracji Europejskiej 2005: Strategia rozwoju m.st. Warszaway do 2020 roku. Warschau.
131.COLLIERS 2005: Poland Real estate review 2005. Warsaw.
132.COLLIERS 2006: Poland Real estate review 2006. Warsaw.
133.FABIJANCZUK, M. 2005: Planning at a snail's pace. In: Eurobuild Poland 2005 (6), 28-29.
134.HARVEY, D. 1989: The urban experience. Baltimore.
135.KRÄTKE, S. 1995: Stadt Raum Ökonomie. Einführung in aktuelle Problemfelder der Stadtökonomie und Wirtschaftsgeographie. Basel, Boston, Berlin.
136.LISOWSKI, A.; WILK, W. 2002: The changing spatial distribution of services in Warsaw. In: Urban and Regional Studies 20002 9, 81-89.

137. Miasteczko Wilanow: http://www.miasteczko-wilanow.pl ; abgerufen am 1.8.2006.

138. MOSTOWSKA 2006: "Warsaw's gated communities and the public debate on segregation". Paper presented at "Cities in City Regions" European Urban Research Association International Conference Warsaw, May 11-14, 2006.

139. NORTH, N. 2005: Lofty ambitions. In: Eurobuild Poland 2005 (12).

140. NORTH, N 2006: 2006 and all VAT. Buyers finally start to believe developers' claims after 10-15 pct increases in the prices of homes. Eurobuild Polanjd 2006 (1).

141. PÜTZ, R. 2001: "Money Talks" – Die Internationalisierung des Marktes für Büroimmobilien in Ostmitteleuropa. Das Beispiel Warschau. In: Erdkunde Band 55, Heft 3.

142. STEPHENS, R. 1999: Optmistic Office Market reports and Overviews highlight need to agree on criteria for figures. In: Eurobuild Poland 1999 (9).

143. TÖLLE, A. 2006: Aktuelle Prozesse und Tendenzen in der polnischen Stadterneuerung am Beispiel der Stadt Posen. In: Institut für Stadt- und Regionalplanung Technische Universität Berlin (Hrsg.): Jahrbuch Stadterneuerung 2006. Veröffentlichung in Kürze.

144. WECLAWOWICZ, G. 2005: The Warsaw Metropolitan Area. In: Hamilton, I.; Dimitrowska Andrews, K.; Pichler-Milanovic, N. (Hrsg.) 2005: *Transformation of cities in Central and Eastern Europe: towards globalization.* New York.

Table

PREFACE   **7**

PREAMBULE   **11**

INTRODUCTION   **15**

Le Quadrige numérique   **19**
  Les utilisateurs   19
  Les infrastructures   21
  Les services   24
  Le business   25

L'instrument du nouveau monde   **28**

1 • LE REEL DES TIC   33

1.1 Oxymores du temps présent   **34**
  Virtuel/réel   36
  Développement/Durable   40
  Local/Global   41

1.2 Ebullitions numériques   **48**
  Les initiatives des pouvoirs publics   50
  Une initiative associative   61
  Les voix du peuple   65

1.3 Le nouveau monde   **68**
  Les TIC et le renversement de l'utopie   69
  La résistance au changement   72
  La fracture numérique   75

2 • LES TIC DANS LE REEL   77

2.1 De Brest (France) à Brest (Belarus)   **83**
  Centre et centralité, dimension et densité   85
  La ville comme pompe aspirante refoulante   91
  Habitat urbain   95
  Les villes dans la concurrence globale   103

2.2 La Pologne dans l'Europe libérale	**106**
Varsovie et la Haute Silésie, deux voies de développement	110
Le marché des TIC en Pologne	123
Le marché de l'immobilier et le développement urbain à Varsovie	127
La stratégie urbaine de Varsovie pour 2020	138

3 • REINVENTER L'URBANITE AVEC LES TIC — 145

3.1 Back to the future	**150**
Taille/densité/hétérogénéité vs urbanité	153
Les lieux du groupe social	156
3.2 Du cheval à la lumière	**162**
Féodalités territoriales	163
Nouveaux repères	165
3.3 L'actualité du projet Gutkind	**167**
« La région idéale »	168
« La nouvelle échelle et la nouvelle mobilité »	169
Les limites du projet Gutkind	170
3.4 TIC et urbanité	**173**
Un équipement structurant	173
L'urbain, de l'archipel au fractal ?	178
Nouvelles structures d'urbanité	180

4 • LES TIC POUR « FAIRE SOCIETE » — 185

Les TIC, service public par nature	191
Les TIC, instruments de la politique	194
Les TIC, instruments de projet	197
Feuille de route pour le quadrige numérique	203

ANNEXES — 205

Erwin Anton Gutkind	206
Index des lieux cités	207
Index des personnes citées	209
Bibliographie	211

L'HARMATTAN, ITALIA
Via Degli Artisti 15 ; 10124 Torino

L'HARMATTAN HONGRIE
Könyvesbolt ; Kossuth L. u. 14-16
1053 Budapest

L'HARMATTAN BURKINA FASO
Rue 15.167 Route du Pô Patte d'oie
12 BP 226
Ouagadougou 12
(00226) 50 37 54 36

ESPACE L'HARMATTAN KINSHASA
Faculté des Sciences Sociales,
Politiques et Administratives
BP243, KIN XI ; Université de Kinshasa

L'HARMATTAN GUINEE
Almamya Rue KA 028
En face du restaurant le cèdre
OKB agency BP 3470 Conakry
(00224) 60 20 85 08
harmattanguinee@yahoo.fr

L'HARMATTAN COTE D'IVOIRE
M. Etien N'dah Ahmon
Résidence Karl / cité des arts
Abidjan-Cocody 03 BP 1588 Abidjan 03
(00225) 05 77 87 31

L'HARMATTAN MAURITANIE
Espace El Kettab du livre francophone
N° 472 avenue Palais des Congrès
BP 316 Nouakchott
(00222) 63 25 980

L'HARMATTAN CAMEROUN
BP 11486
(00237) 458 67 00
(00237) 976 61 66
harmattancam@yahoo.fr

657058 - Juin 2016
Achevé d'imprimer par